샌프란시스코강화조약 70년의 역사와 과제

동북아역사재단
연구총서 136

샌프란시스코 강화조약

70년의 역사와 과제

도시환 편

동북아역사재단
NORTHEAST ASIAN HISTORY FOUNDATION

발간사

동아시아 평화공동체 구축을 위한 제언

2022년은 샌프란시스코강화조약 발효 70주년이 되는 해이다. 샌프란시스코강화조약은 제2차 세계대전 전승국인 미국을 비롯한 48개 연합국과 패전국인 일본이 아시아·태평양전쟁에 대한 책임을 청산하고 동아시아 평화체제를 구축하기 위해 1951년에 체결한 조약이다.

그러나 샌프란시스코강화조약은 냉전체제의 대두로 인해 징벌조약에서 반공조약으로 기조가 전환되면서 유례를 찾을 수 없는 '관대한 평화조약'이라는 평가를 받으며, 오늘날 동아시아 냉전체제의 역사와 영토갈등의 원인으로 지목되고 있다. 그것은 샌프란시스코강화조약을 통해 가해국임에도 최대 수혜국이 된 일본이 역설적으로 이 조약을 전제로 식민지책임과 전쟁책임을 부인하는 데서 제반 문제점이 비롯되고 있기 때문이다.

그러한 전제에서 가해국으로서의 책임의식 자체가 부재한 일본이 샌프란시스코강화조약에 기초해 체결한 동아시아 피해국과의 양자조약은 냉전체제 아래에서 일본의 상품시장으로 재편하려는 목적으로 추진되었다. 그 과정에서 일본의 제국주의 정책으로 피해를 본 개인에 대한 배상 문제는 전혀 논의되지 못했다. 또한 일본은 샌프란시스코강화조약 비당사국인 한국, 중국, 러시아, 타이완 등 주요 관계국에 대한 영토 규정의 적용은 부정하면서도, 비당사국을 포함한 모든 국가에 대항할 수 있는 대세적(erga omnes) 영토 처분 효력을 주장하여 오늘날 동아시아 영토갈등을 촉발한 근본 원인을 제공하였다.

샌프란시스코강화조약에 대한 일본의 이 같은 접근방식은 변화된 국제질서에 대처하기 위해 일본을 공산권 봉쇄의 교두보로 재편한 미국의 정책 전환에서 기인한 것으로 분석된다. 1951년 9월 8일 미국과 일본은 샌프란시스코강화조약 체결과 동시에 미일안전보장조약을 체결하였고, 미국은 그 연장선상에서 한일 간의 국교 정상화를 통해 지역협력체제를 구축하도록 권고했다. 한국과 일본이 1951년부터 14년간에 걸쳐 한일회담을 진행한 것은 미국의 의도가 반영된 것이었다.

일본은 이러한 샌프란시스코강화조약의 전환 국면을 활용하여 한국의 조약 당사국 지위를 배제하였을 뿐만 아니라 한국에 대한 조약의 효력 적용을 부정했다. 일본의 주도적인 개입 아래 조약의 비당사국이 된 한국과의 국교 정상화를 위한 양국 간 한일협정 체결 과정에서 일본이 해결해야 할 가장 중요한 과제는 식민지책임의 청산이었음에도, 일본은 한일협정 문안부터 일본군 '위안부' 피해와 일제 강제동원 피해 등 미해결 과제들이 첨예화된 현시점까지 문제의 본질을 왜곡하며 책임을 회피하고 있다. 더욱이 일본은 한국의 독도주권에 대한 조약 영토 규정의 효력을 부정하고 있으나, 조약 제21조는 "체약국을 전제로 한 제23조를 명시하고 있는 제25조의 규정과 관계없이 한국은 제2조(영토), 제4조(청구권), 제9조(어업), 제12조(통상)의 이익을 가질 권리를 취득한다"라고 규정함으로써 한국에 대한 조약의 제3자적 효력을 명시하고 있음을 주목해야 한다.

요컨대 샌프란시스코강화조약에 역행하는 일본의 평화헌법 개정을 위한 '전후 레짐으로부터의 탈각'과 과거사 왜곡을 위한 '역사수정주의' 정책 기조하에 국제법을 앞세운 역사 왜곡 프레임인 '1910년 식민지배합법론', '1965년 한일협정완결론', '1905년 독도영유론' 주장 등은 동아시아에서의 전쟁책임을 청산하고 평화공동체를 구축하기 위한 샌프란시스코강화조약상의 책무를 부정하는 일본의 구조화된 반복석인 폭력과 다름없다.

따라서 샌프란시스코강화조약 전문에서 명시하고 있는 유엔헌장 원칙의 준수와 세계인권선언의 실현 의무에 기초하여 동아시아 평화공동체의 토대를 마련해야 할 것이다. 먼저 유엔헌장 원칙의 준수는 타국의 주권, 무엇보다 영토주권의 존중에서 출발해야 한다. "1910년 한일병합조약의 원천무효"를 천명한 '2010년 한일 지식인 공동성명'은 2001년 '식민주의의 역사적 종식'을 담은 더반선언(Durban Declaration)의 동아시아 버전으로, 일본은 21세기 동아시아 평화공동체 구축을 향한 영토주권 존중의 국제법적 책무를 준수해야 한다. 둘째, 세계인권선언의 실현 의무는 인권·정의·평화의 공동체를 지향하는 국제인권법과 2005년 유엔총회에서 만장일치로 채택된 피해자 중심주의에 기초하여 역사 현안의 인권침해 문제를 해결해 나가야 한다. 그것은 오늘날 동아시아 평화공동체를 향한 샌프란시스코강화조약 발효 70주년을 맞이하는 우리에게 역사가 되묻는 질문이자, 우리가 역사적 성찰로 응답해야 할 역사 정의의 과제다.

이 책은 샌프란시스코강화조약 70년의 역사와 그로부터 파생된 현안을 비롯하여, 세계사적 관점에서 동아시아 평화공동체를 향한 과제를 학제적으로 조명한 학술 연구서다. '샌프란시스코강화조약 70년의 역사와 과제'라는 대주제 아래 '제1부 샌프란시스코강화조약의 역사와 평화공동체의 과제', '제2부 샌프란시스코강화조약과 동아시아 영토갈등의 해결

방안'으로 논의를 전개했다.

제1부에서는 '샌프란시스코강화조약의 역사와 평화공동체의 과제'를 주제로 총 3편의 글을 수록했다.

제1장 「샌프란시스코강화조약의 역사와 미결의 과제」에서는 냉전으로 인해 징벌조약에서 반공조약으로 기조가 변경된 샌프란시스코강화조약을 통해 가해국임에도 최대 수혜국이 된 일본이 동 조약을 전제로 식민지책임과 전쟁책임을 부인하는 데서 비롯되는 문제점을 검토한다. 도시환 책임연구위원은 샌프란시스코강화조약의 전환 국면을 활용한 일본의 주도로 조약 당사국이 되지 못한 한국과의 한일협정 체결 과정에서 일본이 회피한 식민지책임과 미결의 과제를 추적한다. 일본이 평화헌법 개정을 위한 '전후 레짐으로부터의 탈각'과 과거사 왜곡을 위한 '역사수정주의' 정책 기조하에 국제법을 앞세운 역사 왜곡 프레임인 '1910년 식민지배합법론', '1965년 한일협정완결론', '1905년 독도영유론'을 주장하는 것은 샌프란시스코강화조약에 역행하는 것이자 평화공동체 구축을 부정하는 구조화된 폭력이라고 규정한다. 이러한 전제에서 조약 전문에 명시된 '유엔헌장 원칙 준수'와 '세계인권선언의 실현 의무'에 입각한 영토주권 존중 원칙과 피해자 중심주의에 따른 일본의 국제법적 책무를 제시한다.

제2장 「샌프란시스코강화조약과 '1965년 체제'의 원점」에서는 샌프란시스코강화조약의 의의를 다시 묻기 위해 1965년에 체결된 한일기본조약 및 제 협정에 따라 만들어진 한일관계 질서로서 '1965년 체제'의 역사적 성격을 검토한다. 요시자와 후미토시 교수는 샌프란시스코강화조약을 기초로 하부 체제로 확립한 '1965년 체제'를 냉전 논리가 식재된 식민주의 체제로 규정한다. 극동국제군사재판을 포함해 일본의 식민지책임을 묻지 않았던 샌프란시스코강화조약 체결 이후 시작된 한일 국교 정상

화 교섭은 식민지 지배에 대한 사죄도, 보상도 없는 '1965년 체제'의 원점이 되었다고 비판한다. 그러한 전제에서 한반도 평화체제 구축을 위한 탈냉전 프로세스를 비롯하여, 강제동원 피해자에 대한 2018년 10월 30일 한국 대법원의 판결은 식민지 지배의 합법화를 차단함으로써 '1965년 체제'를 질적으로 전환하는 중요한 영향력으로 작용하고 있다고 주장한다.

제3장 「샌프란시스코강화조약과 평화공동체의 과제」에서는 샌프란시스코강화조약으로 모든 전후 처리 문제가 해결되었다는 일본의 주장과 관련하여 동아시아 평화공동체를 향한 과제를 검토한다. 아베 코키 교수는 샌프란시스코강화조약에 내포된 전통 국제법상의 국가중심주의와 식민주의에서 벗어나 현대 국제법에서 가장 우선시하는 인간의 존엄성에 근거하는 질서로서의 평화공동체 재정립을 주장한다. 일본이 식민통치 아래 자행한 악행으로 피해를 본 사람들의 인간 존엄성 회복을 저지하는 샌프란시스코강화조약과 1965년 한일청구권협정을 원용하는 것은 현재의 규범 상황에서 옹호될 수 없다는 것이다. 따라서 동아시아 지역에 진정한 평화공동체를 구축하기 위해서는 인간의 존엄성에 근거한 질서 정립 및 식민주의라는 구조적 폭력과의 대치와 극복이 필수 과제라는 점에서, 샌프란시스코강화조약과 한일청구권협정 등이 남긴 부정의에 대해 일본이 진지하게 마주할 책무가 있음을 강조한다.

제2부에서는 '샌프란시스코강화조약과 동아시아 영토갈등의 해결방안'을 주제로 총 3편의 글을 수록했다.

제4장 「샌프란시스코강화조약의 역사적 유산과 영토갈등」에서는 일본의 영토갈등과 관련된 여러 상충적인 상황들이 샌프란시스코강화조약의 역사적 유산에서 기인하는 문제를 검토한다. 알렉시스 더든 교수는 '고유영토성'을 표방하는 일본의 신설 영토정책의 목표가 일본이 자국 영토라고 주장하는 여러 도서에 대한 모호한 샌프란시스코강화조약 규정과

연계되는 문제점을 규명한다. 일본이 샌프란시스코강화조약을 통해 한국, 중국, 러시아, 타이완 등에 주장하는 '고유영토론'은 제국주의와 결부된 논란을 배제하기 위한 동북아 지역을 포괄하는 영토정책의 산물이나, 역사적인 측면에서 일본사를 부정할 뿐만 아니라 독도 및 동중국해 간 적용에도 논리적 모순으로 상충된다고 비판한다. 이를 통해 샌프란시스코강화조약의 주요 설계자인 미국이 안전 수호의 보장을 통해 오늘날 일본의 동북아 지역 내 잠재적 위험성과 교착상태의 지속에 대해 책임져야 한다는 문제점을 지적한다.

제5장「샌프란시스코강화조약과 동아시아 영토갈등의 기원」에서는 아시아·태평양전쟁의 전후 처리를 위해 미국의 주도로 체결된 샌프란시스코강화조약이 지역 동맹국들과 체결한 안전보장조약과 함께 지역 냉전구조로서 구축된 '샌프란시스코 체제'를 검토한다. 하라 키미에 교수는 샌프란시스코강화조약이 동아시아 지역에서 미국의 군사적 위상과 압도적 영향력을 보장하고 일본에 민주주의와 경제적 번영을 가져다주었던 반면, 동아시아 영토 문제의 본질은 샌프란시스코 체제의 구조적 지속성을 견인해 온 지역갈등과 미국의 의도적인 미해결 전략에 기인한다고 분석한다. 그러한 전제에서 샌프란시스코 체제의 구조적 구속력 및 지역갈등의 해결과 관련하여 '포스트 냉전' 이후에도 대립 구조가 붕괴되지 않았다는 점에서, 1970년대 동서 데탕트 시기의 1975년 헬싱키선언과 같은 상호 수용 가능한 지역갈등 해결 모델을 동아시아 지역에 응용할 필요성을 제안한다.

제6장「샌프란시스코강화조약과 동아시아 영토갈등의 해법」에서는 일본과 중국, 러시아, 한국 간의 영토갈등은 샌프란시스코강화조약만으로는 해결의 실마리를 찾기 어렵다는 전제에서 샌프란시스코강화조약을 포함하여 국제법의 일반 원칙에 비추어 재검토한다. 이성환 교수는 샌프

란시스코강화조약을 기반으로 동아시아 영토갈등 해법의 주안점을 다음과 같이 제시한다. 첫째, 센카쿠 문제에 관해서는 일본의 침략주의와 자원 관련 주장의 문제점과 대비하여 중국의 영유권 주장이 미흡한 측면에서 타협의 가능성을, 둘째, 쿠릴 열도 문제에 관해서는 소련의 대일전 참전과 1956년의 일소공동선언 이전의 합의를 고려할 필요성을, 셋째, 독도 문제와 관련해서는 울릉도쟁계합의 및 태정관지령과 러스크 서한의 선세토서 일본의 독도 편입 사실의 미부합성 등을 강조한다. 결론적으로 제2차 세계대전 패전국 가운데 유일하게 일본만이 침략 과정에서 취득한 영토를 상실하지 않으려 한다는 데 문제의 본질이 있다고 비판한다.

요컨대 샌프란시스코강화조약 70년의 역사를 조명하고 동아시아 평화공동체를 향한 과제를 주제로 한 국제 공동 연구성과인 이 책의 주요 논지는 샌프란시스코강화조약이 전문에서 제시한 유엔헌장 원칙의 준수와 세계인권선언의 실현 의무를 중심으로 이에 역행하는 타국의 영토주권과 역사 현안의 인권 침해에 대한 일본의 법리적 왜곡이 지닌 본질적인 문제점을 규명하고자 하는 것이다.

바로 이 지점에서 제2차 세계대전 후 같은 전범국인 독일이 역사적 범죄에 대한 책임에 있어 '일괄보상협정(lump-sum agreement)'을 주장하는 일본과 극명한 대조를 보이고 있는 점에 주목할 필요가 있다. 그것은 독일이 1960년 프랑스와 '나치 피해 포괄배상협정'을 체결한 후에도 추가적인 피해배상 문제를 해결하기 위하여 1981년 '독일-프랑스 이해증진 재단 출연 조약'을 체결하고, 강제동원 피해 노동자에 대한 배상을 위해 2000년 '기억·책임·미래(Erinnerung, Verantwortung und Zukunft) 재단'을 설립한 데 이어, 2012년 전 세계에 산재한 홀로코스트 피해자 가운데 구공산권에 거주함에 따라 배상에서 제외됐던 생존자 8만 명에 대한 추가배상을 위하여 1952년에 체결했던 '룩셈부르크협약'을 개정한 일 등에서 확인할 수 있다. 추가적인 피해배상을 주도하고 협약 개정안에 서명한 독일 재무장관 볼프강 쇼이블레(Wolfgang Schäuble)는 "오늘날까지도 홀로코스트 범죄로 희생된 피해자를 모두 찾지 못했다는 데에 우리가 배상 협약을 계속 개정해야 하는 이유가 있다"라고 언급하였다.

따라서 샌프란시스코강화조약을 전제로 역사적 범죄에 대한 책임을 부정하는 일본의 진정한 역사적·국제법적 책무를 다시 한번 촉구하며, 이 책의 출간이 21세기 동아시아 평화공동체 토대 구축에 이바지할 수 있기를 기대한다.

끝으로『샌프란시스코강화조약 70년의 역사와 과제』가 출판되기까지 어려운 주제에 대해 옥고를 집필해 주신 공동 연구진 여러분의 노고에 집필진을 대표하여 깊이 감사드린다. 그리고 이 책의 출판을 위해 애써 주신 재단 출판팀의 노고에도 깊은 사의를 표한다. 아울러, 샌프란시스코강화조약이 지향하는 유엔헌장 원칙의 준수와 세계인권선언의 실현 의무에 기초하여, 역사적 진실 규명과 국제인권법적 정의 구현을 향한 동아시아 평화공동체 구축 연구의 장도(壯途)에 이 책을 헌정하고자 한다.

2022년 12월
집필진을 대표하여
도시환 씀

차례

발간사 동아시아 평화공동체 구축을 위한 제언 | 5

제1부 샌프란시스코강화조약의 역사와 평화공동체의 과제

제1장 샌프란시스코강화조약의 역사와 미결의 과제 · 도시환

I. 머리말 | 21
II. 샌프란시스코강화조약과 한일 역사·영토 현안의 개관 | 24
III. 샌프란시스코강화조약 제4조와 역사 관련 인권 현안의 검토 | 31
IV. 샌프란시스코강화조약 제2조와 독도 영토주권의 검토 | 45
V. 맺음말 | 62

제2장 샌프란시스코강화조약과 '1965년 체제'의 원점 · 요시자와 후미토시(吉澤文壽)

I. 머리말 | 75
II. 샌프란시스코 체제의 서브 시스템으로서의 '1965년 체제' | 76
III. '1965년 체제'의 본질 – 한일 국교 정상화 협상에서의 청구권 문제 | 78
IV. '1965년 체제'의 틀 유지 시도 – 고노 담화, 무라야마 담화, 그리고 북일 평양선언 | 83
V. '1965년 체제' 변혁 시도 – 피해자에 의한 투쟁 | 86
VI. 탈냉전 프로세스와 식민지 지배 책임 – '1965년 체제'의 향방을 탐색하다 | 88
VII. 맺음말 | 90

제3장 샌프란시스코강화조약과 평화공동체의
        과제 • 아베 코키(阿部浩己)

  I.   샌프란시스코 체제 | 95
  II. 강화조약 속 평화의 의미 | 97
  III. 인권 시대의 평화 | 102
  IV. 평화공동체의 과제 | 107

제2부 샌프란시스코강화조약과 동아시아 영토갈등의 해결방안

제4장 샌프란시스코강화조약의 역사적 유산과
        영토갈등 • 알렉시스 더든(Alexis Dudden)

  I.   머리말 | 117
  II. 동중국해 | 118
  III. 한국과 러시아의 관점 | 122
  IV. 맺음말 | 129

제5장 샌프란시스코강화조약과 동아시아
영토갈등의 기원 • 하라 키미에(原貴美惠)

I. 머리말 | 137
II. 샌프란시스코 체제와 동아시아 영토갈등 | 138
III. 샌프란시스코강화조약과 동아시아 영토갈등의 현재적 의미 | 148

제6장 샌프란시스코강화조약과 동아시아
영토갈등의 해법 • 이성환

I. 머리말 | 155
II. SCAPIN과 연합국의 일본 영토 처분 | 156
III. 샌프란시스코강화조약과 동북아시아 영토의 지위 | 159
IV. 샌프란시스코강화조약은 동북아시아 영토 문제의 해법이
    될 수 있는가? | 174
V. 동북아시아 영토 문제 해결을 위하여 | 181
VI. 맺음말 | 186

부록   샌프란시스코강화조약 연구 관련 자료 | 193

찾아보기 | 348

제1부

샌프란시스코강화조약의 역사와
평화공동체의 과제

제1장
샌프란시스코강화조약의 역사와 미결의 과제

도시환 동북아역사재단 책임연구위원

I. 머리말
II. 샌프란시스코강화조약과 한일 역사·영토 현안의 개관
III. 샌프란시스코강화조약 제4조와 역사 관련 인권 현안의 검토
IV. 샌프란시스코강화조약 제2조와 독도 영토주권의 검토
V. 맺음말

I. 머리말

한일강제병합 100년을 맞은 2010년은 한일 간 역사갈등의 본질적인 원인을 규명하고 해결방안을 모색하는 일이 우리 시대에 부여된 역사적 과제임을 인식하는 계기이자 정의의 소명으로 자리매김하는 전기가 되었다. 그것은 올바른 역사 정립을 통한 기반 위에서 진정한 역사 성의의 구현과 화해를 모색해 나가야 한다는 것이었다.[1]

그러한 한일강제병합 100년사의 조명에서 가장 주목할 만한 사건은 65주년 광복절을 앞둔 2010년 7월 28일 한일 양국 지식인 1,139명이 '역사 정의'에 입각하여 "1910년 한일병합조약은 원천무효"라는 공동성명을 발표한 일이었다. 이는 '식민주의의 역사적 종식'을 천명한 2001년 더반선언(Durban Declaration)의 동아시아 버전이라고 평가할 수 있는 것이었다. 일본 지식인 500여 명이 이에 동참했다는 것은 자국의 역사적 과오에 대한 성찰과 인식의 공감대가 형성되었다는 의미이자, 일본 학자들의 선대에서 부득이 일제 식민주의 논거 구축에 동원됐다는 점에서 역사적 진실과 정의를 향한 큰 걸음이자 양심선언이었다.

그러나 원천무효인 1910년 한일병합조약을 근거로 불법적인 일제 식민지배가 국제법상 합법이라고 전제하는 일본 정부의 입장은 냉전 국면을 활용한 일본의 주도하에 한국의 조약 당사국 지위를 배제한 채 체결된 1951년 샌프란시스코강화조약과 그로부터 14년 뒤에 체결된 미완의 1965년 한일협정에 그대로 투영되었다. 이는 오늘날 한일 간 역사·영토 갈등의 제반 문제를 일으키는 현안 과제로 남아 있다. 그것은 일본 역사

---

[1] 도시환, 2010, 「1910년 '한일병합조약' 체결강제의 역사적 진실규명과 국제법적 조명」, 『국제법학회논총』 제55권 제4호, 39쪽.

학연구회가 비판하는 바와 같이, 2015년 아베의 '전후 70년 담화'가 가해의 역사에 대한 독선적 인식 표출에 더하여 가해를 확대 재생산하는 횡포로 거듭 추동되고 있기 때문이다.

더욱이 일본 정부는 냉전의 대두로 인해 징벌조약에서 반공조약으로 전환된 '관대한 평화주약'인 샌프란시스코강화조약을 선세로 식민지책임과 전쟁책임을 부정하고 있다. 그뿐만 아니라 '전후 레짐으로부터의 탈각(戰後レジームからの脱却)'[2]과 '역사수정주의'를 정책 기조로 한 '1910년 식민지배합법론'과 '1965년 한일협정완결론'이라는 역사 왜곡 프레임에 더해 한국의 영토주권을 침탈하는 '독도영유권'까지 주장하고 있다는 점에서 문제의 심각성이 증폭되고 있다.

이렇듯 일제 식민지배와 침략전쟁이라는 역사적 진실과 정의를 부정하는 일본 정부의 난폭한 역주행으로 역사 왜곡의 파고가 높아졌다. 그러나 한편으로 일본 역사학연구회를 비롯한 세계 역사학계와 2001년의 더반선언, 2005년 유엔(UN)총회 만장일치로 채택된 피해자 권리 기본원칙상의 '피해자 중심주의' 등 국제사회의 변화와 시대적 조류가 고조되고 있는 점도 주목하지 않을 수 없다.

2021년 도쿄올림픽 조직위원회가 홈페이지에 독도를 일본 영토로 표기한 사실이 알려지기에 앞서, 2020년 재개관한 일본 영토주권전시관에서는 1905년 이후 독도에 대한 일본의 국제법상 합법 지배와 한국의 불법 점거를 강조하였다. 일본은 제1차 세계대전 이전의 을사늑약과 한일강제병합의 국제법상 합법화에 더하여 이를 독도 침탈과 분리해 무주지 선점 법리의 합법성을 주장한다. 그러나 일본이 주장하는 1905년 당시의 국제법도 침략적 국가실행과 유착된 극단적인 국가주의로서의 일본형 법

---

2 安倍晋三, 2013, 『新しい国へ 美しい国へ 完全版』, 文藝春秋, 254쪽.

실증주의가 아닌 보편적 국제규범에 입각한 규범성이 제고되던 시점에 정립된 법리이다. 또한 1900년 '대한제국 칙령 제41호'로 선포된 독도주권은 관보 게재를 통해 완성된 권원이라는 점에서 일제 식민주의에 입각한 일본의 독도영유권 주장은 한국의 독도주권에 대한 국제법을 앞세운 침탈 도발과 다름없는 것이다.

일본 정부는 유엔헌장 원칙의 준수와 세계인권선언의 실현 의무를 선문(前文)에 명시한[3] 샌프란시스코강화조약에 역행하는 '전후 레짐으로부터의 탈각'과 '역사수정주의'의 정책을 기조로 한 역사 왜곡 프레임인 '식민지배합법론'과 '한일협정완결론'에 더하여 올림픽 정신까지 훼손하는 '독도영유권' 주장을 통해 일제 식민지배 피해자의 인권과 피해국의 영토주권을 중대하게 침해하고 있다. 이 글에서는 이렇듯 현재진행형인 일제 식민주의의 구조적 폭력[4]에 대한 역사적 진실을 규명하고, 역사 정의 구현을 통한 진정한 평화공동체의 국제법적 과제를 검토하고자 한다.

---

3 샌프란시스코강화조약 전문에는 유엔헌장 원칙의 준수 의무와 세계인권선언의 실현 의무가 다음과 같이 명시되어 있다; 미해결 중인 여러 문제를 해결할 평화조약을 체결하기를 바라는 까닭에 일본은 유엔에 가입하여, 어떠한 상황에서도 유엔헌장의 원칙들을 준수하고(to conform to the principles of the Charter of the United Nations), 세계인권선언의 취지를 실현하기 위해 노력한다(to strive to realize the objectives of the Universal Declaration of Human Rights).

4 평화학의 대부인 요한 갈퉁 교수는 구조적 폭력(structural violence)을 사회적 부정의(social injustice) 상태로 정의한다. Johan Galtung, 1969, "Violence, Peace, and Peace Research," *Journal of Peace Research*, Vol. VI, No. 3, p. 171.

II. 샌프란시스코강화조약과 한일 역사·영토 현안의 개관

1951년 9월 8일, 제2차 세계대전의 전승국인 미국을 비롯한 48개 연합국과 패전국인 일본 간에 체결된 '샌프란시스코강화조약'(일본국과의 평화조약)은 2022년 4월 28일 발효 70주년을 맞았다. 샌프란시스코강화조약은 체결 당시부터 일본의 전쟁책임 청산을 위한 조약임에도, 그 본질은 동아시아에서의 영토갈등 구조와[5] 냉전체제 구축을 위한 조약이라는 상반된 평가를 받아 왔다.[6]

1945년 제2차 세계대전 종전에 즈음한 미국의 동아시아 정책은 전범국 일본의 전력을 약화하고 소련, 중국과 함께 평화체제를 구축하는 것이었다. 그러나 전후 소련의 팽창정책, 동유럽권의 공산화, 중국에서의 공산당 집권, 한국전쟁 발발 등의 상황에 직면하자, 미국은 일본을 냉전체제의 일원이자 공산권 봉쇄의 교두보로 재편하는 정책으로 전환한다. 그러한 구체적인 실례가 1951년 9월 8일 미국과 일본이 같은 날 체결한 '샌프란시스코강화조약'과 '미일안전보장조약'으로, 미국은 그 연장선상에서 한일 간의 국교 정상화를 통해 지역협력체제를 구축하도록 권고하였다.[7] 한국과 일본이 1951년 10월부터 14년간 이뤄진 한일회담을 시작하게 된

---

5 Kimie Hara, 2001, "50 years from San Francisco: Re-examining the Peace Treaty and Japan's Territorial Problems," *Pacific Affairs*, pp. 361~382.
6 吉田裕, 1995, 『日本人の戦争観』, 岩波書店, 70쪽.
7 요시자와 후미토시 교수는 샌프란시스코강화조약을 기초로 하부체제로 확립한 '1965년 체제'를 냉전 논리가 식재된 식민주의 체제로 규정한다. 吉澤文壽, 2019, 「日韓·日朝関係をどう解きほぐすか-国交正常化交渉の歴史的経過から」, 『世界』第925号, 岩波書店, 204~212쪽.

데는 미국의 이러한 의도가 반영되었다.

그러한 전제에서 유례가 없는 '관대한 평화조약'인 샌프란시스코강화조약에는 전쟁 피해와 가해국의 책임에 대한 기본적 인식이 부재하였다. 이와 관련하여 동아시아 각국이 반발하자 동 조약 제14조에 '배상주의'를 규정했음에도, 일본의 지불 능력을 고려하여 역무배상을 허용함에 따라 피해국들을 경제적으로 예속화하였을 뿐만 아니라, 가장 큰 피해국인 한국과 중국이 배제된 문제점을 안고 있다. 더욱이 동 조약을 전제로 한 일본과 동아시아 각국 간의 양자조약은 냉전체제 아래에서 일본의 상품시장으로 재편하려는 목적으로 추진되었으며, 개인에 대한 배상 문제는 전혀 논의되지 못한 한계를 드러내었다.[8]

1965년 한일협정의 부속서 가운데 한일청구권협정 제2조 1항 규정에 언급된 샌프란시스코강화조약 제4조 (a)항을 비롯한 관련 규정을 살펴보면 다음과 같다.

> 한일청구권협정 제2조 1항: … 청구권에 관한 문제가 1951년 9월 8일에 샌프런시스코우시에서 서명된 일본국과의 강화조약 제4조 (a)에 규정된 것을 포함하여 완전히 그리고 최종적으로 해결된 것이 된다는 것을 확인한다.
>
> 샌프란시스코강화조약 제4조 (a): 본 조 (b)항의 규정에 따라, 제2조에 언급된 지역에서의 일본과 그 국민의 재산과 현재 이들 지역의 시정을 행하고 있는 당국 및 그 주민(법인 포함)에 대한 채무를 포함한

---

8 小林英夫, 1995, 「日本の東南アジア賠償」, 『季刊 戰爭責任研究』 10호, 日本戰爭責任資料センター, 10~14쪽.

청구권의 처분과, 일본에서의 이들 당국 및 주민의 재산과 일본국 및 그 국민에 대한 이들 당국 및 주민의 채무를 포함한 청구권의 처분은 일본과 이들 당국 사이의 특별 협정의 대상이 된다.

샌프란시스코강화조약 제2조 (a): 일본은 한국의 독립을 인정하고 제주도, 거문도 및 울릉도를 비롯한 한국에 대한 모든 권리와 권원 및 청구권을 포기한다.

샌프란시스코강화조약 제14조 (a): 일본이 전쟁 중 일본에 의해 발생한 피해와 고통에 대해 연합국에 배상해야 한다는 것은 주지의 사실이다. 그럼에도 불구하고, 일본이 생존 가능한 경제를 유지하면서, 그러한 모든 피해와 고통에 대한 완전한 배상을 하는 동시에 다른 의무들을 이행하기에는 일본의 자원이 현재 충분하지 않다는 것 또한 익히 알고 있는 사실이다.

(b) 연합국은 본 조약의 특별한 규정이 있는 경우를 제외하고, 연합국의 모든 배상청구권과 전쟁 수행 과정에서 일본 및 그 국민이 자행한 어떤 행동으로부터 발생한 연합국 및 그 국민의 다른 청구권, 그리고 점령에 따른 직접적인 군사적 비용에 관한 연합국의 청구권을 포기한다.

전후 배상과 관련한 샌프란시스코강화조약 제14조 (a)항에 "일본이 전쟁 중 일본에 의해 발생한 피해와 고통에 대해 연합국에 배상해야 한다는 것은 주지의 사실이다"라고 규정하여 일본과 교전 상태에 있었던 연합국 측에 대한 배상 규정이 명문화되었다. 그러나 냉전체제의 대두로 징벌조약의 성격이 반공조약으로 변화하면서 전쟁책임, 영토할양, 배상금 등 징벌조약의 핵심 내용이 배제되었을 뿐만 아니라, 일제 식민지배로 인한 피해의 청산에 대한 규정 자체가 배제된 점을 지적하지 않을 수 없다.

한국이 이 조약의 비당사국이 된 이유를 살펴보면, 한국은 일본과 전쟁 관계에 있던 연합국이 아니라는 일본의 주장, 전후 식민지 처리 문제, 중국 관련 대표권 문제 등 미소 간의 냉전과 미영 간의 이해관계를 고려하여 한국의 동 조약 서명을 부정하게 된 것이다. 그 배경에는 식민통치에 대한 제국의 논리가 놓여 있던 것으로 분석된다.[9] 한국의 샌프란시스코강화조약 서명을 용인하게 되면, 일본의 식민통치에 대한 부정에 이어 구미의 식민통치 자체를 부정하는 논의가 분출될 우려가 있었던 것이다. 미국과 영국은 그러한 사태를 회피할 필요성을 고려하여 샌프란시스코강화조약에 식민주의의 지속을 묵인한 것이다. 샌프란시스코강화조약 제4조 (a)항의 규정을 토대로 한일재산청구권 교섭이 이행되어 1965년 한일 간 청구권 및 경제협력협정이 체결됨으로써, 한일 간 재산 및 청구권 교섭 과정도 선결 과제인 식민지배의 청산이라는 측면에서 이행된 바는 전혀 없었다.[10]

샌프란시스코강화조약의 국제법적 효력과 관련하여, 냉전 국면을 활용한 일본은 한국이 샌프란시스코강화조약의 비당사국이라는 전제 아래 한국에 대한 동 조약의 적용을 부정하였다. 비당사국인 한국으로서는 전후 배상 및 영토 조항의 해석과 관련하여 조약의 제3자적 효력 문제를 검토해야 할 것이다. 국제법상 조약은 원칙적으로 조약 체결 당사국 간에만 법적 효력을 갖게 되며 제3국의 동의가 없는 어떠한 권리·의무도 창설할 수 없기 때문이다.

---

9   金民樹, 2002, 「對日講和條約と韓國參加問題」, 『國際政治』 131, 日本國際政治學會, 133~147쪽.
10 太田修, 2008, 「財産請求權問題の再考 – 脫植民地主義の視角から」, 『國際共同硏究 韓國倂合と現代 – 歷史と国際法からの再検討』, 明石書店, 696~717쪽.

먼저 한일청구권협정의 대상 범위를 검토하면, 샌프란시스코강화조약 제4조 (a)항의 해석과 관련하여 한국이 동의할 경우에는 한일 양국이 제4조 (a)항에 언급된 재산 및 청구권 문제에 관하여 협의할 법적 의무가 부과된다. 일본이 주장하는 비당사국이라는 전제로 전쟁배상 문제를 규정한 제14조의 적용 대상에서 한국이 제외되었다고 해서 한국의 여타 권리 주장이 법적으로 금지되는 것은 아니다. 샌프란시스코강화조약은 한일회담 개시를 촉진한 정치적 계기로 해석하는 것이 타당하다. 또한 제4조가 한일 간 청구권 협상을 개시하는 계기로 작용한 경우에도, 그 후 양국 간의 협상 대상이 제4조에 규정된 주제에 국한되어야 한다는 논리 역시 성립하지 않는다. 제4조에 규정된 주제만을 논의 대상으로 할 것인지, 아니면 한일 양국관계에서 선결 과제인 국교 정상화에 따른 '식민지책임' 문제도 협상 대상으로 할 것인지는 전적으로 양 주권국가가 결정할 문제였다.[11] 그런데도 일본은 식민지책임을 철저히 회피했던 것이다.

다음으로 일본의 독도영유권 주장과 연관된 영토 조항인 샌프란시스코강화조약 제2조의 해석과 관련하여, 동 조약 제21조에 "체약국을 전제로 한 제23조를 명시하고 있는 제25조의 규정과 관계없이, 한국은 제2조, 제4조, 제9조 및 제12조의 이익을 가질 권리를 취득한다"라고 규정하여, 제2조의 이익을 가질 법적 권리를 취득한 것으로 해석된다. 그러나 일본은 "제23조가 조약의 비체약국들이 동 조약에 근거하여 분쟁 도서에 관한 어떠한 권리를 주장할 수 있는 여지를 전적으로 제한하고 있다"며 조약의 제3자적 효력을 부정하고 있다. 또한 그 연속선상에서 샌프란시스코강화조약에 규정된 영토 처분의 효과가 "객관적 체제(objective

---

11 정인섭, 1994, 「1965년 한일청구권협정 대상범위에 관한 연구」, 『성곡논총』 제25집 상권, 514~515쪽.

regime)", 즉 비체약국을 포함한 "모든 국가에 대항할 수 있는 대세적(erga omnes) 권리·의무"를 창설하는 효과라고 주장하고 있어 이와 관련하여 구체적인 검토가 요청된다.[12]

일본 정부는 독도영유권과 관련하여 샌프란시스코강화조약 제2조 (a)항에 "일본이 한국의 독립을 인정하고 모든 권리와 권원 및 청구권을 포기한 '조선'에 제주도, 거문도 및 울릉도와 같이 명시되지 않는 독도는 포함되지 않는다"고 주장한다. 이에 대해 한국 정부는 "1943년 12월 1일 카이로선언(Cairo Declaration), 1945년 2월 11일 얄타협정(Yalta Agreement)과 1945년 7월 26일 포츠담선언(Potsdam Declaration)을 전제로 연합국 최고사령관지령(SCAPIN) 677호와 이를 승계한 1949년 11월 이전까지 작성된 샌프란시스코강화조약의 기초문서에서 독도를 한국의 영토로 인식하고 있었다"고 주장한다. 그러한 연장선상에서 1949년 12월 일본 주재 미국 정치고문 윌리엄 시볼드(William J. Sebald)를 통한 일본의 대미 로비로 일본이 포기해야 할 영토에 독도가 적시되지 않은 것과 관련하여,[13] 독도보다 더 큰 다수의 한국 도서들도 일일이 명시되지 않았을뿐더러, 대한민국의 모든 도서를 조약상에 명기할 수는 없다는 점에서 일본이 독도를 일본 영토로 인정받은 근거라고 해석하는 것은 타당성이 없다.[14]

---

12 이 책 제4장 제2절에서 논의.

13 John M. Van Dyke, 2007, "Legal Issues Related to Sovereignty over Dokdo and Maritime Boundary," *Ocean Development & International Law*, 38: pp. 157~224.

14 참고로 일본의 항복 조건을 정한 포츠담선언은 제8조에서 "카이로선언의 모든 조항은 이행되어야 하며, 일본의 주권은 혼슈(本州), 홋카이도(北海道), 규슈(九州), 시코쿠(四國)와 연합국이 결정하는 작은 섬들로 제한된다"라고 규정하여 일본의 주요 도서를 중심으로 한 도서 표기를 예시하고 있다.

따라서 샌프란시스코강화조약의 비당사국으로서 제3자적 효력을 검토하면, 한일청구권협정의 법적 근거가 샌프란시스코강화조약 제4조이므로 한일청구권협정상의 청구권은 '보상적 청구권'에 국한된다는 전제가 성립되지 않는다. 또한 독도영유권과 관련하여 일본이 원용하는 비당사국에 대한 샌프란시스코강화조약 제23조를 전제로 일본이 주장하는 영토처분권 주장 역시 객관적 체제로서의 대세적 효력과는 부합하지 않는다.

요컨대, 샌프란시스코강화조약은 전후 청산이라는 조약의 본래 목적이 냉전체제의 구축으로 변질되면서 부분적으로 동아시아 피해국들의 경제성장을 촉진한 측면이 있다. 그러나 본질적인 내용 면에서는 피해국들의 경제적인 예속 문제를 불러왔고, 중대한 인권 침해 피해자에 대한 배상 문제가 해결되지 못했을 뿐만 아니라, 일제 식민 피해국인 한국의 당사국 지위를 배제시킴으로써 역설적으로 일제의 식민지책임이 미해결 상태로 남게 되었다.[15]

---

15 도시환, 2012, 「한일조약체제와 식민지책임의 국제법적 재조명」, 『국제법학회논총』 제57권 제3호, 18~39쪽.

III. 샌프란시스코강화조약 제4조와 역사 관련 인권 현안의 검토

1. 한일청구권협정과 일제 식민지책임

1) 한일청구권협정의 성격

1950년대 후반부터 미국은 경기침체에 따른 동아시아에서의 지역협력체제 구축 필요성과 일본과의 협력을 통한 대아시아 원조의 경감이라는 정책 기조하에 한일관계 개선을 중재했다. 이에 미국은 한일관계에서 최대 쟁점인 청구권 문제에 대한 정치적 타협을 권유했고, 한국의 대일 청구권 문제를 일본의 경제원조와 연계해서 해결하려는 경제협력 방식을 제안했다. 결국 1965년 한일협정은 자국의 경제적 부담을 줄이려는 미국의 의도, 전후 급격히 성장한 독점자본을 해외로 진출시키려는 일본의 욕구, 불안정한 정권 기반을 경제성장으로 만회하려는 한국 정부 간 이해관계가 일치하여 경제협력 방식으로 귀결되었다.[16]

따라서 한일청구권협정은 일본의 불법적인 식민지배에서 유래한 제반 문제의 청산이라는 토대 위에서 국교 수립을 모색하는 내용이어야 함에도, 그러한 배상이나 식민지배에 대한 피해배상의 측면이 배제된 채 국가 간 경제협력조약으로 처리된 것이다.[17]

---

16 이현진, 2008, 「한일회담의 청구권 문제의 해결방식-경제협력 방식으로의 전환과정과 미국의 역할을 중심으로-」, 『동북아역사논총』 제22호, 73~94쪽.

17 See-hwan Doh, "1910 Annexation and Remaining Task," *Korea Times*, 2011.8.31, p. 5.

2) 한일청구권협정상의 규정

1965년 한일청구권협정은 모두 3개 조항으로 다음과 같이 규정하고 있다.

> 한일청구권협정 제1조 1항: 일본국은 대한민국에 대하여
> (a) … 3억 아메리카합중국 불($300,000,000)과 동등한 일본 원의 가치를 가지는 일본국의 생산물 및 일본인의 용역을 본 협정의 효력 발생일로부터 10년 기간에 걸쳐 무상으로 제공한다. …
> (b) … 2억 아메리카합중국 불($200,000,000)과 동등한 일본 원의 액수에 달하기까지의 장기 저리의 차관으로서, … 일본국의 생산물 및 일본인의 용역을 대한민국이 조달하는 데 있어 충당될 차관을 본 협정의 효력 발생일로부터 10년 기간에 걸쳐 행한다. …
> 한일청구권협정 제2조 1항: … 청구권에 관한 문제가 1951년 9월 8일에 샌프런시스코우시에서 서명된 일본국과의 강화조약 제4조 (a)에 규정된 것을 포함하여 완전히 그리고 최종적으로 해결된 것이 된다는 것을 확인한다.
> 한일청구권협정 제2조 3항: … 일방체약국 및 그 국민의 재산, 권리 및 이익으로서 본 협정의 서명일에 타방체약국의 관할하에 있는 것에 대한 조치와 일방체약국 및 그 국민의 타방체약국 및 그 국민에 대한 모든 청구권으로서 동일자 이전에 발생한 사유에 기인하는 것에 관하여는 어떠한 주장도 할 수 없는 것으로 한다.
> 한일청구권협정 제3조 1항: 본 협정의 해석 및 실시에 관한 양 체약국 간의 분쟁은 우선 외교상 경로를 통하여 해결한다.
> 한일청구권협정 제3조 2항: 1의 규정에 의하여 해결할 수 없었던 분쟁은 … 중재위원회에 결정을 위하여 회부한다. …

3) 한일청구권협정과 대상 범위

한일청구권협정의 대상 범위와 관련하여, 일제 식민지책임 자체가 배제되었을 뿐만 아니라 샌프란시스코강화조약 제14조의 적용에서 제외되고 제4조만 적용받게 되었다는 전제에서 한국 정부는 "청구권 문제와 관련하여 일제 35년간 식민지 통치의 대가로서 논의하는 일부의 의견은 한일 간 청구권 문제에는 배상 청구를 포함시킬 수 없다는 근본적 입장을 인식하지 못한 데서 일어난 개념적 혼동"으로 설명하고 있다.[18]

반면, 일본 정부는 "경제협력의 증진과 청구권 문제의 해결은 동일한 협정의 내용으로 되어 있으나, … 양자 간에는 법률적인 상호관계가 전혀 존재하지 않는 것"이라고 설명한다. 다시 말해 무상 3억 불은 권리 문제의 해결을 위한 것이 아니라 어디까지나 "독립축하금" 혹은 "경제협력자금"[19]이라고 해석해 왔다. 일본 정부의 이러한 해석은 한일청구권협정이 식민지책임과의 절연관계를 강조하는 입장의 연장선 위에 있음을 보여준다.

더욱이 한일청구권협정에 의해 해결된 청구권의 범위와 관련하여, 한국 정부는 "영토의 분리·분할에서 오는 재정 및 민사상의 청구권"이[20] 해결되었을 뿐 "일제 35년간 식민지 통치의 대가"는 대상이 아니라는 입장이다. 반면, 일본 정부는 한반도 지배에 관한 언급은 없이 "샌프란시스코강화조약 제2조 (a)항에서 규정하는 일본에 의한 조선의 분리·독립"에

---

18   대한민국 정부, 1965, 『한일회담 백서』, 41쪽.
19   谷田正躬外2編, 1966, 『日韓條約と國內法の解說』, 大藏省印刷局, 62쪽.
20   대한민국 정부, 1965, 『한일회담 백서』, 41쪽.

관한 청구권이 해결된 것이라고 강조하였다.[21] 이로써 역설적으로 한일청구권협정에서는 일제의 한반도 식민지 지배의 책임이 배제된 채 그대로 남겨져 미해결 상태임이 확인되고 있다.

4) 한일청구권협정과 개인청구권

한일청구권협정에서 일제 식민지책임과 관련하여 가장 논란이 되는 부분은 개인청구권에 관한 문제이다. 일본 정부는 한일청구권협정 제2조 1항에 의해서 완전히 최종적으로 소멸된 것은 개인의 청구권이 아닌 국가의 외교적 보호권에 한정된다고 대정부 질문에 일관되게 답변해 왔다.[22] 이는 시이나 에쓰사부로(椎名悦三郎) 외무대신,[23] 야나이 순지(柳井俊二) 외무성 조약국장,[24] 타케우치 유키오(竹内行夫) 외무대신 관방심의관,[25] 고노 다로(河野太郎) 외무상·미카미 마사히로(三上正裕) 외무성 국제법국장[26] 등이 일본 국회에서 한 답변에서 확인된 바 있다. 나아가 일본 정부나 일본 국민에 대하여 한국 국민이 가지는 '재산, 권리 및 이익'은 일본 국내의 입법 조치인 법률 제144호의 제정을 통하여 소멸시키는 조치를 취하였다. 일본 국내법상으로 한국 국민의 그러한 권리를 소멸시키는 조치에

---

21 谷田正躬外2編, 1966, 『日韓條約と國內法の解說』, 大藏省印刷局, 61~62쪽.
22 박배근, 2006, 「1965년 한일청구권협정과 개인의 청구권」, 『한일역사관련 국제법논문선집』, 동북아의 평화를 위한 바른역사정립기획단, 331~339쪽.
23 日本衆議院, 「日本國と大韓民國との間の條約及び協定等に關する特別委員會議錄第10號」, 1965.11.5, 17쪽.
24 日本參議院, 「豫算委員會會議錄第3號」, 1991.8.27, 10쪽.
25 日本衆議院, 「內閣委員會會議錄第1號」, 1994.3.25, 8쪽.
26 日本衆議院, 「外務委員会會議錄第2號」, 2018.11.14, 30쪽.

대하여 한국이 이의를 제기하지 않는다는 것이 한일청구권협정상의 "외교적 보호권의 포기"가 갖는 구체적인 의미라는 것이다.[27]

환언하면, 개인이 가해국으로부터 인권을 침해당했을 경우 이를 구제받을 수 있는 권리이자 인권을 구성하는 핵심 요소인 개인청구권은 국가 간 조약을 통해 소멸시킬 수 없는 것이다. 일본 정부의 국회 답변과 사법부의 판결 역시 한일청구권협정이 아닌 자국의 국내 법률 제144호로 손해배상 청구를 부정하는 것이다. 이러한 전제에서 일본 정부는 일본인 피해자로부터 보상 청구를 받던 국면에서는 "조약을 통해 포기한 것은 외교적 보호권으로, 피해자는 가해국의 국내 절차에 따라 청구할 길이 남아 있다"고 주장한 반면, 한국이 피해자로부터 배상 청구를 받으면 "한일청구권협정에 의해 일본의 국내 절차로 청구하는 것은 불가능해졌으므로 일본의 배상 책임이 없다"라고 번복하는 전형적인 이중적 행태를 보이고 있는 것이다.[28]

5) 한일청구권협정과 일괄보상협정

일본 정부가 한일청구권협정에서 소멸한 청구권과 관련하여 외교적 보호권의 소멸이 아닌 개인청구권의 소멸로 주장하기 위해 동원하는 일괄보상협정(lump-sum agreement)의 국제법적 의미를 검토할 필요가 있다.

일괄보상협정은 통상 정치적인 이유로 체결되며, 협정에 따라 보상액

---

[27] 박배근, 2006, 앞의 글, 340쪽.
[28] 야마모토 세이타(山本晴太), 2014.11.28, 「법적 개념으로서의 식민지 책임-한일청구권협정에 관한 한일 양국 정부 해석의 변천과 대법원 판결의 의의」, 『식민지책임청산의 세계적 동향과 과제』, 동북아역사재단·세계국제법협회 한국본부 주최 국제학술회의, 6쪽.

을 수령한 국가의 국적을 가진 개인이 입은 피해와 손해에 기초하지 않거나 극히 부분적으로 기초하여 체결된다. 대부분 개인의 피해와 손해는 협정 체결 시점에는 파악되지 않으므로, 협정에 근거한 보상액 산정에는 고려될 수 없었다. 같은 맥락에서 일괄보상협정은 외교적 보호와는 무관한 것이다. 외교적 보호는 가해국이 국내적 구제 절차가 완료된 후에도 여전히 피해를 구제받지 못한 자국민을 보호하기 위한 본국의 주도적 결정인 반면, 일괄보상협정은 일반적으로 잠재적인 개별 청구인이 가해국의 국내적 구제 절차의 완료 여부를 확인하려는 시도조차 없이 체결되기 때문이다.[29]

그러한 전제에서 실제 발생한 피해를 구제하려는 시도조차 하지 않은 일괄보상협정의 경우 승전국들이 개인 피해자를 위해 대신하여 처리했다고 주장하기는 어려운 것이다. 제2차 세계대전 이후 1949년에 체결된 전쟁 희생자 보호를 위한 제네바협약 관련 국제인권법 및 국제인도법의 발전을 고려할 때, 그러한 관행이 국가 간 보상액을 지급하도록 하는 협정으로서는 유효하다고 하더라도 개별 피해자의 청구권을 박탈하는 것은 효력을 가질 수 없는 것이다. 1949년에 채택된 네 가지 조약의 제네바협약은 특별 협정을 자유롭게 체결할 수 있도록 한 반면, 어떠한 특별 협정도 이 협약으로 보호받는 개인의 권리를 제한할 수 없다.[30]

이와 관련하여 제2차 세계대전 후 같은 전범국인 독일은 1960년 프

---

29 Frits Kalshoven, 2007, *Reflections on the Law of War: Collected Essays*, Brill, pp. 662~663.
30 Frits Kalshoven, *Ibid*., pp. 647~648; Frits Kalshoven, 1991, "STATE RESPONSIBILITY FOR WARLIKE ACTS OF THE ARMED FORCES From Article 3 of Hague Convention IV of 1907 to Article 91 of Additional Protocol I of 1977 and Beyond," *The International and Comparative Law Quarterly*, Vol. 40, No. 4, pp. 827~858.

랑스와 '나치 피해 포괄배상협정'을 체결한 후에도 추가적인 피해배상 문제를 해결하기 위해 1981년 '독일-프랑스 이해증진재단 출연 조약'을 체결하였다. 또한 강제동원 피해 노동자에 대한 배상을 위해 2000년 '기억·책임·미래(Erinnerung, Verantwortung und Zukunft) 재단'을 설립하여 2007년까지 100여 개국 160만 명의 피해자들에게 44억 유로(5조 38억 원)의 배상금을 지급하였다.[31]

더욱 주목되는 것은 1951년에 설립된 '대독일 유대인 청구권 회의(The Conference on Jewish Material Claims Against Germany, JCC)'가 전 세계에 산재하는 홀로코스트 피해자들을 대표하여 1952년 독일과 체결한 '룩셈부르크협약'의 60주년이던 2012년, 구공산권에 거주한 관계로 배상에서 제외됐던 생존자 8만 명에 대한 추가 배상을 위해 독일이 주도하여 협약을 개정한 점이다.[32] 개정안에 서명한 독일 재무장관 볼프강 쇼이블레(Wolfgang Schauble)는 "오늘날까지도 홀로코스트 범죄로 희생된 피해자를 모두 찾지 못했다는 데에 우리가 배상 협약을 계속 개정해야 하는 이유가 있다"라고 언급했다. 이에 대해 JCC의 협상 책임자인 스튜어트 E. 아이젠스타트(Stuart E. Eizenstat) 전 유럽연합(EU) 주재 미국대사는 "독일은 역사적 범죄의 책임에 있어서 가장 모범적인 국가로, 일본이 제2차 세계대전 당시 강제동원한 성노예 등 전쟁범죄 관련 책임 문제에서 보이는 태도와는 극명한 대조를 이룬다"고 평가했다. 한편 일본은 일본군 '위안부' 문제와 관련하여 샌프란시스코강화조약으로 해결되었을 뿐만 아니라 민

---

[31] 도시환, "日, 국제사회에 위안부 문제 화답해야", 『동아일보』, 2013년 3월 19일 자.

[32] "Sixty years after Luxembourg Agreement, Germany agrees to pay more to Holocaust survivors," *Associated Press*, 2012.11.15.

간기금을 통해 보상이 완료되었다는 입장 표명만 반복하고 있다.[33]

요컨대, 1965년 한일청구권협정은 일본의 식민지책임을 포함하여 불법행위로 인한 개인 피해자의 손해에 대한 배상청구권 문제를[34] 전혀 해결하지 않았다. 더욱이 한일청구권협정은 1910년 한일병합조약이 당시의 국제법상 적법하다는 전제하에 체결되었기 때문에, 불법적인 식민지배 기간에 한국 또는 한국인이 입은 피해에 대한 손해배상이 배제된 채 손실보상 차원에서 식민지로부터의 독립 후 영토 분리에서 오는 재정 및 민사상의 청구권에 한정하고 있다.

따라서 한국 대법원은 2012년 일제 강제동원 피해배상 파기환송 판결에서 "한일청구권협정은 일본의 식민지배 배상을 청구하기 위한 협상이 아니라, 샌프란시스코강화조약 제4조에 근거하여 한일 양국 간의 재정·민사적 채권·채무관계를 정치적 합의에 따라 해결하기 위한 것이며, 한일청구권협정 제1조에 의해 일본 정부가 한국 정부에 지급한 경제협력자금의 성격 역시 제2조에 의한 권리 문제의 해결과 법적 대가관계가 있는 것으로 보이지 않는다"라고 판시하였다.[35]

---

33 "Germany extends benefits to more Nazi victims," *Korea Times*, 2012.11.19.
34 한일청구권협정 합의의사록 (I) 2항의 "한국의 대일 청구 8개 요강" 역시 일본국의 전쟁범죄 또는 반인도적 범죄와 관련된 불법행위에 대한 민·형사책임을 추궁하는 내용이 포함되지 않았다. 원용석, 1965, 『한일회담 14년』, 삼화출판사, 58~75쪽.
35 대법원 2012.5.24. 선고 2009다22549판결; 선고 2009다68620판결.

2. 일본의 전후 보상 재판과 한국의 식민지책임 판결

1) 일본의 국가주의적 전후 보상 재판과 한일협정완결론

세계사적 냉전이 종식된 1990년대 이후 아시아 각국의 민주화와 국제정세의 변화로 아시아 각지에서 식민지배와 침략전쟁 피해자들의 목소리가 분출되기 시작하면서, 전쟁배상을 요구하는 움직임이 국경을 초월한 연대와 소송으로 전개되었다.[36] 그것은 일본 정부가 샌프란시스코강화조약과 양국 간 협정을 통해 국가 간 일부 배상 외의 개인에 대한 '보상'에는 일절 응하지 않았기 때문에 아시아의 수많은 전쟁 피해자들이 일본 정부를 상대로 소송을 제기하게 된 것이다.[37]

그러나 일본은 현재까지 식민지배와 침략전쟁에 따른 책임을 배제한 채 국가주의적인 '전후 보상 재판'으로 일관해 왔으며, 2019년 현재 총 100건에 이르고 있다. 일본군 '위안부' 피해 관련 소송은 총 10건이며, 1991년 김학순 할머니를 비롯한 한국인 '위안부' 피해자가 제기한 소송은 총 3건이었다. 일제 강제동원 관련 한국인 피해자가 제기한 소송으로는 1995년 미쓰비시(三菱廣島) 중공업과 1997년 신일본제철을 상대로 제기한 강제동원 손해배상청구소송 등이 있다.

최종적으로 국가무답책(國家無答責), 소멸시효, 제척기간과 일본군 '위안부' 피해 관련 1998년 관부재판(關釜裁判), 2000년 미국에서의 소송 이

---

36 이종원, 2013.6.13, 「일본의 전쟁 및 식민지지배 인식과 전후보상 정책의 재검토」, 『식민지책임판결과 한일협정체제의 재조명』, 동북아역사재단·대한국제법학회 주최 한일협정 50년사의 재조명 국제학술회의, 115쪽.

37 이원덕, 2008, 「일본의 전후 배상외교에 관한 고찰: 국제비교의 관점」, 『동북아역사논총』 제22호, 동북아역사재단, 32쪽.

후 한일청구권협정 등을 이유로 일본 최고재판소에서 모두 기각됨으로써 일본에서의 피해 구제를 위한 사법적 해결은 막을 내리게 되었다. 이와 관련하여 일본 내 '전후 보상 소송'을 주도해 온 아다치 슈이치(足立修一) 인권변호사는 일본 최고재판소 판결의 문제점으로, "사실인정 회피, 국가무답책, 시간 경과, 한일협정을 동원한 정치 등 '4가지 벽'의 한계"를 제시함으로써 일본 국내에서만 허용되는 독선적인 국가주의에 입각한 법 해석이라고 비판하고 있다.[38]

2) 식민지책임 청산의 세계적 동향과 국제인권법의 변화

2011년 일본군 '위안부' 피해자의 헌법소원에 대한 한국 헌법재판소의 부작위 위헌 결정을 비롯한 한국 사법부의 역사적인 판결이 나오고 있는 배경에는 20세기의 유산인 암울한 식민주의 역사를 극복하고 한국과 일본을 포함한 동아시아 평화공동체 건설로 나아가야 한다는 시대정신이 자리하고 있는 것으로 평가할 수 있다.

그러한 '식민지책임' 판결을 형성한 법리적 배경으로는 다음과 같은 역사적 과오에 대한 국제사회의 인식 전환과 국제인권법에서의 법리적 변화를 제시할 수 있다. 첫째, '식민주의의 종식'을 역사적 과제로 선언한 2001년 더반선언을 시작으로, 2013년 6월 7일 영국-케냐 간 '마우마우 사건'[39] 및 2013년 9월 12일 네덜란드-인도네시아 간 '라와게데 사

---

38 아다치 슈이치(足立修一), 2014, 「일본 최고재판소 판결의 한계와 문제점의 검토」, 『한일협정 50년사의 재조명 Ⅲ-일제식민지책임 판결과 한일협정체제의 재조명』, 동북아역사재단, 14쪽.
39 캐비타 모우디(Kavita Modi), 2014, 「마우마우 소송: 영국의 식민지 시대 국가배상」, 『한일협정 50년사의 재조명 Ⅳ-일제식민지배 피해자의 구제를 위한 법정책적

건'[40] 등 식민통치로 인한 피해에 대한 사죄와 배상 등의 국제 사례, 둘째, 2005년 유엔총회 만장일치로 채택된 피해자 권리 기본원칙상의 피해자 중심주의에[41] 기초하여 전통적인 국가주의 철학에서 인류 보편적 가치로서의 인권 중심 사고로 전환된 국제사회 조류의 변화, 셋째, 2010년 한일 강제병합 100년에 즈음하여 한일 지식인 1,139명이 '역사적 진실과 국제법적 정의'에 기초하여 천명한 '1910년 한일병합조약 원천무효' 공동성명[42] 등을 들 수 있다.

3) 한일 지식인 공동성명과 한국의 식민지책임 판결

한일 양국 학자들은 '2010 한일강제병합 100년'과 '2015 한일협정 50년' 역사의 진실과 국제법적 정의를 규명하고자 국제학술회의와 공동 연구를 수행하는 과정에서 '한일 지식인 공동성명'을 발표했다. 이는 올바른 역사의 정립을 통한 기반 위에서 진정한 역사 화해를 모색해야 한다는 공동의 인식을 천명한 것이었다. 이러한 배경에서 한국 헌법재판소는 2011년 전향적 결정을 내렸고, 한국 대법원은 2012년 파기환송에 이어 2018년

과제』, 동북아역사재단, 147~157쪽.

40 강병근, 2014, 「네덜란드의 인도네시아 식민지배 배상판결에 관한 연구」, 『한일협정 50년사의 재조명 Ⅳ-일제식민지배 피해자의 구제를 위한 법정책적 과제』, 동북아역사재단, 161~194쪽.

41 "Basic Principles and Guidelines on the Right to a Remedy and Reparation for Victims of Gross Violations of International Human Rights Law and Serious Violations of International Humanitarian Law," Resolution adopted by the General Assembly on 16 December 2005, A/RES/60/147, March 21 2006.

42 도시환 공저, 2013, 『한일강제병합 100년의 역사와 과제』, 동북아역사재단, 455~498쪽.

역사적 진실과 법규범적 정의에 기초하여 국제인권법의 이정표를 제시하는 판결로 화답하였다.

'한일 지식인 공동성명'은 한일병합조약의 전문(前文)과 본문이 모두 거짓이며, 조약 체결 절차와 형식에도 중대한 결함과 하자가 있었고, 한국병합 과정이 불의부당하듯이 한국병합조약 자체도 불의부당한 것임을 천명하였다. 그리고 1965년에 양국이 맺은 한일기본관계조약 제2조의 "1910년 8월 22일과 이전의 모든 조약 및 협정은 이미 원천무효(already null and void)"라는 내용은 일제 침략주의의 소산이었던 불의부당한 병합조약이 당초부터 불법·무효였다는 한국 측 해석을 공통된 견해로 수용할 것을 강조하였다. 아울러 국제법학계에서 '반인도적 범죄'와 '식민지 범죄'에 관해 기울여 온 다양한 노력과 논의 및 정의의 바람을 수용하여 침략과 병합, 식민지배의 역사에 대한 근본적인 반성도 촉구하였다. 이 공동성명은 2006년에 시작된 일본군'위안부' 피해자의 헌법소원에 대한 헌법재판소의 2011년 부작위 위헌 결정, 2000년에 시작된 일제 강제동원 피해자의 소송에 대한 대법원의 2012년 파기환송과 2018년 최종 배상 판결의 기점이 된 것으로 평가할 수 있다.

2011년 헌법재판소는 "일제 강점기에 일본군'위안부'로 강제동원되어 인간으로서의 존엄과 가치가 말살된 상태에서 장기간 비극적인 삶을 영위했던 피해자들의 훼손된 인간의 존엄과 가치를 회복시켜야 할 국가의 작위의무는 헌법상의 의무"라고 판시하였다.[43] 그리고 2012년 대법원은 "일본의 국가권력이 관여한 반인도적 불법행위를 비롯하여 일제 식민지배와 직결된 불법행위로 인한 손해에 대한 배상청구권이 한일청구권협

---

43 헌재 2011.8.30. 선고 2006헌마788 결정.

정에 포함되지 않았다"라는 판결을 내렸다.[44] 이는 일제의 식민지책임을 전면적으로 확인한 것으로, 인류의 보편적 가치로서 인권을 보장하여 적극적 평화와 역사 정의를 추구한 판결이다.

이에 2018년 대법원은 "일본 정부의 불법 식민지배 및 침략전쟁 수행과 직결된 일본 기업의 반인도적 불법행위에 대한 위자료 청구권이 한일청구권협정의 적용 대상에 포함되지 않았으므로 강제동원 피해자의 일본 기업에 대한 위자료 청구권은 존재한다"라고 최종 판결하였다.[45]

3. 일본의 수출규제와 국제통상법 위반

한국 대법원의 2018년 판결 이후 일본 정부는 다자간 자유무역을 강조한 G20 정상회담의 오사카선언(2019.6.29) 직후인 2019년 7월 4일, 전략물자이자 반도체와 디스플레이의 핵심 소재인 포토레지스트(photoresist), 플루오린 폴리이미드(fluorinated polyimides), 고순도 불화수소 등 주요 품목의 한국에 대한 수출규제를 발표했다. 이에 더해 8월 2일 비(非)전략물자의 경우에도 대량파괴무기 등으로 전용될 가능성이 큰 물품을 수출할 때 정부의 허가를 받도록 하는 캐치올(catch all) 제도가 한국 법령상 통제의 법적 근거가 미비하다고 주장하기 시작했다. 그리고 우호국에 수출 통관 간소화 혜택을 주는 화이트 리스트에서 한국을 제외하는 법안을 의결했다. 일본 역사학연구회가 비판한 바와 같이 일제 식민지배와 침략의 과거사에 대한 왜곡에 더하여 '전후 레짐으로부터의 탈각'과 '역사수정주

---

44 대법원 2012.5.24. 선고 2009다68620 판결.
45 대법원 2018.10.30. 선고 2013다61381 판결.

의'의 기치 아래 가해의 역사에 대한 직시가 아닌 독선적 역사인식의 표출로 확대 재생산된 가해의 횡포가 한국의 최첨단 산업 소재에 대한 수출 규제라는 국제통상법 규범을 위반하는 도발로 현실화한 것이다.

한국 대법원의 판결을 핵심 첨단 소재 등에 대한 수출규제 사유로 내세울 수 없는 일본 정부가 궁여지책으로 제기한 것은 '관세 및 무역에 관한 일반협정'(이하 'GATT') 제21조 안보상의 예외 사유인 '전략물자 무역관리 제도'다. 그런데 한국은 캐치올 제도를 일본보다 엄격하게 운용하는 국가다. 미국 과학국제안보연구소(ISIS)가 세계 200개 국가의 전략물자 무역관리 제도를 평가해 순위를 매긴 '위험 유포 지수(Peddling Peril Index, PPI)'에 따르면, 전략물자 관리 국가별 순위는 전체 국가 중 미국이 1위, 한국이 17위, 일본은 36위로 한국이 일본보다 19단계나 앞선다.[46] 더욱이 안보를 이유로 한국에 대한 수출 우호 조치를 없애고 한국의 전략물자 관리에 문제를 제기하며 경제 보복으로 한국을 위협한 일본이 다른 한편으로는 최상위 안보 공유체계인 한일군사정보보호협정(GSOMIA·지소미아) 연장을 주장하는 것 자체가 모순이라 하지 않을 수 없다.

일본의 수출규제 조치는 크게 3가지 조항의 세계무역기구(WTO) 규범을 위반했다. 첫째, GATT 제1조 1항 위반이다. 세계 무역질서에서 최혜국대우는 가장 기본적인 원칙으로, 동종 상품의 수출입 관련 WTO 회원국 간 차별적 대우를 금지하고 있다. 핵심 첨단 소재 수출과 관련하여 한국을 차별하는 것은 전형적인 최혜국대우 원칙 위반이다. 둘째, 일본은 GATT 제10조 3항을 위반했다. 이 조항은 각 체약국에 대해 일률적이

---

[46] David Albright, Sarah Burkhard, Andrea Stricker, 2019.5.23, *Peddling Peril Index(PPI) for 2019-Ranking National Strategic Trade Control Systems*, INSTITUTE FOR SCIENCE AND INTERNATIONAL SECURITY, pp. 7~8.

고 공정하고 합리적인 통관 및 행정 절차를 제공할 것을 규정하고 있다. 일본 정부는 한국으로부터 예상되는 WTO 제소를 회피하기 위해 국가 안보를 이유로 한국의 전략물자 관리제도의 부실 등을 거론하고 있으나, 일본의 부실한 전략물자 관리에 대한 2019년 PPI 평가 지수는 일본의 수출규제가 자의적인 조치에 불과하다는 것을 반증하고 있다. 셋째, GATT 제11조 1항 위반이다. 이 조항은 WTO 회원국이 수출 허가 등을 통해 수출을 금지·제한하지 못하도록 규정하고 있다. 일본이 한국에 대한 핵심 첨단 소재 3종의 수출규제를 강화한 조치는 전형적인 수량 제한 금지 원칙에 대한 위반이다.[47]

IV. 샌프란시스코강화조약 제2조와 독도 영토주권의 검토

1. 샌프란시스코강화조약 체결과 연합국의 대일 영토정책

1951년 샌프란시스코강화조약의 체결에 이르기까지 연합국의 대일 영토정책을 분석하면 크게 3가지 시기로 구분할 수 있다. 첫째, 전시 연합국의 대일 영토정책 확정(1943~1945), 둘째, 전후 연합국의 대일 영토정책 유지(1945~1949), 셋째, 전후 연합국의 대일 영토정책 변화(1950~1951)

---

47 See-hwan Doh, 2019, "Challenges in International Human Rights Law to Solve Issues relating to Victims of Forced Mobilization by Japan," *Korean Yearbook of International Law*, Vol. 7, pp. 87~90.

로 구분된다. 특히 냉전의 대두로 인해 샌프란시스코강화조약과 대일 영토정책에 있어서 징벌조약에서 반공조약으로 기조가 변화함에 따라 연합국이 전시에 합의한 대일 영토정책의 기본원칙들은 폐기되었으나, 이를 대체할 대일 영토정책에 대한 연합국의 논의·합의·결정은 존재하지 않았으며, 독도 역시 구체적으로 특정되지 않은 채 조약문에서 생략되었던 점에 주목할 필요가 있다. 각 시기의 특징은 다음과 같다.

1) 전시 연합국의 대일 영토정책 확정(1943~1945)

전시 연합국의 대일 영토정책에서 가장 핵심적인 결정은 카이로선언(1943. 12.1.)과 포츠담선언(1945.7.26.)이다. 일본은 포츠담선언의 수락(1945. 8.10.)을 통해 항복(1945.8.14.)했으며, 전후 연합국 최고사령관(Supreme Commander for the Allied Powers, SCAP)의 점령정책에 대한 재성명(1945. 12.19.)은 이 두 선언의 연장선상에서 이루어졌다.[48]

카이로선언은 연합국의 대일 영토정책에 있어 기초문서이자 원칙으로, 미국·영국·중국 간의 회담 결과를 소련이 승인함으로써 연합국의 공동합의로 이루어졌으며, 포츠담선언 제8조에 인용되면서 연합국들의 공식적인 대일 영토정책이 되었다. 선언의 내용은 4가지로, "첫째, 1914년 제1차 세계대전 이후 일본이 탈취·점령한 태평양의 모든 도서의 박탈, 둘째, 만주·타이완·펑후제도(澎湖諸島)와 같이 일본이 중국으로부터 도취(盜取)한 모든 지역의 중화민국 반환, 셋째, 일본이 폭력과 탐욕에 의해

---

48 일본 외무성은 세 가지 문서를 '연합국의 합의된 대일 영토정책'으로 규정하고 있다. 日本外務省, 2006, 「領土條項」(1946.1.31.), 『日本外交文書: サンフランシツコ平和條約準備對策』, 46~47쪽.

약취(略取)한 기타 일체 지역에서의 구축, 넷째, 한국인들의 노예 상태에 유의하여 적절한 시기에 한국을 해방·독립시킬 것" 등이다.

포츠담선언은 카이로선언을 승계하여 전후 일본의 영토를 구체적으로 특정한 것으로, 미국·영국·소련 간 회담을 통해 대일 항복 요구와 전후 일본 처리원칙을 논의함으로써 연합국의 대일본 종전 합의의 기본원칙이 되었다. 선언은 총 13개 항목으로 구성되어 있는데, 그중 카이로선언의 이행과 일본 영토의 규정(8조)은 "카이로선언의 조항은 이행될 것이며 일본국의 주권은 혼슈(本州), 홋카이도(北海島), 규슈(九州), 시코쿠(四國) 및 연합국이 결정하는 작은 섬들로 제한된다"고 규정하여, 4개의 주요 도서 외의 '작은 섬들'에 대한 결정권은 연합국의 권한으로 명시하였다.

전후 연합국 최고사령관은 점령정책 재성명(1945.12.19.)을 통해 "일본의 주권은 혼슈, 홋카이도, 규슈, 시코쿠 및 대마도를 포함하는 약 1천 개의 근접 작은 섬들로 제한한다"고 밝힘으로써 일본령 포함 범위를 대마도를 포함하는 약 1천 개의 근접 작은 섬들로 구체화하였다.

2) 전후 연합국의 대일 영토정책 유지(1945~1949)

전후 1949년에 이르기까지 미국과 영국은 카이로선언과 포츠담선언을 계승하여 ① 일본령 도서 특정, ② 경위도선 활용, ③ 부속지도 첨부라는 세 가지 큰 원칙 아래 대일 영토정책을 입안하였다. 현재까지 발견된 연합국의 샌프란시스코강화조약 초안에 첨부된 공식 지도에는 이러한 특징을 공통적으로 반영하여 표시되어 있다. 이러한 3대 원칙은 1947년 1월 영토 초안의 규정 이래 1949년까지 지속되었다.

한편, 일본에서 분리하여 중국·소련·한국에 양도할 지역을 정리했는데, 한국에 대해서는 "제주도(Quelpart Island), 거문도(Port Hamilton), 울릉도(Dagelet, Utsuryo), 독도(Liancourt Rock, Takeshima)를 포함한 한국 근해의 모든 작은 섬들과 한국에 대한 모든 권리(rights)와 권원(titles)을 포기(renounces)한다"라고 규정하였다. 이는 1949년 11월 주일 미국 정치고문 윌리엄 시볼드가 독도는 일본령에 속한다는 주장을 제기할 때까지 지속되었다. 미국의 경우, 1947년 1월 이래 미국 국무부가 준비한 샌프란시스코강화조약 초안에는 일본령에 포함할 섬들을 특정하는 작업이 진행되었다.

이러한 대일 영토정책은 전시 연합국이 합의한 대일 영토정책을 계승한 것으로, 강화조약의 일반적 특징인 '징벌적 조약'의 특징을 내용으로 한 것이었다. 이 시기의 대일강화조약 초안들은 제1차 세계대전 후 베르사유강화조약, 제2차 세계대전 후 이탈리아강화조약 및 루마니아강화조약과 동일하게 패전국의 전쟁책임과 영토할양 및 배상금 지불 등을 강화조약의 주요 목적으로 설정했기 때문에 영토 조항들은 매우 상세하고 복잡한 조항들로 구성되었다.

따라서 미국 국무부의 조약 초안(1947, 1949)과 영국 외무성(1951)의 조약 초안 및 지도들은 상호 간 논의나 참조를 하지 않았음에도 같은 방식으로 일본령을 표시하게 된 것이다. 또한 현재까지 발견된 이들 미국과 영국의 공식 지도들은 모두 공통적으로 독도(Liancourt Rocks)를 한국령으로 표기하고 있는 것이 확인된다.[49]

3) 전후 연합국의 대일 영토정책 변화(1950~1951)

1950~1951년 연합국의 대일 영토정책은 큰 변화에 직면했다. 가장 중요한 변화는 전시 연합국이 합의한 '징벌적' 대일 영토정책이 사실상 폐

---

49 정병준, 2015, 「샌프란시스코강화조약과 독도」, 『독도연구』 제18호, 145~151쪽.

기된 반면, 새로운 정책 합의는 부재했다는 점이다. 이는 크게 두 가지에서 영향을 받은 것이다. 첫째, 대일 정책의 변화였다. 냉전의 아시아화, 중국의 공산화, 한국전쟁 발발 등으로 인해 탈군국주의화·민주화라는 전후 대일 점령정책의 목표가 반공국가 재건으로 변화함에 따라, 일본이 소련과 대적하는 하위 동맹자의 위상을 부여받게 된 것이다. 둘째, 1950년 대일강화조약 특사로 임명된 존 포스터 덜레스(John Foster Dulles)의 등장이다. 덜레스는 징벌적 조약 대신 진정한 강화조약과 소련을 배제한 단독 강화조약을 추진했으며, 한국전쟁 발발 이후에는 반공조약의 성격이 강화되어 전쟁책임, 영토할양, 배상금 등 징벌조약의 핵심 내용이 배제되었다.

더욱이 1949년 12월부터 독도가 한국령이라는 샌프란시스코강화조약 초안상에 변화가 생겼다. 주일 미국 정치고문 시볼드가 미국 국무부의 1949년 11월 2일 조약 초안에 대해 독도(Liancourt Rocks)가 일본령이라고 주장했고, 1949년 12월 29일 6차 초안에 독도가 일본령으로 표기된 것이다. 그러나 1950년 9월 덜레스가 강화조약 7원칙[50]을 제시한 이후 1951년 샌프란시스코강화조약 최종안에 이르기까지 독도는 구체적으로 특정되지 않은 채 조약문에서 생략되었다.

한편, 1951년 3월 영국 외무성은 독자적으로 대일강화조약 초안을 완성했다. 영국 외무성의 대일강화조약 초안은 1946~1949년 미국 국무부

---

50 덜레스의 7원칙(1950.9.) 중 영토 관련 조항은 다음과 같다. 3. 영토: 일본은 (a) 한국의 독립 승인, (b) 류큐와 보닌(小笠原)에 대해 미국을 시정권자로 하는 유엔의 신탁통치 동의, (c) 타이완, 펑후제도, 남사할린, 쿠릴의 지위에 대한 영국, 소련, 미국, 중국의 장래 결정 수용 등으로, 조약이 발효한 후 1년 이내에 아무런 결정이 없는 경우 유엔총회가 결정하며, 중국 내 특별 권리와 이익은 포기하는 것으로 명시되어 있다. 日本外務省, 2006, 「米國의 對日講和7原則について」(1950.10.25.), 『日本外交文書: サンフランシツコ平和條約對米交涉』, 73~78쪽.

의 대일강화조약 초안과 마찬가지로 징벌적 강화조약의 성격을 띠었으며, 대일 영토 조항에 있어서 ① 일본령 도서 특정, ② 경계선 활용, ③ 부속지도 활용이라는 전시 연합국의 합의를 그대로 계승하고 있었다. 덜레스는 영국 정부의 조약 초안을 일본 정부에 제시하고 일본의 의견을 수렴했다. 일본 정부는 일본 영토를 울타리로 표시해 구체적으로 특정한 영국 정부의 초안이 일본에 심리적 위축을 준다며 반대하였고, 덜레스는 이를 수용했다. 이후 미국은 영미회담 과정에서 경계선을 활용한 일본령 표시가 일본에 불이익을 준다며 이를 폐기할 것을 주장했다. 이에 따라 연합국이 전시에 합의한 대일 영토정책의 기본원칙들이 폐기되었다. 그러나 새로운 대일 영토정책에 대한 연합국의 논의·합의·결정은 존재하지 않았다. 즉, 샌프란시스코강화조약은 미국이 일방적으로 주도하고 영국이 동참·합의한 방식의 강화조약이므로 연합국의 전시 합의는 폐기되었으나 새로운 대일 영토정책은 제시되지 않았던 점에 주목할 필요가 있다.

그러한 결과 한국에 대해서는 "일본은 한국의 독립을 인정하며, 제주도, 거문도, 울릉도를 포함하는 한국에 대한 모든 권리, 권원, 청구권을 포기한다"라고 규정되었다. 또한 타이완에 대해서는 "일본은 타이완과 펑후제도에 대한 모든 권리, 권원, 청구권을 포기한다"[51]로, 소련과 관련해서는 "일본은 1905년 9월 5일 포츠머스조약의 결과로 일본이 영유권을 획득한 쿠릴섬과 사할린 쪽 부분 및 그에 인접한 섬들에 대한 모든 권리, 권원, 청구권을 포기한다"[52]라고 명시되었다. 이러한 규정은 자유 방임상태

---

51 Article 2 (b) Japan renounces all right, title and claim to Formosa and the Pescadores.
52 Article 2 (c) Japan renounces all right, title and claim to the Kurile Islands, and to that portion of Sakhalin and the islands adjacent to it over which Japan acquired sovereignty as consequence of the Treaty of Portsmouth of September 5, 1905.

이자 일본에 가장 유리한 방식이라고 평가할 수 있다. 현재 일본과 영토 갈등 중인 동북아 국가는 모두 샌프란시스코강화조약에 참가, 서명하지 않은 국가들이다. 한국(독도)과 중국(조어도)은 초대받지 못했으며, 러시아(북방 4개 섬)는 서명하지 않았다.[53]

2. 샌프란시스코강화조약 제2조 (a)항의 국제법적 검토

샌프란시스코강화조약 제2조 (a)항의 "일본은 한국의 독립을 인정하고 제주도, 거문도 및 울릉도를 포함한 한국에 대한 모든 권리와 권원 및 청구권을 포기한다"라는 규정과 관련하여, 일본 정부는 일본이 포기해야 하는 영토에 독도가 언급되지 않았으므로 한국으로부터 제외되고 아울러 일본이 유지하는 영토로 확정되었다고 주장한다. 반면, 한국 정부는 샌프란시스코강화조약 제2조 (a)항에 의해 한국의 독립이 공식적으로 확인되었고, 독도의 한국 귀속이 확인되었으며, 이 조항에 언급된 섬들은 한국의 3천여 개 섬들의 예시에 불과할 뿐만 아니라, 카이로선언과 SCAPIN 677호 등에 나타난 연합국들의 의사를 감안할 때 독도가 포함되어 있다고 주장한다.

그렇다면 샌프란시스코강화조약의 비당사국이라는 이유로 모두에 언급한 바와 같이 일본이 주장하는 한국에 대한 동 조약 제2조 (a)항의 적용과 효력의 귀속이 가능한가 하는 문제가 제기된다. 샌프란시스코강화조약 제2조 (a)항의 법적 효력과 관련하여 조약의 제3자적 효력과 대세적 효력에 대한 국제법적 검토가 필요한 것이다.

---

53 정병준, 2015, 앞의 글, 151~155쪽.

1) 조약의 제3자적 효력에 대한 검토

샌프란시스코강화조약 제2조에 대한 한국의 권리와 관련하여 동 조약 제21조의 규정에 주목된다. 동 조문은 "본 조약 제25조의 규정과 관계없이, 중국은 본 조약 제10조 및 제14조 (a) 2에 관한 이익을 가질 권리를 취득하고, 한국은 제2조, 제4조, 제9조, 제12조의 이익을 가질 권리를 취득한다"[54]라고 규정하고 있다. 이는 소위 조약의 제3자적 효력과 관련하여 제3국에 권리를 부여하는 조약 규정에 해당한다. 그렇다면 제21조를 근거로 한국은 제2조의 이익을 가질 권리를 취득했다고[55] 주장할 수 있는가 하는 문제와 관련하여 조약법협약상 해석의 원칙에 따라 검토하기로 한다.

조약법협약에서는 조약의 해석과 관련하여, 동 조약 제31조 해석의 일반 규칙, 제32조 해석의 보충적 수단, 제33조 복수어가 정본인 조약의 해석 등에 관해 규정하고 있다. 따라서 조약법협약 제31조에 따른 조약 해석이 가능한 경우에는 조약법협약 제32조에 의한 해석은 필요하지 않지만, 반대의 경우에는 조약법협약 제31조에 의한 해석을 뒷받침하기 위하여 조약법협약 제32조상의 "조약의 교섭 기록 및 그 체결 시의 사정"을 검토하고 인용할 수 있다.[56]

먼저 제21조의 문언에 부여되는 통상적 의미를 검토하면 다음과 같다. 제21조 "본 조약 제25조의 규정과 관계없이, 중국은 본 조약 제

---

54 Article 21 Notwithstanding the provisions of Article 25 of the present Ttreaty, China shall be entitled to the benefits of Articles 10 and 14(a)2 and Korea to the benefits of Articles 2, 4, 9 and 12 of the present Treaty.
55 박관숙, 1968, 「독도의 법적지위에 관한 연구」, 연세대학교 박사학위논문, 23~24쪽.
56 김대순, 2015, 『국제법론』 제18판, 삼영사, 251~268쪽.

10조 및 제14조 (a) 2에 관한 이익을 가질 권리를 취득하고, 한국은 제2조, 제4조, 제9조, 제12조의 이익을 가질 권리를 취득한다"라는 규정 중에서 가장 핵심적인 문언은 바로 "권리를 취득한다(shall be entitled)"라는 부분으로, 제21조의 문언상으로는 한국이 제2조의 이익을 가질 법적 권리를 취득한다고 해석할 수 있다.[57]

위 조항의 대상과 목적 및 당사국 간의 합의 등과 관련하여 당초 미국은 한국의 당사국 자격을 인정하는 데 긍정적인 태도를 보였으나 영국과 일본의 반대로 무산되었다. 그러나 1951년 6월 2~14일 런던에서 개최된 샌프란시스코강화조약을 위한 제2차 영미회담에서 영국과 미국은 한국에 조약 당사국의 지위를 인정하지 않는 대신 동 조약 제2조 등의 이익을 가질 권리를 부여하기로 합의하였다. 이에 따라 1951년 6월 14일 자 제2차 영미 합동 초안에 제21조로 "한국은 현 조약 제2조, 제9조, 제12조의 이익을 취할 권리를 부여받을 것이다"라는 조항이 신설되었다.[58] 이러한 사정을 고려하면 샌프란시스코강화조약 제21조가 한국에 제2조 등의 관련 이익을 가질 법적 권리를 부여하였다는 것이 더욱 명확해졌다고 볼 수 있다.

그렇다면 샌프란시스코강화조약 제21조와 같이 조약 비당사국인 제3국에 권리를 부여하는 조약 규정의 효력과 관련하여, 동 조약이 체결될 당시의 국제관습법은 '조약의 제3자적 효력'에 대한 유효성을 인정하고 있었으므로, 한국이 동 조약 제21조의 근거에 따라 동 조약 제2조상의 권리를 취득하는 것은 유효하다고 평가할 수 있다.

57　정재민, 2013, 「대일강화조약 제2조가 한국에 미치는 효력」, 『국제법학회논총』 제58권 제2호, 48쪽.
58　정병준, 2010, 『독도 1947』, 돌베개, 613~617쪽.

2) 대세적 효력에 대한 검토

샌프란시스코강화조약 제2조 (a)항이 동북아 지역에서의 영토 처리에 관한 규정이라는 전제로, 일본 정부가 주장하는 비당사국에 대한 영토 처분권으로서 '대세적 의무(erga omnes)'를 갖는 '객관적 체제(objective regimes)'를 창설하는지 여부,[59] 즉 모든 국가에 대항할 수 있는 권리와 의무를 창설할 수 있는 대세적 효력에 대한 문제를 검토해야 할 것이다.[60]

이와 관련하여 1969년 조약법협약의 기초과정에서 특별보고자였던 험프리 월독(Humphrey Waldock)의 견해를 보면, 객관적 체제를 창설하는 조약이 되기 위해서는 당사국들이 국제공동체의 일반적 이익과 관련한 객관적 체제의 창설 의도를 전제로 해야 한다고 주장한 점에 주목할 필요가 있다.[61] 그러한 전제에서 샌프란시스코강화조약은 동북아의 주요 관련

---

59 G. Fitzmaurice's fifth report on the law treaties, *Yearbook of the International Law Commentaries*(1960), vol. Ⅱ, pp. 69~107; H. Waldock's third report, A/CN.4/167, Article 63 and commentaries, *Yearbook of the International Law Commentaries*(1964), vol. Ⅱ, pp. 26~34; "Draft Articles on the Law of Treaties with Commentaries," Adopted by the ILC at its Eighteen Session, *Yearbook of the International Law Commentaries*(1966), vol. Ⅱ, p. 231, http://legal.un.org/ilc/texts/instruments/english/commentaries/1_1_1966.pdf; Francesco Salerno, 2011, "Treaties Establishing Objective Regimes," in Enzo Cannizzaro(ed.), *The Law of Treaties Beyond the Vienna Convention*, Oxford Univ. Press, pp. 225~243; Maurizio Ragazzi, 2000, *The Concept of International Obligations Erga Omnes*, Clarendon Press Oxford, pp. 37~41.

60 이용호, 2015, 「샌프란시스코강화조약 제2조 (a)항의 한국에의 적용」, 『민족문화논총』 제60호, 163쪽.

61 Sir Humphrey Waldock proposed the following definition: A treaty establishes an objective regime when it appears from the circumstances of its conclusion that intention of the parties is to create in the general interest general obligation and rights…. H. Waldock, Third Report of the Law of Treaties, *Yearbook of the International Law Commentaries*(1964), vol. Ⅱ, p. 25.

국가인 한국, 중국, 구소련, 타이완 등 주요 이해관계국이 모두 참여하지 않았다는 점을 고려하면, 일본의 주장과는 달리 국제공동체의 일반적 이익과 관련된 대세적 의무를 갖는 객관적 체제의 창설로 보기는 어렵다고 평가할 수 있다.

3. 독도의 영토주권과 국제법적 권원에 대한 검토

한국의 독도주권에 대한 일본의 도발이 계속되고 있다. 2021년 도쿄올림픽 개최를 앞둔 시점에 일본 방위성은 17년째 「방위백서」를 통해 독도에 대한 영유권을 주장했으며, 도쿄올림픽 조직위원회가 홈페이지에 독도를 일본 영토로 표기한 사실이 알려졌다. 이에 앞서, '대한제국 칙령 제41호'로 한국의 독도주권을 선포한 지 120주년이 되는 2020년에 재개관한 일본 영토주권전시관이 1905년 이후 독도에 대한 일본의 국제법상 합법 지배와 한국의 불법 점거를 강조한 점에 주목하게 된다. 그것은 일본이 제기해 온 독도영유권 주장의 장기 전략 왜곡 프레임이 역사상 시계열적 오류와 국제법상 시제법적 한계에 부딪히자, 총체적인 국제법 권원 강화정책으로 전환하고 있다는 점에서 심각한 문제라고 할 수 있다.

1) 일본의 독도영유권 주장과 국제법상 권원

1952년 1월 18일 한국 정부의 평화선 선언 이후, 일본이 제기한 독도영유권 주장의 토대가 된 일본 국제법학계 권원 법리의 변천사를 검토하면 다음과 같다.

먼저, 일본은 1905년 독도 침탈의 국제법적 법리로 '무주지 선점론'에 근거해 권원을 주장했다.⁶² 그러나 이에 앞서 1900년 10월 25일 대한제국은 칙령 제41호로 독도주권을 선포하고 이틀 후 관보에 게시했다. 대한제국이 근대적 입법으로써 독도를 울도군의 관할로 명시한 칙령의 공포와 관보 게재는 명백히 국제법상 완성된 권원에 해당한다. 이에 반해 일본의 1905년 독도 편입은 시마네현 고시를 통한 국내법적 행정조치에 불과한 것으로, 국제판례는 지방정부의 고시 행위에 법률효과를 부여하는 데 있어서 소극적이다.⁶³

일본이 독도영유권을 주장하며 1953년 7월 13일, 1954년 2월 10일, 1956년 9월 20일, 1962년 7월 13일 등 4회에 걸쳐 한국에 제시한 구술서 중 4회차에 공식 등장하는 '고유영토론'은 이러한 '무주지 선점론'의 흠결을 대체하고자 이미 17세기부터 독도가 일본의 영토였다고 주장하는 것이다. 그러나 1693년 조선 숙종 당시 안용복의 피랍 사건 이래 시작된 울릉도쟁계 이후 일본 측은 독도가 일본 땅이 아니라는 입장을 견지했다.⁶⁴

에도막부는 1696년 도해금지령을 내리고, 1837년 이를 위반한 하치에몬을 처형했다. 또한, 메이지 정부는 1870년 「조선국교제시말내탐서(朝鮮國交際始末內探書)」를 전제로 1877년 '태정관지령'을 통해 울릉도와 독도를 의미하는 "다케시마 외 1도는 일본령이 아니다"라는 결론을 내렸다. 이는 당시 메이지유신을 성공적으로 완수한 일본이 근린 국가들과 관계를 정리하고 국경 획정을 추진하는 과정에서 내무성이 울릉도

---

62 植田捷雄, 1965, 「竹島の帰属をめぐる日韓紛争」, 『一橋論叢』第54卷 第1号, 19~34쪽.
63 Sovereignty over Certain Frontier Land(Belgium v. Netherlands), 1959, Judgment, ICJ Report, p. 209, 229.
64 山辺健太郎, 1965, 「竹島問題の歴史的考察」, 『コリア評論』7(2), 4쪽.

와 독도를 시마네현 지적에 올려야 하는지 질의한 것에 대한 답변으로,[65] 메이지 정부 당시 최고 행정기관인 태정관이 발한 지령은 헌법적 효력이 있다.

그런데 일본 정부는 1877년 3월 29일 자 태정관지령과 관련하여 단지 일본령이 아니라고 했을 뿐 조선령이라고 한 적이 없다고 강변한다. 그렇다면 1877년 3월 17일 내무성이 '일본해 내 죽도 외 1도 시적편찬 방사(日本海內竹島外一島地籍編纂方伺)'라는 태정관 앞 질의 전 자체 조사에서 '1699년 울릉도쟁계 관련 합의'를 전제로 조선령으로 결론을 내렸다는 점에서,[66] 양국 간 마찰이 있던 지역에서 일본령이 아니라면서도 조선령을 부정하는 것은[67] 일본의 독도영유권 주장의 핵심인 '무주지 선점' 권원의 합법성을 확보하려는 시도라고 분석된다.

그러한 전제에서 일본 정부는 독도에 대한 '1905년 무주지 선점론'과 '17세기 고유영토론' 상호 간의 시계열적 오류와 상충하는 시제법적 한계를 극복하기 위해, 17세기 당시의 역사적 권원을 1905년 현대 국제법적 요청에 부합하게 대체했다는 논리를 구성한다.[68] 그러나 일본 내 다른 도서를 비롯하여 주권평등의 원칙을 근간으로 하는 근대 국제법 체제에서 자국의 영역을 확인받기 위해 고유영토를 재확인한 국제 사례나 법리는 존재하지 않는다.[69]

---

65 堀和生, 1987, 「1905年日本の竹島領土編入」, 『朝鮮史研究會論文集』 第24號, 97~125쪽.

66 國立公文書館, 1877, 「日本海內竹島外一島地籍編纂方伺い」, 『公文錄』.

67 池内敏, 2012, 『竹島問題とは何か』, 名古屋大学出版会, 314쪽.

68 太壽堂鼎, 1998, 『領土帰属の国際法』, 東信堂, 143쪽.

69 中野徹也, 2012, 「1905年日本による竹島領土編入措置の法的性質」, 『関西大学法学論集』 第61巻 第5号, 126쪽.

2) 샌프란시스코강화조약의 국제법적 권원

일본은 '1905년 무주지 선점론'의 한계를 극복하기 위해 제시한 '17세기 고유영토론'이 상충하는 딜레마에 봉착하자, 1951년 샌프란시스코강화조약을 국제법상 권원으로 제기하기 시작했다. 아시아·태평양전쟁에 대한 일본 정부의 책임을 비롯하여 영토 반환 등을 논의하던 샌프란시스코강화조약의 기조가 냉전체제의 대두로 인해 징벌조약에서 반공조약으로 전환되자, 이러한 국면을 활용한 일본의 주도하에 한국은 당사국 지위에서 배제되었다.

샌프란시스코강화조약 제2조 (a)항과 관련하여 논의 초기 반환 대상으로 제기되었던 독도는 제6차 초안에서 한 차례 일본령으로 표기된 후 최종 단계에서는 한일 양국의 영토로 특정되지 않은 채 체결되었다. 일본은 제2조 (a)항을 근거로 독도를 한국에 반환하지 않아도 되는 일본 영토라고 주장한다. 그러나 냉전으로 인한 새로운 대일 영토정책에 대한 연합국의 논의·합의·결정이 존재하지 않은 상태에서 일본의 허위정보에 기초한 러스크(Dean Rusk) 서한을 전제로[70] 일본이 제기하는 독도영유권 주장 역시 역사적 사실의 왜곡과 다름없다. 샌프란시스코강화조약의 국제법적 권원에 대한 일본 국제법학계의 연구에서 한국 정부에만 발송된 1951년 8월 10일 자 딘 러스크 국무 차관보의 서한은 대폭 강조하는 반면,[71] 이후 "독도 문제에 대해 일본 편에 설 수 없다"는 미국 국무부의 공식 입장으로 양국 정부에 발송된 1953년 11월 19일 자 덜레스 국

---

70 塚本孝, 1994, 「平和條約심竹島(再論)」, 國立國會圖書館 調査立法考査局, 『レファレンス』 3月號(518號), 45~55쪽.
71 정병준, 2010, 앞의 책, 947~948쪽.

무장관의 전문은[72] 전혀 언급조차 되지 않고 있기 때문이다. 또한 1947년 1월 이래 미국 국무부 영토 조항 초안에 독도가 한국령으로 명시된 사실, 1947년 이래 미국 국무부의 샌프란시스코강화조약 초안에 첨부된 지도에 독도가 한국령으로 표시된 사실, 1951년 4월 영국 외무성의 동 조약 공식 초안에 첨부된 지도 등도 공개하지 않았다. 다시 말해, 일본에 유리한 자료들의 의도적인 부각과 불리한 자료들의 누락을 선세로 한[73] 일본 정부의 주장은 국제법 권원 법리 자체에 대한 왜곡이라는 비판에서 자유로울 수 없다.

3) 일본 국제법사관의 국제법 권원 검토

2020년 재개관한 일본 영토주권전시관이 1905년 이후 독도에 대한 국제법상 합법적인 지배를 강조하고 있는 바와 같이, 일본 정부는 제1차 세계대전 이전의 식민지배가 국제법상 합법이었다는 논리와 1905년 당시 무주지 선점이 합법이었다는 두 가지 논리로 집약하여 주장할 수밖에 없는 상황이다. 이 주장에 법리적 토대를 제공하는 대표적인 학자가 히로세 요시오(広瀬善男)로, '국제법사관(國際法史觀)'에 근거한 독도영유론을 주장하고 있다.[74]

히로세 요시오의 국제법사관이 제기하는 제1차 세계대전 이후 비식민지화론(non-colonization)이란 제1차 세계대전 이전 식민지배는 합법이

---

72 Telegram by Secretary of State, Dulles to Seoul(no. 398), Tokyo(no. 1198)(1953.12.19.), RG 84, Japan, Tokyo Embassy, CGR 1953, Box 23.
73 정병준, 2010, 앞의 책, 67~70쪽.
74 広瀬善男, 2007, 「国際法からみた日韓併合と竹島の領有権」, 『明治学院大学法学研究』 81, 288쪽.

라는 것으로, 을사늑약과 한일강제병합의 국제법상 합법화에 더하여 이를 다시 독도 침탈과 분리해 무주지 선점 역시 국제법상 합법이라는 주장이다. 먼저 1905년 11월 을사늑약 체결 당시 불법적인 일제 식민지배와 구분하여 독도 침탈을 합법화하기 위해 1905년 2월 일본 시마네현 고시에 의한 무주지 선점론을 제시한다. 그런 다음 을사늑약의 합법적 체결에 따른 일제 식민지배 역시 국제법상 합법이라고 주장한다. 그러나 양자 모두 당시의 국제법에서도 인정하지 않는 불법이었다.

일본이 독도영유권 주장의 외연을 확보하기 위해 동원하는 을사늑약에[75] 대해 먼저 검토해 볼 필요가 있다. 1969년 5월에 체결된 '조약법에 관한 비엔나협약'의 기반이 되는 1963년 유엔 국제법위원회(ILC)의 조약법협약에 대한 법전화 과정에서 재확인하여 공표한 자료가 있다.[76] 1935년 국제연맹 당시 하버드법대가 기초한 '국가대표 개인에 대한 강박으로 인한 무효조약'의 대표 사례에 1905년 을사늑약이 포함되어 있다.[77] 또한 일본이 주장하는 1905년 당시의 국제법도 침략적인 국가실행과 유착된 극단적인 국가주의로서의 일본형 법실증주의가 아닌 보편적 국제규범에 입각한 규범성이 제고되던 시점에 정립된 법리임을 주목해야 한다.

---

75 도시환, 2015, 「을사늑약의 국제법적 문제점에 대한 재조명」, 『국제법학회논총』 제60권 제4호, 125~149쪽.

76 UN Doc. A/5509, REPORT OF THE COMMISSION TO THE GENERAL ASSEMBLY, Report of the International Law Commission covering the work of its fifteenth session, 6 May - 12 July 1963, Draft articles on the law of treaties, Para. 17. Article 35; UN Doc. YEARBOOK OF THE INTERNATIONAL LAW COMMISSION 1963, Vol. Ⅱ Documents of the fifteenth session including the report of the Commission to the General Assembly, p. 197.

77 Harvard Law School, 1935, "Draft convention, with comment, prepared by the Research in International Law," *The American Journal of International Law*, with supplement, Vol. 29, p. 1157.

즉, 일본이 합법성을 주장하는 국제법적 권원의 배경적 토대가 불법인 것이다.

이에 일본은 유엔 체제하의 국제법이 아닌 '식민지배합법론'을 전제로 한 1905년 당시의 법인 시제법의 적용을 주장하고 있으나, 일본의 독도영유권 주장 자체에 시제법적 오류와 한계가 있다.[78] 국제법은 국가 간의 합의와 관행을 바탕으로 정립되어 온 법규범 체제로, 국가 긴 조약과 국제사회의 오랜 관행인 국제관습법이 국제법의 주요 법원(法源)이다. 그런데 국가대표 개인에 대한 강박으로 체결한 조약은 1935년 하버드법대가 발표하기 이전인 1905년 당시에도 국제사회의 관습법상으로도 인정되지 않는 무효조약인 것이다.

히로세 요시오는 일본이 대한제국의 독도주권 공포 이후인 1905년에 독도 편입조치를 했으나, 독도영유권 주장의 결정에는 양국 간 군사적 지배력 등 상대적인 권력관계, 국력을 배경으로 한 해당 지역에 대한 지배권의 확립, 당시 소규모 일본인의 어업 행위에 대해 유효한 항의나 배제조치가 없었다는 점 등을 실효적 지배의 논거로 주장한다.[79] 그러나 이들 논거를 분석해 보면 해당 지역에 대한 군사력을 동원한 영토주권의 침탈로, 모두 일제 식민주의와 일치하는 주장이다. 국제법을 앞세우고 있을 뿐 국제법 권원 법리의 총체적인 왜곡과 다름없는 것이다. 일본 정부는 국제법이라는 법리를 평화공동체 구축을 위한 법규범으로 인식하는 것이 아니라 여전히 제국주의적인 논리, 타국의 주권과 영토에 대한 침탈의 논리

---

78 도시환, 2017, 「일본의 독도영유권 주장과 일제식민지책임의 국제법적 검토」, 『독도연구』 제23호, 78~83쪽.

79 도시환, 2020, 「독도주권과 국제법적 권원의 계보에 관한 연구」, 『독도연구』 제29호, 222쪽.

로 악용하기 위해 주장하고 있다. 이것은 곧 식민제국주의 시대의 '폭력과 탐욕'에 따라 약탈한 영토의 포기라는 가장 기본적인 전후 청산 원칙에 배치되는 것이다.

V. 맺음말

한일 간 역사·영토 현안과 관련하여 샌프란시스코강화조약 제21조에 규정된 조약의 제3자적 효력으로서 제2조(영토), 제4조(보상청구권), 제9조(어업), 제12조(통상) 가운데 제2조와 제4조를 중심으로 국제법적 문제짐을 검토해 보았다.

먼저 냉전체제의 대두로 인해 징벌조약에서 반공조약으로 기조가 변경된 '관대한 평화조약'인 샌프란시스코강화조약을 통해 가해국임에도 최대수혜국이 된 일본이 동 조약을 전제로 식민지책임과 전쟁책임을 부인하는 데서 문제점이 비롯된다. 샌프란시스코강화조약의 전환국면을 활용한 일본의 주도하에 조약의 비당사국이 된 한국과의 국교 정상화를 위한 양국 간 한일협정 체결 과정에서 일본이 해결해야 할 가장 중요한 과제는 '식민지책임' 문제이다. 그런데도 일본은 한일협정 조약 문안에서부터 일본군'위안부'와 일제 강제동원 피해 등 미해결 과제들이 첨예화된 현시점까지 문제의 본질을 왜곡하며 책임을 회피하고 있다.

더욱이 샌프란시스코강화조약에 역행하는 일본의 평화헌법 개정을 위한 '전후 레짐으로부터의 탈각'과 과거사의 왜곡을 위한 '역사수정주의' 정책 기조하에 국제법을 앞세운 역사 왜곡 프레임인 '1910년 식민지배합법론', '1965년 한일협정완결론', '1905년 독도영유론' 주장은 동아시아에서의 전쟁책임 청산과 평화공동체의 구축을 위한 샌프란시스코강화조약상의 책무를 부정하는 구조화된 폭력과 다름없다.

그러한 전제에서 일본이 국제법을 앞세워 주장하는 역사 왜곡 프레임을 검토해 보았다. 첫 번째 프레임인 식민지배합법론의 근간인 1910년 한일강제병합조약은 대등한 주권 당사국 간 합의를 전제로 체결한 형식과 절차상의 하자가 없는 합법적인 조약이 아니라, 침략과 강박을 전제로 강요한 불법조약으로서 원천무효 사유에 해당한다. 그러한 불법적인 일제 식민지배하에서 침략전쟁에 강제동원된 일본군'위안부', 일제 강제동원 등 일본의 국가권력이 관여한 반인도적 불법행위를 비롯하여 식민지배와 직결된 불법행위로 인한 손해에 대한 배상청구권이 식민지배 자체를 합법으로 전제하고 있는 한일청구권협정의 적용 대상에 포함되지 않은 것이다.

두 번째 프레임인 한일협정완결론은 피해자들의 개인청구권이 최종적으로 완전히 소멸되었다는 주장이다. 그러나 1965년 한일협정 체결 당시 및 1995년 식민지배와 침략을 사과한 무라야마 담화 시점을 비롯하여 1991년 야나이 순지 조약국장 및 한국 대법원 판결 직후인 2018년 11월 14일 고노 다로 외무상의 국회 답변에 이르기까지 일관되게 개인청구권은 소멸시킬 수 없는 것이라고 답변하고 있음에 주목해야 한다. 그것은 국제법상 인권을 구성하는 요건인 개인청구권은 국가 간 조약으로 소멸시킬 수 없으며, 국내법상으로도 자국민의 헌법상 기본권에 대한 침해가 되므로 소멸시킬 수 없기 때문이다. 그런데도 일본 정부는 자국 국회에서의 답변과는 달리, 한국인의 손해배상청구권에 대해 한일청구권협정으로 완결되었다는 주장을 반복하고 있다.

이러한 일본의 역사 왜곡에 맞서 2010년 한일 양국 지식인 1,139명이 천명한 '1910년 한일병합조약 원천무효 공동성명'은 '식민주의의 역사적 종식'을 내용으로 하는 2001년의 더반선언과 2005년 유엔총회 만장일치로 채택된 피해자 권리 기본원칙상의 피해자 중심주의에 기초한 것이다. 이는 일본군'위안부' 피해자들의 헌법소원과 일제 강제징용 피해자들의 손해배상소송에서 2011년 헌법재판소와 2018년 대법원이 일본의 역사 왜곡 프레임인 '식민지배합법론'과 '한일협정완결론'을 일거에 봉쇄하며 적극적 평화주의와 국제인권법의 이성표를 제시하는 기점이 되었다.

2014년 일본은 일본군'위안부' 문제를 논의하는 한일 양국 국장급 원포인트 회의에서 GATT 제20조 B항에 명시된 조치에 따라 국민의 생명과 건강을 보호하기 위해 후쿠시마 방사능 수산물 수입을 규제하고 있는 한국에 철폐를 요구하고, 기어이 이 문제를 WTO에 제소했다가 2019년 최종 패소한 선례가 있다. 이러한 연장선상에서 2018년 한국 대법원의 일제 강제동원 피해배상 판결이 나오자, 일본은 한국의 반도체·디스플레이 산업을 겨냥한 '핵심 소재 수출규제'를 전격 단행하여 글로벌 가치사슬(global value chain)을 붕괴시키는 동시에, 일제 식민 피해자의 인권 구제 문제에 대한 대응 방식으로 다시 한번 국제통상법 위반을 강행했다. 이로부터 1년이 지난 시점부터 "일본이 잠자고 있던 한국을 깨웠다",[80] "일본 공격에 일본이 당했다",[81] "한국 수출규제는 어리석은 계책의 극치",[82] "한국의 탈일본 성공, 아베의 경제제재 역효과 비판",[83] "한국 수출규제는 흑

---

80 "韓国, 素材·部品의「脱日本」加速「寝た子起こした」",『朝日新聞』, 2021년 1월 21일.
81 "일본 공격에 일본이 당했다 … 수출규제 1년, 韓 놀라운 변화",『중앙일보』, 2020년 6월 25일.
82 "日 아사히 '對韓 수출규제' 어리석은 계책의 극치",『중앙일보』, 2021년 7월 4일.
83 "安倍政権が科した対韓輸出規制 韓国政府の「脱日本」は成功した?",『朝日新聞』, 2022년 5월 30일.

역사…효과 없었다' 실패 인정한 日"[84] 등 일본발 반성이 보도되고 있다. 이는 일본에 또 하나 추가된 역사적 과오의 반복이자, 제2차 세계대전 이전에 일본이 추구한 '근린궁핍화정책'으로서의 식민제국주의 행보와 다르지 않다는 점에서 주목할 필요가 있다. 이것이 바로 일제 식민지배의 토대일 뿐만 아니라 제국주의 침략 노선의 근간이었던 '국가주의' 철학으로부터 국제인권법적 법리를 재정립해야 하는 이유다. 그것은 '일본과 독일의 침략과 잔학행위가 인간의 존엄성에 대한 극단적 경시와 침해였다'라는 반성에서 형성된 오늘날의 국제인권법을 간과하고 있는 반증인 것이다.

다음으로, 2021년 도쿄올림픽 조직위원회가 홈페이지에 독도를 일본 영토로 표기한 사실이 알려지기에 앞서, '대한제국 칙령 제41호'로 한국의 독도주권이 선포된 지 120주년이 되는 2020년에 재개관한 일본 영토주권전시관이 1905년 이후 독도에 대한 일본의 국제법상 합법 지배와 한국의 불법 점거를 강조하고 있는 점이 주목된다. 더욱이 일본이 제기해 온 독도영유권 주장의 장기 전략 왜곡 프레임이 역사상 시계열적 오류와 국제법상 시제법적 한계에 부딪히자 총체적인 국제법 권원 강화정책으로 전환하고 있다는 점에서 심각한 문제라 할 수 있다.

그러한 전제에서 일본 정부의 독도영유권 주장의 정책적 토대를 구축해 온 일본의 국제법 권원 연구에 내재한 일제 식민주의와 그로부터 파생된 국제법 법리에 대한 왜곡의 본질을 검토한 결과, 다음과 같은 문제점을 규명하였다.

일본의 국제법 권원 연구 계보의 정점에 있는 히로세 요시오(広瀬善男)

---

[84] "'한국 수출규제는 흑역사…효과 없었다' 실패 인정한 日",『한국경제신문』, 2022년 5월 20일.

가 제기한 국제법사관은 제1차 세계대전을 경계로 '식민지화'와 '비식민지화'로 개념을 구분하여 일제 식민지배와 일본의 독도영유권 주장의 합법화를 시도한다. 히로세 요시오가 제기하는 비식민지화란, 국제연맹기 법질서의 성립을 계기로 제1차 세계대전 이후 새로운 식민지를 형성하는 행동이나 강제적인 타국의 보호국화 혹은 영역편입 행위는 완전히 위법이라는 것이다. 이 주장의 본질은 제1차 세계대전 이전의 을사늑약과 한일강제병합의 국제법상 합법성을 주장하는 것이다. 동시에 독도에 대한 무주지 선점의 합법성을 담보하기 위해 양자를 분리하여 다음과 같이 주장한다.

첫째, 일본이 대한제국의 독도주권 선포 이후인 1905년에 독도 편입 조치를 했으나, 국가 활동의 지속적인 전개에 따른 영유권 주장의 유효성 결정에는 양자 간 군사적 지배력 등 상대적 권력관계가 작용하고, 둘째, '실효적 점유'라는 것은 토지의 현실적 사용이나 정주라는 물리적 점유보다도 해당 지역에 대한 실질적인 지배권의 확립이라는 사회적 점유이며, 셋째, 일본이 영역편입 조치를 취한 1904~1905년에 소규모 일본인의 어업에 대한 조선 측의 유효한 항의나 배제조치 등이 부재했던 것이 독도에 대한 일본 정부의 실효적 관리가 있었다는 증거라는 것이다.

그러나 이러한 주장은 1905년 당시의 국제법도 침략적인 국가실행과 유착된 극단적인 국가주의로서의 일본형 법실증주의가 아닌 보편적 국제규범에 입각한 규범성이 제고되고 있던 시점에 정립된 법리라는 점과 1963년 유엔 국제법위원회의 조약법협약 법전화 과정에서 '1935년 하버드 초안'에 "국가대표 개인에 대한 강박으로 인한 무효조약"의 대표 사례로 제시된 1905년 을사늑약의 문제점을 간과하고 있다. 더욱이 일본 정부의 독도영유권 주장의 정책적 토대를 구축해 온 일본 국제법학계 권원 관련 계보의 주장들은 카이로선언에서 천명한 폭력과 탐욕의 본질로서 일제 식민주의와 일치하고 있음에 주목해야 한다.

따라서 샌프란시스코강화조약 전문에서 명시하고 있는 유엔헌장 원칙의 준수와 세계인권선언의 실현 의무에 기초하여 21세기 동아시아 평화공동체의 토대를 구축해야 할 것이다. 먼저 유엔헌장 원칙의 준수는 무엇보다 타국의 영토주권에 대한 존중에서 출발해야 한다. 일본의 첫 번째 역사 왜곡 프레임인 '식민지배합법론'을 전제로 한 '독도영유론'은 한국의 영토주권에 대한 중대한 국제법 법리의 왜곡이자 침해라는 점에서, 일본은 2001년 '식민주의의 역사적 종식'을 담은 더반선언과 '1910년 한일병합조약의 원천무효'를 천명한 '2010년 한일 지식인 공동성명'에 입각하여 진정한 국제법적 책무를 다해야 할 것이다.

다음으로 세계인권선언의 실현 의무는 일본의 두 번째 역사 왜곡 프레임인 '한일협정완결론'이 일본군'위안부', 일제 강제동원 피해자에 대한 구조화된 폭력이라는 점에서, 일본은 인권·정의·평화의 공동체를 지향하는 국제인권법과 2005년 유엔총회에서 만장일치로 채택된 피해자 중심주의에 기초하여 문제를 해결해 나가야 한다. 그것은 오늘날 동아시아 평화공동체를 향한 샌프란시스코강화조약 70주년을 맞은 우리에게 역사가 되묻는 질문이자, 우리가 역사적 성찰로 응답해야 할 역사 정의의 과제일 것이다.

참고문헌

김대순, 2015, 『국제법론』 제18판, 삼영사.
대한민국 정부, 1965, 『한일회담 백서』.
도시환 공저, 2013, 『한일강제병합 100년의 역사와 과제』, 동북아역사재단.
원용석, 1965, 『한일회담 14년』, 삼화출판사.
정병준, 2010, 『독도 1947』, 돌베개.

강병근, 2014, 「네덜란드의 인도네시아 식민지배 배상판결에 관한 연구」, 『한일협정 50년사의 재조명 Ⅳ-일제식민지배 피해자의 구제를 위한 법정책적 과제』, 동북아역사재단.
도시환, 2012, 「한일조약체제와 식민지책임의 국제법적 재조명」, 『국제법학회논총』 제57권 제3호.
도시환, 2015, 「을사늑약의 국제법적 문제점에 대한 재조명」, 『국제법학회논총』 제60권 제4호.
도시환, 2017, 「일본의 독도영유권 주장과 일제식민지책임의 국제법적 검토」, 『독도연구』 제23호.
도시환, 2020, 「독도주권과 국제법적 권원의 계보에 관한 연구」, 『독도연구』 제29호.
도시환, 「日, 국제사회에 위안부 문제 화답해야」, 『동아일보』, 2013년 3월 19일.
박관숙, 1968, 「독도의 법적지위에 관한 연구」, 연세대학교 박사학위논문.
박배근, 2006, 「1965년 한일청구권협정과 개인의 청구권」, 『한일역사관련 국제법논문선집』, 동북아의 평화를 위한 바른역사정립기획단.
아다치 슈이치(足立修一), 2014, 「일본 최고재판소 판결의 한계와 문제점의 검토」, 『한일협정 50년사의 재조명 Ⅲ-일제식민지책임 판결과 한일협정체제의 재조명』, 동북아역사재단.
야마모토 세이타(山本時太), 2014.11.28, 「법적 개념으로서의 식민지 책임-한일청구권협정에 관한 한일 양국 정부 해석의 변천과 대법원 판결의 의의」, 『식민지책임청산의 세계적 동향과 과제』, 동북아역사재단·세계국제법협회 한국본부 주최 국제학술회의.

이용호, 2015, 「샌프란시스코강화조약 제2조 (a)항의 한국에의 적용」, 『민족문화논총』 제60호.

이원덕, 2008, 「일본의 전후 배상외교에 관한 고찰: 국제비교의 관점」, 『동북아역사논총』 제22호, 동북아역사재단.

이중원, 2013, 「일본의 전쟁 및 식민지지배 인식과 전후보상 정책의 재검토」, 『식민지책임판결과 한일협정체제의 재조명』, 동북아역사재단·대한국제법학회 주최, 한일협정 50년사의 재조명 국제학술회의.

이현진, 2008, 「한일회담의 청구권 문제의 해결방식 - 경제협력 방식으로의 전환과정과 미국의 역할을 중심으로 -」, 『동북아역사논총』 제22호.

정병준, 2015, 「샌프란시스코강화조약과 독도」, 『독도연구』 제18호.

정인섭, 1994, 「1965년 한일청구권협정 대상범위에 관한 연구」, 『성곡논총』 제25집 상권.

정재민, 2013, 「대일강화조약 제2조가 한국에 미치는 효력」, 『국제법학회논총』 제58권 제2호.

캐비타 모우디(Kavita Modi), 2014, 「마우마우 소송: 영국의 식민지 시대 국가배상」, 『한일협정 50년사의 재조명 IV - 일제식민지배 피해자의 구제를 위한 법정책적 과제』, 동북아역사재단.

대법원 2012.5.24. 선고 2009다22549판결; 선고 2009다68620판결.

대법원 2018.10.30. 선고 2013다61381 판결.

헌재 2011.8.30. 선고 2006헌마788 결정.

"일본 공격에 일본이 당했다… 수출규제 1년, 韓 놀라운 변화", 『중앙일보』, 2020년 6월 25일.

"日 아사히 '對韓 수출규제' 어리석은 계책의 극치", 『중앙일보』, 2021년 7월 4일.

"'한국 수출규제는 흑역사…효과 없었다' 실패 인정한 日", 『한국경제신문』, 2022년 5월 20일.

Albright, David, Burkhard, Sarah, Stricker, Andrea, 2019. 5. 30, *Peddling Peril Index(PPI) for 2019-Ranking National Strategic Trade Control Systems*, INSTITUTE FOR SCIENCE AND INTERNATIONAL SECURITY.

Kalshoven, Frits 2007, *Reflections on the Law of War: Collected Essays*, Brill.

Ragazzi, Maurizio, 2000, The Concept of International Obligations Erga Omnes, Clarendon Press Oxford.

Alerno, Francesco, 2011, "Treaties Establishing Objective Regimes," in Enzo Cannizzaro(ed.), *The Law of Treaties Beyond the Vienna Convention*, Oxford Univ. Press.

Doh, See-hwan, "1910 Annexation and Remaining Task," *Korea Times*, 2011. 8. 31.

Doh, See-hwan, 2015, "70 Years after WWII: International Legal Challenges for Establishing Peace Community in Northeast Asia," *Korean Yearbook of International Law*, Vol. 3.

Doh, See-hwan, 2016, "International Legal Implications of the San Francisco Peace Treaty and Dokdo's Sovereignty," *Korean Yearbook of International Law*, Vol. 4.

Doh, See-hwan, 2017, "International Legal Review on Japan's Claim to Dokdo and its Colonial Responsibility," *Korean Yearbook of International Law*, Vol. 5.

Doh, See-hwan, 2018, "International Human Rights Legal Challenges to Solve Japanese Military 'Comfort Women' Issue," *Korean Yearbook of International Law*, Vol. 6.

Doh, See-hwan, 2019, "Challenges in International Human Rights Law to Solve Issues relating to Victims of Forced Mobilization by Japan," *Korean Yearbook of International Law*, Vol. 7.

Doh, See-hwan, 2020, "Revisiting International Legal Titles on the 120th Anniversary of Korean Imperial Ordinance No. 41 and Dokdo's Sovereignty," *Korean Yearbook of International Law*, Vol. 8.

Fitzmaurice, G., 1960, "Fifth report on the law treaties," *Yearbook of the International Law Commentaries*, vol. Ⅱ.

Galtung, Johan, 1969, "Violence, Peace, and Peace Research," *Journal of Peace Research*, Vol. VI, No. 3

Hara, Kimie, 2001, "50 years from San Francisco: Re-examining the Peace Treaty and Japan's Territorial Problems," *Pacific Affairs*.

Harvard Law School, 1935, "Draft convention, with comment, prepared by the Research in International Law," *American Journal of International Law*, with supplement, Vol. 29.

Kalshoven, Frits, 1991, "STATE RESPONSIBILITY FOR WARLIKE ACTS OF THE ARMED FORCES From Article 3 of Hague Convention IV of 1907 to Article 91 of Additional Protocol I of 1977 and Beyond," *The International and Comparative Law Quarterly*, Vol. 40, No. 4.

Van Dyke, John M., 2007, "Legal Issues Related to Sovereignty over Dokdo and Maritime Boundary," *Ocean Development & International Law*.

Waldock, H., 1964, "Third report," A/CN.4/167, Article 63 and commentaries, *Yearbook of the International Law Commentaries*, vol. Ⅱ.

"Basic Principles and Guidelines on the Right to a Remedy and Reparation for Victims of Gross Violations of International Human Rights Law and Serious Violations of International Humanitarian Law," Resolution adopted by the General Assembly on 16 December 2005, A/RES/60/147, March 21 2006.

"Draft Articles on the Law of Treaties with Commentaries," Adopted by the ILC at its Eighteen Session, *Yearbook of the International Law Commentaries*(1966), vol. Ⅱ. http://legal.un.org/ilc/texts/instruments/english/commentaries/1_1_1966.pdf.

Geneva Convention relative to the Protection Civilian Persons in Time of War, 1949.

"Germany extends benefits to more Nazi victims," *Korea Times*, 2012.11.19.

Sovereignty over Certain Frontier Land(Belgium v. Netherlands), Judgment, ICJ Report, 1959.

Telegram by Secretary of State, Dulles to Seoul(no. 398), Tokyo(no. 1198)(1953.12.19.), RG 84, Japan, Tokyo Embassy, CGR 1953, Box 23.

UN Doc. A/5509, REPORT OF THE COMMISSION TO THE GENERAL ASSEMBLY, Report of the International Law Commission covering the work of its fifteenth session, 6 May - 12 July 1963, Draft articles on the law of treaties, Para, 17. Article 35

UN Doc. YEARBOOK OF THE INTERNATIONAL LAW COMMISSION 1963, Vol. Ⅱ Documents of the fifteenth session including the report of the Commission to the General Assembly.

谷田正躬外2編, 1966, 『日韓條約と國内法の解說』, 大藏省印刷局.

吉田裕, 1995,『日本人の戦争観』, 岩波書店.

安倍晋三, 2013,『新しい国へ 美しい国へ 完全版』, 文藝春秋.

池内敏, 2012,『竹島問題とは何か』, 名古屋大学出版会.

太壽堂鼎, 1998,『領土帰属の国際法』, 東信堂.

広瀬善男, 2007,「国際法からみた日韓併合と竹島の領有権」,『明治学院大学法学研究』81.

堀和生, 1987,「1905年日本の竹島領土編入」,『朝鮮史研究會論文集』第24號.

金民樹, 2002,「對日講和條約と韓國參加問題」,『國際政治』131, 日本國際政治學會.

吉澤文壽, 2019,「日韓・日朝関係をどう解きほぐすか－国交正常化交渉の歴史的経過から」,『世界』第925号, 岩波書店.

山辺健太郎, 1965,「竹島問題の歴史的考察」,『コリア評論』7(2).

小林英夫, 1995,「日本の東南アジア賠償」,『季刊 戦争責任研究』10号, 日本戰爭責任資料センター.

植田捷雄, 1965,「竹島の帰属をめぐる日韓紛争」,『一橋論叢』第54巻 第1号.

中野徹也, 2012,「1905年日本による竹島領土編入措置の法的性質」,『関西大学法学論集』第61巻 第5号.

塚本孝, 1994,「平和條約と竹島(再論)」, 國立國會圖書館 調査立法考査局,『レファレンス』3月號(518號).

太田修, 2008,「財産請求權問題の再考－脱植民地主義の視角から」,『國際共同研究韓國併合と現代－歴史と国際法からの再檢討』, 明石書店.

國立公文書館, 1877,「日本海內竹島外一島地籍編纂方伺い」,『公文錄』.

日本外務省,「米國の對日講和7原則について」(1950.10.25.),『日本外交文書: サンフランシスコ平和條約對米交渉』.

日本衆議院, 1965.11.5,「日本國と大韓民國との間の條約及び協定等に關する特別委員會議錄第10號」.

日本參議院, 1991.8.27,「豫算委員會會議錄第3號」.

日本衆議院, 1994.3.25,「內閣委員會會議錄第1號」.

日本衆議院, 2018.11.14,「外務委員会會議錄第2號」.

"韓国・素材・部品の「脱日本」加速「寝た子起こした」",『朝日新聞』, 2021년 1월 21일.

"安倍政権が科した対韓輸出規制 韓国政府の「脱日本」は成功した?",『朝日新聞』, 2022년 5월 30일.

제2장

샌프란시스코강화조약과 '1965년 체제'의 원점

요시자와 후미토시(吉澤文寿) 니가타국제정보대학 교수

I. 머리말

II. 샌프란시스코 체제의 서브 시스템으로서의 '1965년 체제'

III. '1965년 체제'의 본질 - 한일 국교 정상화 협상에서의 청구권 문제

IV. '1965년 체제'의 틀 유지 시도 - 고노 담화, 무라야마 담화, 그리고 북일 평양선언

V. '1965년 체제' 변혁 시도 - 피해자에 의한 투쟁

VI. 탈냉전 프로세스와 식민지 지배 책임 - '1965년 체제'의 향방을 탐색하다

VII. 맺음말

* 이 글은 요시자와 후미토시(吉澤文寿), 2019, 「日韓·日朝関係をどう解きほぐすか―国交正常化交渉の歴史的経過から」(『世界』第925号, 岩波書店)에서의 논의를 가공·수정하여 샌프란시스코강화조약과 한일관계에 초점을 맞춘 것이다.

I. 머리말

2018년 10월 30일 한국 대법원은 신일철주금(현재 회사명은 일본제철) 및 미쓰비시중공업을 상대로 한국인 강제동원 피해자가 제기한 위자료 청구권을 인정하고, 보상금 지급을 명령했다(이하 '10·30 판결'). 이에 대해 일본 외무성은 2018년 11월 19일 자로 '옛 한반도 출신 노동자 문제란?'이라는 「팩트 시트(Fact Sheet)」를 공표했다. 그것은 1951년 일본과의 평화조약(샌프란시스코강화조약)과 한일청구권협정 제2조 제1항 및 제3항을 제시하면서 10·30 판결이 동 협정에 명백히 반하고 있어, "한일관계의 법적 기반을 진복할 뿐만 아니라 전후 국제질서에 대한 중대한 도전"이라고 강력히 항의하고 있다. 2019년 7월 19일 고노 다로(河野太郎) 외무상은 남관표 주일 한국대사를 외무성으로 불러 1965년 한일기본조약을 언급하며 같은 인식을 전달했다. 외무성이 샌프란시스코강화조약을 꺼내들며 한국 정부 및 사법을 비난한 것은 한일관계의 법적 기반이 이 조약에 있음을 시사한다.

이 글은 1951년 9월 8일에 조인된 샌프란시스코강화조약 체결 70주년을 맞아 이 조약의 의의를 다시 한번 묻고자 하는 것이다. 두말할 것도 없이 아시아·태평양전쟁을 정식으로 종결지은 샌프란시스코강화조약은 전후의 국제질서를 크게 결정한 다국간 합의다. 그리고 이 조약의 규정에 따라 일본은 미국의 알선으로 '조선'이 분단국가인 가운데, 한국과의 국교 정상화 협상(한일회담)을 시작하였고, 1965년에 한일기본조약 및 제반 협정을 체결하였다. 한일협정 및 제반 협정에 따라 질서가 만들어진 한일관계는 종종 '1965년 체제'라고 불린다. 이는 이른바 '샌프란시스코 체제'의 서브 시스템(하부 체제)이라 할 것이다.

이러한 문제의식에 기초하여 이 글에서는 다음과 같은 사항을 밝히고

자 한다. 첫째, 샌프란시스코강화조약의 기본적인 성질에 대해서 일본의 조선 식민지 지배와의 관련성부터 정리한다. 둘째, '1965년 체제'를 성립시킨 한일 국교 정상화 협상에 대해, 특히 청구권을 둘러싼 논점을 정리한다. 셋째, 주로 일본 정부가 행한 '1965년 체제'의 틀을 유지하려는 시도에 대해 정리한다. 넷째, 인권 회복을 목표로 하는 피해자들의 투쟁에서 그 체제 변혁 시도를 찾아보고, 끝으로 '1965년 체제'의 향후를 전망하고자 한다.

II. 샌프란시스코 체제의 서브 시스템으로서의 '1965년 체제'

아시아·태평양전쟁이 일본의 패전으로 종결된 후 '해방'된 조선뿐만 아니라 전승국인 제국주의 열강의 식민지 각지에서도 독립선언이 이루어지고 독립운동이 전개되었다. 열강은 이를 탄압하고 무력으로 제압하려 했으나, 결국 많은 식민지가 독립을 실현했다. 그러나 일본의 전쟁범죄를 추궁하는 극동국제군사재판(도쿄 재판) 및 일본과의 전쟁상태를 종식하기 위한 강화회의에서는 신흥 독립국의 의지가 거의 반영되지 않았다.

도쿄 재판의 공소장 작성에 대해서, 초기 단계의 미국 초안에는 "인도에 대한 죄"가 발생한 지역에 중국, 만주, 하와이, 필리핀, 인도네시아, 태국 등과 함께 '조선'이 포함돼 있었다. 조선에서의 "인도에 대한 죄"를 추궁하면 일제의 식민지배 책임이 추궁당하게 된다. 그러나 공소장 작성 과정에서 '조선'은 탈락하고 말았다. 도쿄 재판은 조선의 대표가 없었던 점, 재판 참가 11개국 중 식민지 보유국이 있었던 점 등이 그 원인으로

꼽힌다.[1]

또한 총 27조로 구성된 샌프란시스코강화조약은 제11조에 도쿄 재판 및 다른 연합국의 전쟁범죄 법정 재판을 수락할 것, 제14조에 전쟁배상에 관한 조항이 있지만, 식민지 지배 책임을 묻는 조항은 포함되어 있지 않다. 이미 남북으로 분단된 조선의 대표는 강화회의에 초대받지 못했다. 다만 제21조의 규정에 따라 조선은 제2조(일본의 조선 독립 승인), 제4조(재산청구권), 제9조(어업), 제12조(통상)에 근거하여 일본과 협의하게 되었다. 한일회담의 의제 중 몇 가지는 강화조약과 관련된 것이라고 할 수 있다.

그런데 제14조의 배상 조항은 일본이 배상을 지불할 만한 충분한 자원이 없음을 시사하고 있다. 구미 열강 등 연합국의 상당수는 대일 배상을 포기하였다. 이러한 '무배상 방침'은 제1차 세계대전 패전국인 독일에 대한 거액의 배상 요구에 실패했던 일을 토대로 한 것이라는 점과 냉전 중에 미국이 일본을 중국을 대신하는 동아시아의 주니어 파트너로서 부흥시키려 했다는 것이 그 배경으로 지목된다. 그러나 그것만 지적한다면 서구 중심의 역사 인식이라고 할 수 있지 않을까?

아시아의 신흥 독립국들은 전쟁 및 식민지 지배로 막대한 피해를 보았다. 그런데도 분단된 중국과 조선의 대표, 나아가 베트남 민주공화국(북베트남)은 초청받지 못하였고, 아직 영국령이었던 말레이시아, 싱가포르는 대상에서 제외되었으며, 라오스와 캄보디아는 나중에 대일 배상청구권을 포기했다. 버마는 자유주의 국가들과만 하는 '편면(片面) 강화'에 이의를 제기하며 강화회의에 불참했고, 인도네시아도 같은 이유로 자국 의

---

1 粟屋憲太郎, 1994, 「東京裁判に見る戰後處理」(粟屋憲太郎他著), 『戰爭責任·戰後責任 日本とドイツはどう違うのか』, 朝日新聞社, 87쪽.

회에서 비준을 받지 못했다. 서명국인 필리핀, 남베트남은 버마, 인도네시아와 함께 일본과의 개별 배상 협상에 임했다.[2] 이와 같이 '편면 강화'란 '자유주의 국가들과만 했던 강화'였을 뿐만 아니라, 특히 많은 아시아 구 식민지 국가들이 멀리한 '구 종주국과의 강화'를 의미했다.

이처럼 일본의 식민지 지배 책임은 도쿄 재판에서도, 샌프란시스코강화조약에서도 추궁받지 않았다. 한일회담에서 재산청구권을 토의하는 기초가 된 이 조약의 제4조는 재산에 관한 규정으로, 이 조약 제14조의 배상 조항과는 다르다. 식민지 지배 책임을 묻지 않는다는 점에서 미국과 영국을 비롯한 연합국 열강과 일본은 '공범관계'[3]라고 해야 할 것이다.

III. '1965년 체제'의 본질 - 한일 국교 정상화 협상에서의 청구권 문제

1951년 10월 20일 미국의 주선으로 한일 예비회담이 시작되었다. 1952년 2월 15일부터 한일회담은 본회담으로 이행하여 기본관계, 재산청구권, 어업, 재일 한인의 법적 지위, 선박, 문화재 등의 여러 문제를 토의하였다. 이때 한국 측은 8개 항목으로 구성된 '한일 간 재산 및 청구권 협정 요강'을 제시한다. 이 청구 내용은 조선은행을 통해 일본으로 반출된 조선 지금은(地金銀)을 비롯하여 우편저금, 보험금, 국채, 공채, 일본은

2　倉沢愛子, 2015, 「戦争賠償」, 東郷和彦・波多野澄雄編著, 『歴史問題ハンドブック』, 岩波書店, 117~118쪽.

3　太田修, 2016, 「日韓財産請求権協定で解決済み」論を批判する」, 吉澤文寿編著, 『五〇年目の日韓つながり直し』, 社会評論社.

행권, 미수금, 은급 등으로, 전반적으로 식민지기의 법률관계를 전제로 한 청구였다.

이러한 한국 측의 청구에 대해 일본 측은 일제강점기에 남한에 남긴 일본인의 사유재산을 청구했다. 일본 측은 방대할 것으로 예상된 한국 측 요구를 봉쇄하려 한 것이다. 그러나 샌프란시스코강화조약 제4조 (b)항에 따라 일본 정부는 남한을 점령한 미군 정부가 해당 재산을 접수하여 한국 정부에 양도한 효력을 승인하고 있었다. 즉, 이러한 일본 측의 청구권은 "미국 정부의 견해를 기다릴 것도 없이 입론에도 무리가 있는 것을 면할 수 없었던 것"[4]이다.

또 청구권 협상에서 일본 측 수석대표는 종종 식민지 지배를 정당화하는 발언을 거듭하면서 한국 측을 애타게 했다. 1953년 10월 15일 청구권위원회의 구보타 간이치로(久保田貫一郎) 수석대표는 일본의 식민지 지배로 인해서 한국의 민둥산이 푸른 산으로 바뀌고 철도가 깔리고 항구가 세워졌다든지, 카이로선언에 있는 "조선인의 노예 상태"라는 말은 연합군이 전시 중 흥분한 상태에서 한 말이라는 등의 발언을 했다. 이 발언으로 한일회담은 4년 반 동안 중단되었다. 또 1965년 1월 7일 기자회견에서 다카스기 신이치(高杉晋一) 수석대표는 "일본은 좋은 일을 하려고 했다", "20년 더 조선을 지배했더라면 좋았을 것"이라는 등의 발언을 했다. 이때는 한일회담이 타결 직전 단계였기 때문에 한일 외교 관료들이 솔선해서 이 발언을 무마했다.

---

4 外務省アジア局総務参事官室, 1959, 「懸案対日請求権の経緯及び解決方針に関する参考資料」, 外務省公開外交文書(1959년 1월 31일 자, 문서번호 1600), 71쪽. 이 문서의 페이지 수는 일한문서정보공개 아카이브에서 취득한 PDF 문서에 따른다. 웹 사이트는 다음을 참조하기 바란다. http://www.f8.wx301.smilestart.ne.jp/nikkankaidanbunsyo/search.php.

일본 측이 한국에 대한 청구권 주장과 구보타 발언을 취소하고 한국 측의 청구권을 논의하는 단계가 되자, 일본 측은 청구 하나하나의 법적 근거를 바로잡고 가능한 한 그 금액을 최소로 뽑으려 했다. 이런 협상 방식은 대장성(현 재무성)의 의견이 강하게 반영된 것이었다.[5] 1961년 5월 10일 일반청구권 소위원회에서 일본 측이 한국인 개인에게 주는 방식으로 미불 급여 등을 지불하겠다고 제의한 데 대해 한국 측은 이를 거절했다. 일본 측의 제안은 채무를 성실히 이행하려 한 것이 아니라, 청구권 명목으로 하면 한국 측 기대보다 훨씬 낮은 금액밖에 되지 않음을 보여 줌으로써 한국 측의 청구 자체를 포기하게 하려는 협상 기술이었다고 해야 할 것이다.

또한 1962년 2월 27일 북동아시아과에서 작성한 「일반청구권 징용자 관계 등 전문위원회 제4차 회합」 회의록에 따르면, 한국 측은 전쟁으로 인한 피징용자의 피해에 대한 보상 청구의 근거에 대해 부상자 및 사망자의 경우 일본의 원호법 등의 법령을 참고했다고 설명했다. 생존자에 대해서는 "특별한 근거 없이 정신적, 육체적 고통을 생각했다"라고 설명하기는 했지만, 법적 근거를 따지는 일본 측으로부터 이해를 얻기 위해 식민지기의 법률관계를 고려한 범위에서 청구했다고 생각해야 할 것이다.[6] 1960년 10월 25일 자 대장성 이재국(理財局)이 작성한 「한국의 대일 청구권에 대하여」라는 문건에서도 한국 측의 청구에 대해 "일본 법령을 준용할 수 있는 한에서의 보상금, 은급처럼 어느 정도 고려해야 할 것

---

5 外務省北東アジア課, 1961, 「請求権問題に関する大蔵省との打合会」, 外務省公開外交文書(1961년 2월 7일 자, 문서번호 1350).

6 外務省北東アジア課, 「一般請求権徴用者関係等専門委員会第4回会合」, 外務省公開外交文書(1962년 2월 27일 자, 문서번호 1224), 57쪽.

이 있다"라고 하고 있다.[7]

어쨌든 일본은 동남아시아 국가들에 대한 배상과 마찬가지로 경제협력 시행을 통해 이 문제를 해결하려 했다. 최근의 연구에서 일본 정부의 정책은 한일회담 이후 일관되게 흐르고 있었던 것이 밝혀지고 있다.[8] 최근 원본이 공개된 1960년 7월 22일 자로 외무성 북동아시아과에서 작성한 「대한 경제기술협력에 관한 예산 조치에 대하여」라는 문건에서는 청구권 논의를 '보류'하면서 "과거의 보상 없이, 한국의 미래 경제 및 사회복지에 기여한다는 취지"의 대한(對韓) 경제협력 시행에 의의가 있다고 하였다. 즉, 일본 정부는 식민지 지배에 기인하는 사안에 대해 보상하지 않고, 한국의 경제 발전에 도움이 될 수 있는 경제협력을 공여하도록 협상한 것이다.

그리하여 청구권 협상에서는 한국 측 청구사항의 토의를 중단하고 한국에 대한 경제협력 조건을 논의하였다. 그 결과 1962년 말에 오히라 마사요시(大平正芳) 외무상과 김종필 중앙정보부장이 무상 3억 달러, 유상 2억 달러, 민간 경제협력 1억 달러 이상에 합의했다. 이는 한일 양국에서의 강력한 반대에 직면하면서 1965년 6월 22일 도쿄에서 한일기본조약 및 제반 협정이 체결되었고, 같은 해 12월 18일 서울에서 비준서가 교환되었다.

한일협정 제2조는 한국병합조약이 체결된 "1910년 8월 22일 및 그 이전에 대한제국과 대일본제국 간에 체결된 모든 조약 및 협정이 이미 무효임을 확인한다"라는 것이다. "이미 무효(already null and void)"와 관련하

---

[7] 大蔵省理財局,「韓国の対日請求権について」, 外務省公開外交文書(1960년 10월 25일 자, 문서번호 1363), 8쪽.
[8] 金恩貞, 2018,『日韓国交正常化交渉の政治史』, 千倉書房.

여, 식민지 지배를 불법적이고 부당하다고 하는 한국 측에서 제안한 '무효(null and void)'에 이를 합법적이고 정당하게 규정한 일본 측이 '이미(already)'를 삽입할 것을 제안함에 따라 이 조문은 양측의 입장에 맞게 설명할 수 있었다.

그리고 한일청구권협정에는 일본이 대한(對韓) 경제협력 시행과 양국 간의 재산 및 청구권에 관한 문제의 해결이 명시되어 있다. 그러나 양자는 병기될 뿐으로 청구권 문제를 해결하기 위해 경제협력을 시행한다고 해석할 수는 없다. 또 이 협정 제2조 제1항에서는 양국 간 청구권 등의 문제가 "완전히 그리고 최종적으로 해결된 것이 된다"라고 하고, 같은 조 제3항에는 이 협정 체결일 이전에 발생한 사유에 입각한 청구권 등에 관하여 "어떠한 주장도 할 수 없다"라고 되어 있다. 단, 이 협정의 합의의사록 (1)의 제2항(g)에는 이 협정으로 해결된 청구권 등에 "한일회담에서 한국 측이 제출한 '한국의 대일청구요강'(이른바 8항목)의 범위에 속하는 모든 청구가 포함되어 있고, 따라서 동 대일청구요강에 관하여는 어떠한 주장도 할 수 없게 됨을 확인하였다"라고 되어 있다.

한일협정 제2조에 식민지 지배가 합법이었다고 해석할 수 있는 여지를 남겨 두고, 한일청구권협정에 이르는 협상에서 오로지 식민지기의 법률관계를 전제로 하는 권리들이 논의된 것을 감안하면, 식민지 지배가 불법적이고 부당하다고 해서 주장되는 배상청구권의 종류는 처음부터 일본 측이 인정하고 있지 않으므로 "완전히 그리고 최종적으로 해결된" 재산 및 청구권의 범위에 포함되어 있지 않다고 할 수 있다. 그리고 한국에 대한 경제협력 또한 한국 측이 주장한 청구권의 대가가 아니라, 당시 말을 빌리자면 '독립축하금'이었다.

그리고 일본이 배상 또는 경제협력을 명목으로 대외적으로 지급한 금액은 패전 직후 중간 배상을 포함해도 약 1조 엔에 불과하다.[9] 그 지불액의 내실도 1956년 네덜란드와의 협정으로 지불한 1천만 달러(약 36억 엔)의 위로금을 제외하고는 일본의 생산물 또는 역무였다. 그렇기에 일본의 '배상' 지불은 그 사업에 종사한 일본의 기업 등에도 막대한 이익을 가져왔다. 냉전의 산물이라고는 하지만, 일본의 전쟁책임 및 식민지책임은 그 행위로 인한 막대한 피해에 비하면 현저히 경미한 부담으로 마무리되었다고 할 것이다.

IV. '1965년 체제'의 틀 유지 시도 – 고노 담화, 무라야마 담화, 그리고 북일 평양선언

일본 정부는 한일 국교 정상화 이후에도 피해자들의 요구와 한국 정부의 요청에 부응하여 일본군 조선인 병사의 유골 송환, 사할린 거주 조선인의 한국 귀국, 주한 피폭자에 대한 피폭자원호법 적용 등에 대해 한국 정부와 협의해 필요한 조치를 취해 왔다. 또 일본 정부는 1993년 8월 4일 일본군'위안부' 제도에 대한 옛 일본군의 관여를 인정한 고노 요헤이(河野洋平) 내각 관방장관 담화, 1995년 8월 15일 침략전쟁과 식민지배로 아시아 여러 나라 사람들에게 막대한 손해와 고통을 주었음을 인정한 무라야마 도미이치(村山富市) 내각 총리 담화를 발표하고 일본 정부의 공식 견해로 삼았다. 이러한 인식을 기초로 민간 차원에서 기금을 모금하여

---

[9] 田中宏, 1994, 「日本の戦後補償と歴史認識」, 『戦争責任・戦後責任 日本とドイツはどう違うのか』, 朝日新聞社, 52쪽; 内海愛子, 2002, 『戦後補償から考える日本とアジア』, 山川出版社, 33~34쪽.

1995년 7월에 재단법인 '여성을 위한 아시아평화국민기금'(아시아여성기금)이 발족했다. 그리고 1998년 10월에 발표한 한일공동선언(21세기 새로운 한·일 파트너십 공동선언)으로 양국은 서로의 우호 협력 관계를 재확인했다.

그러나 일본 정부는 한일병합이 합법이었다는 인식을 거듭 표명했다. 1995년 10월 5일 참의원 본회의에서 무라야마 총리, 2010년 10월 18일 참의원 결산위원회에서 간 나오토(菅直人) 총리가 같은 답변을 했다. 다만 무라야마 총리는 "한일병합조약에 입각한 통치에 대한 정치적, 도의적 평가와는 별개의 문제"라며 "정부로서는 한반도 지역의 모든 사람에게 과거의 한때 우리나라의 행위로 인해 참을 수 없는 고통과 슬픔을 겪게 한 데 대해 깊은 반성과 유감의 뜻을 전부터 표명해 왔다"라고 말했다. 이처럼 고노 담화나 무라야마 담화를 통해 드러난 일본 정부의 인식은 식민지 지배가 합법이었다고 하면서, 식민지 지배로 인해 조선인에게 피해가 초래되었다고 하는 것으로, 이른바 '합법·부당'론이었다. 이러한 인식은 한일청구권협정으로 한국인의 모든 청구권이 해결되었다는 입장을 유지하면서, 이 협정의 '보완 작업'으로서의 '전후 보상 문제'를 다루는 일본 정부의 기본 방침이 되었다.

한편, 북일 국교 정상화 협상이 마침내 시작된 계기는 1990년 9월 28일 평양에서 발표된 자유민주당, 일본사회당, 조선노동당에 의한 3당 공동선언이었다. 그 제1항에는 "3당은 과거에 일본이 36년간 조선 인민에게 커다란 불행과 재난을 끼친 사실과 전후 45년간 조선 인민에게 입힌 손실에 대해서 조선민주주의인민공화국에 공식적으로 사죄하고, 충분히 보상해야 한다고 인정한다"라고 되어 있다. 그러나 같은 해 11월에서 12월까지의 예비회담을 거친 뒤 이듬해 1월 30일부터 본회담이 시작되자, 일본 측은 3당 공동선언에 구속되지 않겠다는 입장을 밝히며 전후

45년간의 보상에 응하지 않았으며, 식민지 시기에 대해서도 북일이 '교전 관계'였다는 북한 측 주장을 부인했다. 이후 단속적으로 협상이 이루어져서, 2000년 4월에 북한 측은 식민지 지배에 대한 사죄와 피해자들이 충분히 납득할 수 있는 보상을 요구했다. 반면 일본 측은 청구권 문제를 경제협력으로 해결하자고 주장했다. 즉, 일본은 한일청구권협정과 같은 제안을 한 것이다.

이러한 경위에 따라 2002년 9월 17일 평양에서 열린 북일 정상회담의 성과로 북일 평양선언이 발표되었다. 이 선언 2항에서 일본 측은 과거 식민지 지배로 인해 조선인들에게 막대한 손해와 고통을 주었다는 역사적 사실을 겸허히 받아들이고 통절한 반성과 마음으로부터의 사죄의 뜻을 밝혔다. 그리고 국교 정상화 후의 경제협력 시행 및 북일 간의 모든 재산 및 청구권의 상호 포기가 확인되었다. 북일 간의 청구권 협상에서는 앞서 말한 샌프란시스코강화조약 제4조 (b)항이 적용되지 않기에 재산청구권의 상호 포기가 명기되었다고 생각된다.[10]

앞서 서술한 것처럼 일본으로서는 서두의 식민지 지배 인식도 '합법·부당'의 테두리 안에 있다고 생각할 것이며, 식민지 지배에 대한 법적 책임에서 벗어날 여지가 있다. 그런 의미에서 북일 평양선언을 기초로 북일 협상이 재개될 경우 일본은 제2의 한일청구권협정, 즉 식민지기의 법률 관계를 전제로 한 청구만을 인정하고 북일 간에 그것들을 상호 포기하고 대북 경제협력을 약속한다는 심정으로 협상할 것이다.

---

10 유의상, 2018, 「북·일 수교회담 전망과 한국의 대응전략: 과거청산문제를 중심으로」, 『일본공간』 제23호, 국민대학교 일본학연구소.

V. '1965년 체제' 변혁 시도 - 피해자에 의한 투쟁

전후 국제질서로서의 샌프란시스코 체제 및 그 서브 시스템인 '1965년 체제'는 21세기에 이르러서도 그럭저럭 유지되어 왔다. 그 근간은 '식민지 지배 책임에 대한 불문'이다. 그것은 곧 식민지 지배에 의한 피해자가 피해자로 인정받지 못한 채 계속 고통받는 것을 강요해 온 것이었다. 그러나 한국의 피해자들은 끈질기게 자신들의 존엄을 되찾기 위한 운동을 계속했다. 2005년 8월 26일까지 한국 정부가 모든 한일회담 관련 외교문서를 공개한 것은 바로 그러한 성과이다. 같은 날 개최된 '한일회담 문서 공개 후속 대책 관련 민관 공동위원회'는 한일청구권협정이 한일 양국 간의 재정적, 민사적 채권·채무 관계를 해결하기 위한 것으로, "일본 정부·군 등 국가권력이 관여한 반인도적 불법행위"에 대해 해결되지 않았으며, "일본 정부의 법적 책임이 남아 있다"고 발표하였다.

2011년 8월 30일 한국 헌법재판소는 일본군'위안부' 피해자의 배상청구권이 한일청구권협정에서 소멸되었는지에 관한 한일 양국 간 해석상의 '분쟁'이 있다고 판결했다. 이에 따라 한국 정부는 이 협정 제3조의 절차에 따라 같은 해 9월 15일 일본 정부에 양국 간 협의를 제안했으나, 일본 정부의 공식적인 답변을 받지 못했다. 또한 2012년 5월 24일 한국 대법원은 "일본의 국가권력이 관여한 반인도적 불법행위나 식민지 지배와 직결된 불법행위에 의한 손해배상청구권"이 한일청구권협정의 적용 대상에 포함되었다고 보기 어렵다며 부산 및 서울의 고등법원으로 사건을 환송하는 판결을 내렸다. 이러한 판결을 확정 지은 것이 바로 2018년의 '10·30 판결'이다. 이러한 사법적 판단이 제시된 이상, 삼권분립의 원칙에서 한국 정부로서도 이를 존중하지 않을 수 없게 되었다.

중요하므로 반복하고자 한다. 이러한 일련의 과정은 무엇보다 한국 정부에게조차 외면당하던 한국 피해자들이 줄기차게 자신들의 존엄을 되찾는 투쟁을 벌여 온 결과이지, 한국의 내셔널리즘이나 한국 정부의 '반일' 정책 등의 문제가 아니다.

그런데 2012년 12월에 제2차 아베 신조(安倍晉三) 내각이 성립하자, 일본 정부는 식민지 지배 인식을 '합법·부당'에서 '합법·정당'으로 되돌리기 시작했다. 2014년 6월 20일에 발표된 고노 담화 및 아시아여성기금 검증 결과 보고서는 "이른바 '강제 연행'은 확인할 수 없다"라는 일본 정부의 인식을 재확인했다. 또한 2015년 8월 14일에 있었던 아베 신조 내각총리대신 담화(아베 담화)는 식민지 지배에 의한 가해에 대한 언급 없이 "통절한 반성과 마음으로부터의 사죄"를 표명한 무라야마 담화를 과거화시켰다. 그해 12월 28일 한일 '위안부' 합의는 바로 이러한 맥락에서 실현된 것이었다. 이 합의는 이러한 문제의 "최종적이고 불가역적인 해결"을 확인하고, 한국 정부가 설립하는 재단('화해·치유재단')에 일본 정부가 10억 엔을 지출한다는 것이었다. 그러나 현재 일본 정부는 일본군 '위안부' 제도의 강제성도, '성 노예'라는 표현도 부인하고 있다. 일본 정부는 가해 사실 및 책임을 인정하지 않는 상태에서 한국 정부에 '착수금'을 건네며 책임 회피를 시도한 것이다. 생활이 어려운 피해자 및 그 유족이 그와 같은 재단의 자금을 받았다고 하더라도 피해자들이 그러한 일본의 입장을 승인한 것은 아니라고 해야 할 것이다.

VI. 탈냉전 프로세스와 식민지 지배 책임 - '1965년 체제'의 향방을 탐색하다

샌프란시스코강화조약이 한국전쟁이 한창이던 때, 이른바 편면 강화로 체결된 것이 상징하듯 샌프란시스코 체제에는 냉전 논리가 확고하게 자리 잡고 있다. 한일기본조약 및 제반 협정 또한 중국과 소련을 배후에 둔 북한에 대항하기 위해 미국과 일본이 한국의 체제를 뒷받침하는 것을 목표로 하였다. 현재도 '1965년 체제'가 유지되고 있어, 핵무기와 미사일 개발 등의 문제와 관련해 북한을 상대하기 위해 한미일 3국이 긴밀한 공조를 수시로 확인해 온 것은 그 때문이다.

그리고 일본은 전쟁배상과 식민지 지배를 둘러싼 청구권 문제를 모조리 경제협력으로 해결하고 피해국의 체제 안정을 우선시했기 때문에 침략전쟁 및 식민지배 피해자들에 대한 개인 배상이 거의 간과되고 말았다. 일본은 그럭저럭 전쟁책임을 인정하는 반면, 식민지책임은 인정한 적이 없다. 즉, 샌프란시스코강화조약을 기초로 하여 확립한 '1965년 체제'는 냉전 논리가 식재된 식민주의 체제라고 해야 할 것이다.

따라서 이러한 국제질서는 탈냉전 및 탈식민지화가 진행될수록 붕괴하는 방향으로 진행될 것이다. 한반도에서 계속되고 있는 남북 대화 및 북미 대화는 곧 한국전쟁을 종결시키고 평화체제를 구축한다는 의미에서 이 땅에 겨우 도래한 탈냉전 프로세스의 핵심적 주제이다. 그리고 '10·30 판결'은 식민지 지배를 합법으로 하고, 나아가 그 정당성으로 회귀하려는 움직임을 차단하여, 식민지 지배의 본질과 그 책임을 물음으로써 피해자들의 인권 회복을 실현하는 획기적 계기가 되었으며, 식민주의 체제로서의 '1965년 체제'의 질적 전환을 가져오는 영향력을 갖고 있다고 하겠다.

장차 남북 대화와 북미 대화가 계속되는 가운데 북일 국교 정상화 협상을 재개하려 한다면, 식민지책임 문제를 피해 갈 수 없다. 일본이 지금처럼 식민지 지배의 합법성 및 정당성을 고집하는 한, 한일·북일 관계는 복잡하게 꼬일 뿐이며, 일본은 한반도에서의 평화체제 구축 과정에 진입하기조차 어려울 것이다.

그러나 발상을 전환한다면 지금이야말로 호기가 도래했다고 할 수 있지 않을까? 예컨대 식민지 지배 책임을 놓고 남북한과 일본 대표가 모여서 일본 정부의 책임 인정과 사죄, 그로 인한 피해자들의 인권 회복, 그리고 재발 방지를 위한 기억사업, 역사 교육 등의 약속을 구체적으로 포함하는 3자 공동선언을 발표하는 것은 실현시킬 가치가 충분히 있는 제안이며, 적어도 일본이 북한에 제2의 '독립축하금'을 지불하는 것보다는 실현 가능성이 있을 것이다.[11]

2001년 8월 31일부터 9월 8일까지 남아프리카공화국 더반에서 열린 유엔 주최 '인종주의, 인종 차별, 배외주의 및 관련되는 불관용에 반대하는 세계회의'(더반회의)는 노예제와 노예무역 및 식민주의에 대해서 역사적 평가를 내리고, '인도에 대한 죄'도 언급한 점에서 획기적이었다.[12] '전쟁의 20세기'가 지나가며, 21세기는 식민지배를 당한 인민과 그 후손들이 그 역사를 본격적으로 되묻는 시대로서 기억될 것이다.

---

11 2019년 7월 18일, 서울의 동북아역사재단 대회의실에서 민족화해협력범국민협의회(민화협)가 주최하는 '남북일이 함께하는 일제 강제동원 피해와 해결방안'이라는 이름의 심포지엄이 개최되었다. 그때의 논의에서 일본 정부의 책임 인정과 사죄 내용을 구체적으로 포함한, 남북한과 일본의 공동선언을 발표하는 제안이 이루어졌다.

12 永原陽子編著, 2009, 『「植民地責任」論 脱植民地化の比較史』, 青木書店, 10쪽.

VII. 맺음말

샌프란시스코강화조약의 의의를 다시 묻기 위해 1965년에 체결된 한일 기본조약 및 제 협정에 기초하여 질서가 만들어진 한일관계인 '1965년 체제'의 역사적인 성격을 다음의 다섯 가지로 정리할 수 있다.

첫째, 샌프란시스코강화조약이 체결될 때까지 극동국제군사재판에서도 일본의 식민지 지배 책임을 묻지 않았다. 이 조약은 여러 아시아의 전쟁 당사국 및 구 식민지 국가들을 배제하고 체결된 것이며, 식민주의적이었다.

둘째, 샌프란시스코강화회의 이후 시작된 한일 국교 정상화 교섭의 결과로 실현한 1965년의 한일 국교 정상화는 식민지 지배에 대한 사죄도, 보상도 없는 '1965년 체제'의 원점이 되었다. 특히 청구권 협상에서 일본 측은 식민지 지배가 국제법상 합법적으로 이루어졌고 조선의 발전에 기여했다고 생각하며, 남측에 청구권을 포기시키고 경제협력을 시행하는 것으로 해결하도록 논의를 유도했다.

셋째, 1990년대부터 일본 정부는 '1965년 체제'의 틀을 유지하려는 시도로 식민지 지배를 합법으로 하면서도, 조선인들에게 피해가 초래된 것을 인정하는 '합법·부당'론의 입장을 밝혔다. 일본 정부는 1993년에 고노 담화, 1995년에 무라야마 담화를 발표하고, 같은 해 아시아여성기금을 설립했다. 1998년 한일 파트너십 선언은 그 시책을 바탕으로 한일 양국의 우호 협력 관계를 재확인한 것이었다. 또한, 북일 국교 정상화 교섭도 시작되어 2002년에 북일 평양선언이 발표되었다.

넷째, '1965년 체제'에 저항하는 피해자와 그 지원자가 주도한 식민지 지배 책임 추궁 운동은 마침내 "일본의 국가권력이 관여한 반인도적 불법행위나 식민지 지배와 직결된 불법행위에 의한 손해배상청구권"을 인정한 2018년 10월 30일 한국 대법원 판결을 쟁취하기에 이르렀다. 이 판결은 한국 피해자들이 줄기차게 자신들의 존엄을 되찾는 투쟁을 벌여 온 결과이지, 결코 한국의 '반일' 민족주의의 결과가 아니다. 한편, 일본에서는 제2차 아베 정권 이후 식민지 지배 인식을 '합법·부당'에서 '합법·정당'으로 후퇴시켰다.

다섯째, 냉전 논리가 포함된 식민주의 체제로서의 '1965년 체제'는 탈냉전과 탈식민지화가 진행될수록 붕괴할 것이다. 2001년 더반회의 이후 식민지 지배를 둘러싼 역사 인식은 세계적으로 되물어지고 있다. 일본이 식민지 지배 책임을 진심으로 해결하려 한다면 한반도의 평화체제 구축 과정에 참여하는 기회가 도래할 수 있다.

참고문헌

유의상, 2018, 「북·일 수교회담 전망과 한국의 대응전략: 과거청산문제를 중심으로」, 『일본공간』 제23호, 국민대학교 일본학연구소.

吉澤文壽, 2019, 「日韓・日朝關係をどう解きほぐすか—國交正常化交涉の歷史的経過から」, 『世界』, 岩波書店, 第925号.

金恩貞, 2018, 『日韓國交正常化交涉の政治史』, 千倉書房.

內海愛子, 2002, 『戰後補償から考える日本とアジア』, 山川出版社.

粟屋憲太郎, 1994, 「東京裁判に見る戰後處理」, 粟屋憲太郎他著, 『戰爭責任·戰後責任 日本とドイツはどう違うのか』, 朝日新聞社.

永原陽子編著, 2009, 『「植民地責任」論 脫植民地化の比較史』, 青木書店.

田中宏, 1994, 「日本の戰後補償と歷史認識」, 粟屋憲太郎他著, 『戰爭責任·戰後責任 日本とドイツはどう違うのか』, 朝日新聞社.

倉澤愛子, 2015, 「戰爭賠償」, 東鄉和彦·波多野澄雄編著, 『歷史問題ハンドブック』, 岩波書店.

太田修, 2016, 「『日韓財産請求權協定で解決濟み』論を批判する」, 吉澤文壽編著, 『五〇年目の日韓つながり直し』, 社會評論社.

외무성 공개 외교문서

大藏省理財局, 「韓國の對日請求權について」(1960년 10월 25일 자, 문서번호 1363).

外務省北東アジア課, 「請求權問題に關する大藏省との打合會」(1961년 2월 7일 자, 문서번호 1350).

外務省北東アジア課, 「一般請求權徵用者關係等專門委員會第4回會合」(1962년 2월 27일 자, 문서번호 1224).

外務省アジア局總務參事官室, 「懸案對日請求權の經緯及び解決方針に關する參考資料」(1959년 1월 31일 자, 문서번호 1600).

제3장
샌프란시스코강화조약과 평화공동체의 과제

아베 코키(阿部浩己) 메이지가쿠인대학 교수

    I. 샌프란시스코 체제
   II. 강화조약 속 평화의 의미
  III. 인권 시대의 평화
  IV. 평화공동체의 과제

I. 샌프란시스코 체제[1]

2018년 10월 일본국제문제연구소가 개최한 심포지엄 "'샌프란시스코 체제'의 형성: 점령에서 강화로(The Formation of the San Francisco System: From Occupation to Peace)"의 제1부 기조 발표에서 국립공문서관 아시아역사자료센터장을 역임했던 하타노 스미오(波多野澄雄)는 샌프란시스코강화조약에 의해 도입된 강화체제를 다음의 세 시기로 구분해서 분석했다. 제1기는 1950년대부터 1970년대에 걸친 '강화체제 형성기', 제2기는 1980년대의 '강화체제 안정화와 정착기', 그리고 제3기는 1990년대의 '전후 보상 문제와 강화체제의 동요기'다.[2]

일본군'위안부' 문제나 징용공 문제 등이 재판에서 쟁점이 되고 강화체제가 흔들린 제3기에, 일본 정부는 개인의 청구권에 관한 기존의 주장을 바꿔서 당사자가 일으킨 소송을 공공연하게 없는 일로 할 방침으로 전환했다. 중국인의 강제노동·성폭력 사건을 다룬 니시마쓰건설(西松建設) 사건 판결에서 일본 최고재판소는 2007년 4월 27일 샌프란시스코강화조약을 기점으로 하는 강화체제에 관해 다음과 같은 인식을 드러내기에 이르렀다.[3]

1　"샌프란시스코강화조약은 동시에 서명되어 발효된 미일안전보장조약과 함께(그리고 나중의 중일평화조약·한일기본조약도 추가) '샌프란시스코 체제'라는 이름으로 불리며, 세계의 정치적·군사적 분열 속에서 일본을 미국의 자유 진영으로 연결시켰다." 高野雄一, 2005, 「対日平和条約」, 国際法学会編, 『国際関係法辞典』 第2版, 三省堂, 579쪽.

2　하타노 스미오의 기조 발표문은 다음을 참조. 波多野澄雄, 2018, 「サンフランシスコ講和体制と'和解'の構造」, 『サンフランシスコ体制の形成: 占領から講和へ』, 日本国際問題研究所(https://www.jiia-jic.jp/en/events/mt_items/2018TokyoSymposium_Program1011.pdf).

3　니시마쓰건설 사건 판결문은 다음을 참조. Judgment, Supreme Court, 27 April 2007(https://www.courts.go.jp/app/files/hanrei_jp/580/034580_hanrei.pdf). 영어 번역

샌프란시스코강화조약은 개인의 청구권을 포함하여 전쟁 수행 중에 발생한 모든 청구권을 상호 포기할 것을 전제로 하고, 일본은 연합국에 대한 전쟁배상의 의무를 인정하고 연합국 관할하에 있는 재외자산의 처분을 연합국에 위임하며, 역무배상을 포함해 구체적인 전쟁배상의 결정은 각 연합국과의 사이에서 개별적으로 이루어진다는 일본국의 전후의 틀을 정한 것이었다. … 샌프란시스코강화조약의 틀은 일본국과 연합국 48개국과의 사이의 전쟁상태를 최종적으로 종료시키고, 미래를 향한 공고한 우호 관계를 구축한다는 평화조약의 목적을 달성하기 위해서 규정된 것이다. 이 틀이 정한 것은 평화조약을 체결해 두면서 전쟁 수행 중에 발생한 갖가지 청구권에 관한 문제를 사후적, 개별적인 민사재판상의 권리 행사로써 해결한다는 처리에 맡긴다면, 앞으로 어느 국가나 국민에 대해서도 평화조약 체결 시에는 예측하기 어려운 과도한 부담을 지게 하며, 혼란을 초래할 우려가 있어 평화조약의 목적 달성에 방해가 된다는 생각에 따른 것으로 해석된다.

최고재판소에 따르면, "국가는 전쟁 종결에 수반하는 강화조약 체결 시에 대인 고권(personal sovereignty)에 근거해 개인의 청구권을 포함한 청구권을 처리할 수 있다"라고 되어 있어, 개인은 국가에 완전하게 매몰되어 버리는 존재라는 인식도 드러났다. 이러한 판단에 앞서 도쿄고등재판소는 전쟁 피해자들의 청구를 무효로 하는 것은 "미래의 평화와의 교환"이며, 이로 인해 "자유로운 사회 및 보다 평화로운 세계"가 초래되었다는 미국재판소의 견해를 '지언(至言)'이라고 칭송하기도 했다.[4] 피해 회복을

은 *Japanese Yearbook of International Law*, 2008, Vol. 51, 참조.

4 　東京高裁判決, 2001.7.31, 『判例時報』1769号.

요구하는 개인의 청구를 인정하면 미래 세대에 과도한 부담을 지우고 혼란을 일으키게 된다. 미래의 평화를 위해서 개인의 청구는 인정하지 않는다. 그것이 "일본국과 연합국 48개국 사이의 전쟁상태를 최종적으로 종료시키고, 미래를 향해서 공고한 우호 관계를 만들겠다는 평화조약의 목적"을 달성하는 데 기여하는 것이라는 인식이 엿보인다.

마찬가지로 일본 정부도 샌프란시스코강화조약 50주년 행사에서 다음과 같이 말하고 있다.[5]

> 샌프란시스코강화조약은 일본 전후의 발전에 초석이 되었을 뿐 아니라 국제사회 평화와 번영의 기반이 되었습니다. 이 조약으로 미일 양국을 비롯한 체약국 간에 전후 처리와 관련된 모든 문제가 해결되었고, 일본 및 연합국은 과거를 일단락 짓고 미래를 향해 새로운 걸음을 내디딜 수 있었습니다.

II. 강화조약 속 평화의 의미

앞서 언급한 샌프란시스코강화조약과 관련된 일본의 인식은 전후 처리에 대한 전통적 국제법관을 반영한 것이라고도 할 수 있다. 일본 국제법학회가 편찬한 사전에 기술된 바에 따르면, 강화조약이란 "양국 간 또는 복수의 국가 간에 발생한 전쟁상태를 종국적으로 종지하고, 평시의 정상 관

---

5 「サンフランシスコ平和条約署名50周年記念式典における田中外務大臣演説」, 2001.9.8.(https://www.mofa.go.jp/mofaj/gaiko/bluebook/2002/gaikou/html/siryou/sr_02_10.html)

계를 회복하며, 아울러 이에 관한 기본적 조건을 정하는 조약"으로 설명된다.[6]

강화조약이 염두에 두는 '평화'란 다름 아닌 국가 간의 전쟁 부재이다. 국가를 주체로서 정위(定位)하고, 그 국가에 의한 폭력(전쟁)이 없는 상태를 회복해야 할 '정상'으로 간주하는 데에 전통적인 국제법의 특징이 나타나 있다. 강화조약이란 국가 간의 안정된 관계를 회복하기 위한 것으로 여겨지며, 실제로 샌프란시스코강화조약은 서두에 소개한 하타노의 발표에서도 언급된 것처럼 "아시아·태평양 국제(=국가 간)질서의 안정을 가져오는 기반"이 되어 왔다.

최고재판소 논리에 따르면, 1965년 체결된 한일기본조약·한일청구권협정도 '샌프란시스코강화조약의 틀' 안에 있으며, 한일 양국 간의 안정적인 관계를 구축하는 초석으로 자리매김되는 것이나 다름없다. 샌프란시스코강화조약의 틀에 편입되는 조약들은 전쟁 등의 피해와 관련된 배상 문제를 일괄 처리하는 처분적 조약(dispositive treaty)으로도 이해되어 왔다.[7] 그런 만큼, 일본 기업에 대해 전 징용공에 대한 손해배상 지불을 새롭게 명한 한국 대법원의 판결은[8] 처분적 조약 위에 구축되었을 국가 간 질서의 안정을 흔드는 것으로서, 다음과 같이 일본 정부가 격렬하게 항의

---

6 入江啓四郎, 2005,「平和条約」,『国際関係法辞典』, 780쪽.

7 坂元茂樹, 2019,「韓国大法院徴用工判決に関する覚書」,『国際法のフロンティア』[宮崎繁樹先生追悼論文集], 日本評論社, 326쪽.

8 2012년 5월 24일 판결에서 "일제강점기 일본의 한반도 지배는 규범적 관점에서 불법적인 강점에 지나지 않으며, 일본의 불법적인 지배에 의한 법률관계 중 대한민국의 헌법 정신과 양립할 수 없는 것은 그 효력이 배척된다고 해석해야 한다"(일본변호사연합회의 일본어 번역. https://www.nichibenren.or.jp/library/ja/kokusai/humanrights_library/sengohosho/saibanrei_04_1.pdf.)라고 판시한 대법원은 2018년 10월, 11월에 나온 두 판결에서 일본 기업에 대해 전 징용공에게 손해배상을 명령하고 있다.

하는 대상이 되었다.[9]

한일 양국은 1965년 국교 정상화 시에 체결된 한일기본조약 및 그 관련 협정의 기초 위에서 긴밀한 우호 협력 관계를 구축해 왔습니다. 그 핵심인 한일청구권협정[에 의해] … 두 체약국 및 그 국민(법인을 포함한다)의 재산, 권리, 이익 및 두 체약국 및 그 국민 사이의 청구권에 관한 문제는 "완전하고 최종적으로 해결"되었고, 어떠한 주장도 할 수 없다(제2조)는 것을 규정하고 있으며, 이제까지 한일관계의 기초가 되어 왔습니다. … 이러한 판결들은 한일청구권협정 제2조에 명백히 반하여, 일본 기업에 대해 더욱 부당한 불이익을 줄 뿐만 아니라, 1965년 국교 정상화 이래로 쌓아 온 한일 간 우호 협력 관계의 법적 기반을 근본부터 뒤집는 것으로 매우 유감스러우며, 결코 받아들일 수 없습니다.

하지만 한국 대법원 판결이 웅변하는 것처럼 일괄 처리(lumpsum settlement)라고 해도 그 대상이 어디까지 미치는지는 명백하지 않고, 샌프란시스코강화조약이라도 일본이 포기한 영토의 귀속은 결정되지 않은 채로 있으며, 배상 문제도 나중의 조약에 맡겨지는 등 불확정 요소를 많이 양산한 것은 틀림이 없다.

간과할 수 없는 것은 일본 최고재판소가 명명한 '샌프란시스코강화조약의 틀'이라는 것이 어디까지나 국가 간 전쟁의 부재라는 고전적인 평화관에 기초하고 있다는 점이다. 거기에는 전통적 국제법이 구현해 온 국가

---

9 「大韓民国大法院による日本企業に対する判決確定について(外務大臣談話)」, 2018. 11.29.(https://www.mofa.go.jp/press/release/press4e_002242.html)

중심주의(state-centrism)와 식민주의(colonialism)의 시각이 깊숙이 묻혀 있다.

국가중심주의는 개개인의 존재와 이익을 국가 내에 매몰시키는 것이며, 국가에 의한 일괄 처리라는 평화조약의 방향 자체에 이러한 견해가 여실히 나타나 있다. 그러나 2000년 민중 법정으로서 도쿄에서 열린 '일본군 성노예 전범 여성국제법정'(이하 '여성국제전범법정')에 제출된 네덜란드의 국제법학자 프리츠 칼스호벤(Frits Kalshoven) 교수의 분석이 보여주듯이, 일괄 처리 방식은 국가 간의 정치적 이익을 추구하는 것이 상례이며 개인의 손해나 피해배상을 위해 이루어지는 것과는 거리가 멀다.[10] 대부분의 경우 개인의 피해나 손해는 일괄 처리 시점에는 일러지지 않았으며, 실제로 샌프란시스코강화조약 체결 시에도(그리고 1965년 한일청구권협정 체결 시에도) 일본군 성노예제가 초래한 개인에 대한 피해 등에 대해서는 '전혀'라고 해도 좋을 정도로 거의 알려지지 않았다.

실제로 샌프란시스코강화조약 제14조 (a)항에서 "일본의 자원이 현재 충분하지 않다"라며 일본에 대한 전쟁 관련 손해배상 청구 가능성을 차단함으로써 "일본이 경제를 재건하고 아시아에서의 안정된 세력이자 강력한 동맹국이 되는 것"[11]이야말로 연합국, 특히 미국이 이 조약을 통해 실현하려던 최대의 목적이 아닐 수 없다. 국가의 정치적 이익에 제공되는 이러한 평화조약은 피해자인 개인의 목소리를 봉쇄하는 효과를 수반해 왔지만, 국가 중심의 전통적 국제법관에서 보면, 그것은 당연한 귀결이라고 해야 할 것이기도 했다.

---

10 「検事団およびアジア太平洋地域の民衆 対 昭和天皇裕仁他ならびに日本政府 判決」, 2002, para. 1047, 『女性国際戦犯法廷の全記録[Ⅱ]』, 緑風出版, 416쪽.
11 위의 책, para. 1048, 417쪽.

또 하나 지적해 두어야 할 것은 샌프란시스코강화조약과 식민주의와의 관련이다. 한편 동 조약이 일본에 의한 "'식민지 지배 책임'을 전혀 문제 삼지 않은 것"은 김창록(金昌祿)이 분명히 밝힌 대로이며, 동 조약을 출발점으로 한 한일청구권협정에 대해서도 "'식민지 지배 책임'이 그 대상이 아니었다는 데는 합의가 존재했다."[12]

한편 샌프란시스코강화조약은 일본의 '내적인 식민지'인 오키나와[13]를 본토로부터 분리하여 미국의 통치 아래 두는 것을 선언하는 것이기도 했다. 오키나와는 1972년 일본에 '반환'되지만 거듭되는 주민들의 반대에도 불구하고 미군 기지의 집중이 계속되면서 '내적인 식민지'로서의 양상이 오늘날까지도 심화하고 있다. 샌프란시스코강화조약이 발효된 1952년 4월 28일은 일본 '본토'에서는 '주권을 회복한 날'로 여겨지지만, 오키나와에서는 대조적으로 '굴욕의 날'로 자리매김하고 있다.[14]

1952년 4월 28일은 또한 조선인 등 구 식민지 출신이 작성한 행정문

---

12 金昌祿, 2016, 「韓日過去淸算'まだ終わっていない-『請求權協定』を中心に」, 吉澤文壽 『五〇年目の日韓つながり直し-日韓請求權協定から考える』, 社會評論社, 82쪽. 다만, 당연히 샌프란시스코강화조약으로 연결되는 카이로선언(1943)은 "조선 인민의 노예 상태에 유의해서, 마침내 조선을 자유 독립되게 하는 결의"를 표명하고 있었다. 또 이 선언은 "폭력 및 강요에 의해 취득한" 모든 지역으로부터 일본이 구축되는 것을 선언했다. 이것을 제1차·제2차 세계대전을 거쳐서 국제법상 확립된 '비식민지화의 법리'와 관련지어서 이해하는 국제법 학자 히로세 요시오(広瀬善男)는 일본이 구축되어야 할 지역에 다케시마(울릉도)도 포함하고 있다(広瀬善男, 2007, 「国際法からみた日韓倂合と竹島の領有權」, 『明治学院大学法学部創立40周年記念論文集』, 290쪽 이하).

13 류큐(琉球) 왕국은 1879년에 국제법상의 근거 없이 일본에 의해 멸망하고, 이후 오키나와(沖縄)현으로서 일본의 영역에 편입되었다. Hideaki Uemura, 2003, "The Colonial Annexation of Okinawa and the logic of international law: the formation of an 'indigenous people' in East Asia," *Japanese Studies*, Vol. 23, pp. 213~222.

14 「〈社說〉4·28'屈辱の日'自己決定權を誓う日に」, 琉球新報, 2021.4.28.(https://ryukyushimpo.jp/editorial/entry-1312376.html)

서(법무부 민사국장 통달)에 일본 국적을 박탈당한 날로도 특기된다.[15] 식민주의에 뿌리를 둔 강도 높은 인종주의가 외국인이 되어 버린 재일 동포들에게 한층 거세지고 높아지게 되었다.

샌프란시스코강화조약은 이처럼 한편으로는 일본의 식민지 지배 책임을 불문에 부치고, 다른 한편으로는 식민지주의의 계속을 추인하는 법 문서로 기능하게 된다. 이 조약의 타이틀에 있는 '평화'는 국제법이 전통적으로 안고 있던 국가중심주의와 식민주의에 의한 결정적인 한계를 지니고 있었다.

III. 인권 시대의 평화

1951년 샌프란시스코강화조약이 서명된 후 70년이 지난 오늘날, 국제사회의 규범 환경에 두드러진 변화가 나타나고 있다. 인간의 존엄성을 시야에 넣은 국제법의 존재(국제인권법)에 대한 지지가 급속히 확산되면서 전통적 국제법관의 지주였던 국가중심주의와 식민주의는 근원적인 차원에서 동요하기 시작했다. 그리고 이에 보조를 맞추어 '평화'의 사정거리도 현저히 늘어나고 있다.

평화의 개념 확장에 결정적인 영향을 준 것은 노르웨이의 요한 갈퉁(Johan Galtung)이다. 그의 학술적 공헌으로 평화란 '전쟁의 부재'가 아니

---

15 鄭栄桓, 「植民地独立と人権 – 在日朝鮮人の『国籍選択権』をめぐって(Colonial Independence and Human Rights: Focusing on the Rights of Nationality Choice for Koreans in Japan)」, 『PRIME』 36호, 明治学院大学国際平和研究所, 49~65쪽.

라 '폭력의 부재(absence of violence)'로 다시 정의하게 된다.[16] 폭력이란 인간(집단)의 '잠재적 실현 가능성(potential realizations)'을 저해하는 것이며 나아가 직접적 폭력, 구조적 폭력, 문화적 폭력으로 세분화하여 설명한다. 전쟁은 직접적 폭력의 으뜸이지만, 전쟁이 없더라도 인간의 잠재적 실현 가능성을 저해하는 것은 무수히 존재하며, 식민주의와 인종주의, 국가중심주의 등은 그 전형(구조적 폭력으로 유형화되는 것)이다. 이것들이 극복되지 않으면 폭력은 사라지지 않으며, 따라서 '평화'는 실현되지 않는다.

평화의 개념을 극적으로 확장시킨 갈퉁의 이 개념에 규범적으로 연결되는 것이 바로 인간의 존엄성을 가장 중요한 이념으로 내세우는 국제인권법일 것이다. 샌프란시스코강화조약을 역사 속에 고정된 정태적인 기념비로서 채택하는 것이 아니라, 현재 사회의 바람직한 모습에 직접적인 영향을 주는 법문서로서 파악하려면 '평화' 개념의 변용과 인간의 존엄성을 중시하는 국제법 규범 환경의 근본적인 변화를 고려한 이해가 요구된다.

'조약법에 관한 비엔나협약'이 규정하듯이(31조 3(c)) 조약을 해석할 때는 '당사국 간의 관계에 있어서 적용되는 국제법의 관련 규칙'이 고려되어야 한다. '관련 규칙'과의 관계에서 특히 중요한 것은 조약 해석 시점에서 유효한 국제법 체계에 기초하여 해석해야 한다는 원칙이다. 국제사법재판소가 나미비아 사건에 대한 권고적 의견에서 말한 것처럼, "국제문서는 해석 시점에서 유효한 법체계 전체의 틀 안에서 해석되고 적용되어야 한다."[17] 샌프란시스코강화조약의 해석과 적용이 지금

16　Johan Galtung, 1969, "Violence, Peace, and Peace Research," *Journal of Peace Research*, Vol. VI, No. 3, pp. 167~191.

17　*Legal Consequences for States of the Continued Presence of South Africa in Namibia (South West*

이루어진다면, 현시점에서 유효한 국제법 체계 전체와 정합하도록 해석·적용되어야 한다는 것이다.

즉, 70주년을 맞은 샌프란시스코강화조약은 1951년의 시점이 아니라 현재의 규범적 조류, 특히 세계인권선언과 국제인권조약, 나아가 국제인도법조약과 양립하는 것으로서 다시 정초(定礎)될 필요가 있다. 국제사법재판소 재판관 크리스토퍼 위라만트리(Christopher G. Weeramantry)는 이 점을 강조하며 다음과 같이 말한다. "인권에 영향을 주는 조약은 그 적용 시점에 인권을 부인하도록 적용할 수 없다. 법원은 적용 시 기준에 따라 인권 침해에 해당하는 행위를 설사 해당 행위가 인권 침해에 해당하지 않았던 시기로 거슬러 올라간 조약에 근거하고 있다는 이유로 시인할 수 없다."[18]

오늘날 국제법은 강대국(의 남성 지배 엘리트) 주도의 전통적인 전후 처리의 틀 아래서 증식해 온 법 논리에 의해서가 아니라 여성에 대한 폭력 철폐, 마이너리티의 권리 보호, 인종·식민주의의 박멸 등 오랫동안 봉쇄되었던 목소리와 가치를 적절히 법 안에 포함시키는 방향으로 바뀌고 있다. 샌프란시스코강화조약 및 관련 조약도 오늘날의 시점에서 해석·적용되는 경우에는 현대의 문맥에 적합한 형태로 이루어져야 한다. 위라만트리 재판관의 말처럼, 만약 체결 시점에는 허용될 수 있었다고 해도 오늘날의 기준에 따르면 인권 침해에 해당하는 사태를 시인하는 조약 해석은 더는 허용되지 않는다.

Africa) *Notwithstanding Security Council Resolution* 276 (1970), Advisory Opinion of 21 June 1071, I.C.J. Reports 1971, para. 53.

18 *Case Concerning Gabcikovo-Nagymaros Project (Hungary/Slovakia)*, Judgment of 25 September 1997, I.C.J. Reports 1997, Separate Opinion of Vice-President Weeramantry, p. 111.

조약 서명 시점에는 알려지지 않았던 문제를 '일괄 처리'라는 이름 아래 매장하여 인간의 존엄성 회복을 저해하는 샌프란시스코강화조약 및 관련 조약의 해석은 현대의 국제법 체계와의 정합성이 매우 의심스럽다. 여성국제전범법정 판결이 전하는 바와 같이[19] 일본군 성노예제는 (그리고 징용공의 강제노동도) 인도에 대한 죄에 상당하는 중대한 국제법 위반으로, 국가 간 합의에 의한 일괄 처리 대상이 될 수 있는 것이 아니라고 해석되어야 할 것이다. 본디 '시민적 및 정치적 권리에 관한 국제규약' 제14조에서 규정하는 "사법(=정의)에 접근할 권리(right of access to justice)"는 모든 개인에게 고유한 권리이며 국가에 의해 일방적으로 박탈되지 않는다. 개인은 국가에 매몰된 존재이며, 개개인이 권리 회복을 요구하고 나선다는 것을 인정해 버리면 "공고한 우호 관계를 구축한다는 평화조약의 목적"이 방해된다고 하여 일괄 처리 방식을 용인한 일본 최고재판소의 국제법관은 인간의 존엄을 중심으로 하는 오늘날의 국제법 체계에 적합한 인식이라고 할 수 없다. 오히려 그것은 국가의 이해를 위해서 개인의 '잠재적 가능성'을 압살하는 '폭력'에 지나지 않으며, 현대 사회에서의 '평화' 관념에 위배되는 것이기도 하다.[20]

국제법에서의 인권 심화는 정의의 사정거리를 현재에서 과거로 연장하고, 역사적 부정의 문제를 정치나 도덕의 영역에 머무르지 않고 법의

---

19 앞의 책,「판결」(각주 10), 2002, para. 1036, 413쪽.
20 일본 최고재판소와는 대조적으로, 개인의 독립된 법 주체성을 인정하고 개인의 청구권은 소멸되지 않았다고 판시한 한국 대법원의 판단은 현대적인 '평화' 관념과 국제인권법의 요청에 친화적이다. Seokwoo Lee and Seryon Lee, 2019, "Yeo Woon Taek v. New Nippon Steel Corporation. 2013 Da 61381. Compensation for Damages(Others)," *American Journal of International Law*, Vol. 113, pp. 592~599.

과제로서 재정립하는 계기를 강화하고 있다.[21] 더 정확히 말하면, 식민지 지배하에서의 개개의 행위 및 식민지 지배 그 자체를 법적으로 다시 평가하는 조류가 더욱 거세지고 있다.[22] 예를 들어 하와이 왕국을 불법 병합한 것에 대한 미국 의회의 사과, 독일이나 영국, 벨기에 등이 식민지 아프리카에서 저지른 중대한 인권 침해에 대한 사과, 대서양 노예무역의 책임을 추궁하는 카리브해 여러 나라의 조직적인 도전 등이 잘 알려져 있다. 일본과의 관계에서도 류큐 왕국이나 대한제국 병합의 위법성을 학술적으로 따지고 있다.[23] 샌프란시스코강화조약이 불문에 부치고 한일청구권협정에서도 다루지 않은 일본의 식민지 지배 책임을 법의 언어를 이용해서 다시 서술하는 언설이 힘을 얻고 있다.

국제법의 역사는 지금까지처럼 강대국의 걸음을 중심으로 한 단선적인 그림이 아니라 '아래로부터', 즉 지배를 받아 온 측에서 복선적으로 다시 그려지게 되어 있으며, 이에 따라 보이지 않았던 과거의 부정의를 재발견하는 것이 곳곳에서 촉구되고 있다. 강압적인 이전의 국제법 제도를 근본적으로 개편하기 위해 과거의 정의롭지 못함을 재정립하는 것과 그 법적 시정이 촉구되고 있다고 바꿔 말해도 좋다. 샌프란시스코강화조약의 기본방향을 규정하는 국제사회의 규범 환경은 서명 후 70년간 현저한 변모를 이루고 있음을 확인할 수 있다.

---

21 2001년의 더반회의(the United Nations World Conference against Racism, Racial Discrimination, Xenophobia and Related Intolerance that took place in 2001 in Durban, South Africa available at http://wwwun.org/WCAR/)는 그 상징적인 출현이다.

22 Carsten Stahn, 2020, "Reckoning with colonial injustice: International law as culprit and as remedy?," *Leiden Journal of International Law*, Vol. 33, pp. 823~835.

23 Hideaki Uemura, 2003, *supra* no. 13; John Van Dyke, 2006, "Reconciliation between Korea and Japan," *Chinese Journal of International Law*, Vol. 5, pp. 223~225.

Ⅳ. 평화공동체의 과제

제2차 세계대전 이후의 아시아·태평양 질서는 1951년 샌프란시스코강화조약에 의해 도입되었다. 당시의 지배적인 국제법관을 반영해 국가중심주의와 식민주의를 깊숙이 내포하고 만들어진 이 조약은 그 후 국제적인 규범 환경의 변화에 크게 영향을 받기 시작했다. 오랫동안 봉쇄되었던 사람들의 목소리가 국제적 정통성을 획득한 인권의 힘을 얻어 공적인 장소에서 분출되면서 이 조약의 토대에는 단속적인 균열이 생기고 있다. 그러한 목소리를 봉쇄하는 조약의 해석은 인권을 기축으로 한 현대 국제사회에서 정당화되기가 매우 어렵게 되었다.

1990년대 중반부터 역대 일본 총리들은 거듭 일제강점기의 부당성을 인정하는 발언을 하기 시작했다. 특히 한일강제병합 100년이 되던 해에 당시 일본 총리는 다음과 같이 말했다.

> 저는 역사에 성실히 마주하고자 합니다. 역사의 사실을 직시하는 용기와 그것을 받아들이는 겸허함을 가지고, 스스로의 잘못을 되돌아보는 것에 솔직해지고 싶습니다. 아픔을 준 쪽은 잊기 쉽고, 받은 쪽은 그것을 쉽게 잊지 못하는 법입니다. 이러한 식민지 지배가 초래한 막대한 손해와 고통에 대해, 여기에 다시 한번 통절한 반성과 마음으로부터의 사죄의 마음을 표명합니다.[24]

---

24 「日韓併合 100年にあたっての菅内閣総理大臣談話」, 2010.8.10.(http://www.asahi.com/special/minshu/TKY201008100189.html)

그러나 21세기가 깊어감에 따라, 일본 사회에서는 식민지 지배 및 그 아래에서 발생한 중대한 부정의를 직시하는 것을 아주 혐오하는 풍조가 퍼지고 있다. 한국 사법의 진보적인 판단에 대한 반발도 만만치 않다. 그렇다고는 해도 샌프란시스코강화조약이 전제로 하던 고전적인 '평화'가 아니라, 탈폭력을 희구하는 연세석 '평화'의 관점에 입각하면, 인간의 존엄에 근거하는 질서 구축을 향한 촉구야말로 강화해 나가야 한다는 것은 의심할 여지가 없다. 아시아·태평양 지역에 퍼지는 폭력의 소재를 파악하고, 그 감축을 위해 더욱 힘써야 한다. 식민주의라는 구조적 폭력과의 대치 및 극복은 이 지역에 진정한 평화를 끌어들이는 데 필수적인 중대한 과제임이 틀림없다. 무엇보다 샌프란시스코강화조약이나 한일청구권협정 등이 남겨 둔 수많은 부정의에 대해 일본은 진지하게 마주 앉을 책무가 있음을 다시 한번 확인해 둘 필요가 있다.

지극히 우려스럽게도 동아시아에서는 인간의 자유를 억압하는 추악한 정경이 급속도로 심화하고 있다. 그러므로 국경을 초월한 시민/민중의 연대와 공동의 대처가 더욱 강력하게 요구되는 시점이다. 샌프란시스코강화조약 70주년을 기회로 그러한 염원을 많은 사람과 공유할 수 있기를 바란다.

참고문헌

Galtung, Johan, 1969, "Violence, Peace, and Peace Research," *Journal of Peace Research*, Vol VI, No. 3.

Lee, Seokwoo and Lee, Seryon, 2019, "Yeo Woon Taek v. New Nippon Steel Corporation. 2013 Da 61381. Compensation for Damages(Others)," *American Journal of International Law*, Vol. 113.

Stahn, Carsten, 2020, "Reckoning with colonial injustice: International law as culprit and as remedy?," *Leiden Journal of International Law*, Vol. 33.

Van Dyke, John, 2006, "Reconciliation between Korea and Japan," *Chinese Journal of International Law*, Vol. 5.

Uemura, Hideaki, 2003, "The Colonial Annexation of Okinawa and the logic of international law: the formation of an 'indigenous people' in East Asia," *Japanese Studies*, Vol. 23.

Durban Conference(The United Nations World Conference against Racism, Racial Discrimination, Xenophobia and Related Intolerance that took place in 2001 in Durban, South Africa, http://wwwun.org/WCAR/).

高野雄一, 2005, 「対日平和条約」, 国際法学会編, 『国際関係法辞典』第2版, 三省堂.

広瀬善男, 2007, 「国際法からみた日韓併合と竹島の領有権」, 『明治学院大学法学部創立40周年記念論文集』.

金昌禄, 2016, 「'韓日過去清算' まだ終わっていない-『請求権協定』を中心に」, 吉澤文寿『五〇年目の日韓つながり直し-日韓請求権協定から考える』, 社会評論社.

入江啓四郎, 2005, 「平和条約」, 国際法学会編, 『国際関係法辞典』第2版, 三省堂.

鄭栄桓, 2013, 「植民地独立と人権-在日朝鮮人の『国籍選択権』をめぐって」, PRIME 36号, 明治学院大学国際平和研究所.

坂元茂樹, 2019,「韓国大法院徴用工判決に関する覚書」,『国際法のフロンティア』[宮崎繁樹先生追悼論文集], 日本評論社.

波多野澄雄, 2018,「サンフランシスコ講和体制と'和解'の構造」,『サンフランシスコ体制の形成: 占領から講和へ』, 日本国際問題研究所.

「検事団およびアジア太平洋地域の民衆 対 昭和天皇裕仁他ならびに日本政府 判決」, 2002,『女性国際戦犯法廷の全記録[Ⅱ]』, 緑風出版.

「〈社説〉4・28 '屈辱の日' 自己決定権を誓う日に」, 琉球新報, 2021.4.28.(https://ryukyushimpo.jp/editorial/entry-1312376.html)

〈International Court of Justice〉

Case Concerning Gabcikovo-Nagymaros Project (Hungary/Slovakia), Judgment of 25 September 1997, I.C.J. Reports 1997, Separate Opinion of Vice-President Weeramantry.

Legal Consequences for States of the Continued Presence of South Africa in Namibia (South West Africa) Notwithstanding Security Council Resolution 276 (1970), Advisory Opinion of 21 June 1071, I.C.J Reports 1971.

〈Japanese Courts〉

Judgment, Supreme Court, 27 April 2007(https://www.courts.go.jp/app/files/hanrei_jp/580/034580_hanrei.pdf).

東京高裁判決, 2001.7.31,『判例時報』1769号.

〈Japanese Government〉

「サンフランシスコ平和条約署名50周年記念式典における田中外務大臣演説」, 2001.9.8,(https://www.mofa.go.jp/mofaj/gaiko/bluebook/2002/gaikou/html/siryou/sr_02_10.html)

「大韓民国大法院による日本企業に対する判決確定について(外務大臣談話)」, 2018.11.29, (https://www.mofa.go.jp/press/release/press4e_002242.html)

「日韓併合100年にあたっての菅内閣総理大臣談話」, 2010.8.10,(http://www.asahi.com/special/minshu/TKY201008100189.html)

제2부

샌프란시스코강화조약과
동아시아 영토갈등의 해결방안

제4장
샌프란시스코강화조약의 역사적 유산과 영토갈등

알렉시스 더든(Alexis Dudden) 코네티컷대학교 교수

I. 머리말
II. 동중국해
III. 한국과 러시아의 관점
IV. 맺음말

I. 머리말

20세기 전반에 일본은 팽창하는 아시아·태평양 제국의 일부로 현재 이웃 국가들과 영토갈등을 벌이고 있는 각각의 섬들을 지배했다. 제2차 세계대전을 공식적으로 종식시킬 1951년 샌프란시스코강화조약을 위해 연합국이 일본 '영토'를 정의하는 과정에서 일본은 현재 자국 영토의 일부라고 주장하는 섬들, 그리고 이제는 공식적으로 탐하지 않는 사할린섬 남부, 울릉도, 제주도 등의 섬들을 일본 영토로 포함시킬 것을 요구했다. 샌프란시스코강화조약은 영토를 둘러싼 혼란의 핵심이며, 동북아의 아주 작은 영역들에 대한 영유권이 명확하게 정의되지 않고 혼돈이 발생한 데에는 이 조약의 주요 설계자였던 미국의 책임이 있다.

법적으로 보면 일본이 지켜내지 못한 제국의 가장 작은 부분들에 대하여 2014년에 '고유영토론'을 주장한 것은 일본 정부가 이 섬들을 자국의 일부로 간주함을 의미한다. 역사학자들에게는 앞서 언급한 섬들이 계속해서 일본 영토였다는 인식을 심어 주는 개념이기도 한데, 이 섬들의 역사를 살펴보면 일본 영토와는 거리가 아주 멀다.

마지막으로 일본 정부가 이러한 정책을 통해 하나의 영토갈등을 또 다른 영토갈등과 연관 짓기 시작한 것은 그리 오래되지 않은 2014년부터였다. 동중국해를 둘러싼 갈등을 두고 일본 외교관이 중국 외교관과 협상하려고 할 때마다 한국에 대한 일본의 영유권 주장은 힘을 잃을 것이다. 한중 양국 모두 일본에 대한 정책적 비전이 한데 엮여 있기 때문이다. 결과적으로 이러한 모든 상황은 일본 내부에서 영토에 대한 관점을 뒷받침하고 있는 특정한 세계관에 대한 주의를 환기시킨다.

II. 동중국해

일본의 '고유영토론' 정책은 동중국해에 가장 중점을 두며, 일본에서는 센카쿠(尖閣), 중국과 대만에서는 댜오위다오(釣魚島)라고 부르는 무인도를 중심으로 한다.[1] 이 섬에 대한 지배권을 두고 대규모 군사 대립이 발발할 것으로 예상하는 분석가가 많고, 센카쿠열도/댜오위다오를 둘러싼 갈등은 일본의 모든 영토갈등에서 공통으로 나타나는 특성과 역사를 명확히 보여준다.

미국은 1952년 일본의 반환 요청을 거부했던 류큐(琉球)제도(오키나와)를 1972년 일본에 반환했다. 그러나 주일 미군 5만 명 중 절반 이상이 여전히 류큐제도에 주둔하고 있다. 한편 1971~1972년에 걸친 반환 협상 과정에서, 1968년 상당한 규모의 유전과 천연가스전이 발견됨에 따라 더는 작은 부분으로 볼 수 없게 된 센카쿠열도/댜오위다오를 둘러싼 일본, 중국 및 대만의 영토분쟁이 관심을 끌기 시작했다.[2] 민족주의자 집단들이 작은 배를 타고 상륙하고자 수없이 시도했던 것과 후에 대만 총통이 된 마잉주(馬英九)의 1981년 하버드 로스쿨 논문이 특히 관심을 모았다.[3]

---

1   일본 역사가 무라타 타다요시가 일본과 중국의 주장을 조사한 최근 간행물을 보면 도움이 될 것이다. Tadayoshi Murata, 2016, *The Origins of Japanese-Chinese Territorial Dispute: Using Historical Records to Study the Diaoyu/Senkaku Islands Issue*, Singapore: World Scientific.

2   이러한 매장량과 공동 개발 가능성에 관해서는 일본 법학교수인 미요시 마사히로의 에세이를 참고하기 바란다. Masahiro Miyoshi, 2005, "Seabed Petroleum in the East China Sea: Law of the Sea Issues and the Prospects for Joint Development," Washington DC: Woodrow Wilson Center(https://www.wilsoncenter.org/sites/default/files/media/documents/publication/Miyoshi_Masahiro.pdf).

3   일본과 대만 모두 이 섬들의 영유권을 주장하고 있다. 중국은 이 섬들을 "중국의 대만 섬들"이라고 주장하고 있는데, 이 섬들은 국제법적으로 볼 때 여전히 매우 불확실한 대

덧붙이자면 1895~1945년에는 류큐 남부의 야에야마제도(八重山諸島)에 속하는 이시가키섬(石垣島)이 당시 지도에 모두 '센카쿠'로 표기되어 있던 섬들을 관리했으나, 1945년 4월 미국이 동중국해 지역 전체를 침공한 순간부터 1972년 오키나와가 일본으로 반환될 때까지는 미국이 지배했다. 미국의 전투기 조종사들은 이곳에서 사격 연습을 했고, 지금도 일부 섬들은 사격 연습장으로 활용되고 있다. 오키나와가 반환된 1972년 이후에 제작된 세계지도(예컨대 2016년 미국 CIA 지도)에는 일본이 이 섬들에 대한 '행정권'을 보유하는 것으로 표기되어 있다. '행정권'은 오늘날 일본이 정책을 통해 공공연히 주장하는 완전한 영유권보다 한 단계 낮은 수준의 권리를 의미하는 법률 용어다. 미국과 일본이 류큐제도의 반환 문제를 협상하는 과정에서 미국 정부는 이러한 무인도에 대한 소유권에 있어서 대만의 주장이 일본의 주장만큼 유효하다고 생각한다는 점을 명확히 밝혔다.[4] 따라서 미국은 의견 충돌을 방지하고 해당 지역에서의 군사, 경제 및 권력에 있어서 이익을 꾀하고자 일본이 원하던 완전한 영유권 대신 이시가키섬의 지방자치권을 통한 행정권을 부여했다. 미국은 다음과 같은 내용의 미일안보조약 제5조가 통과된 이후 줄곧 동일한 권리를 보장해 왔다.

각 당사국은 일본이 관리하는 영토에서 상대 당사국에 대하여 자행되는 무력 공격은 자국의 평화와 안전에 위협이 될 것을 인지하고 헌법

만의 주권적 지위와 관련하여 분리되지만, 똑같이 복잡한 영토분쟁을 유발하고 있다.

[4] Susumu Yabuki and Mark Selden, 2014, "The Origins of the Senkaku/Diaoyu Dispute between China, Taiwan and Japan," *Asia-Pacific Journal*, Vol. 12, Article 3. p. 20.

상의 규정 및 절차에 의거하여 위난에 임할 것을 선언한다.[5]

미국의 정책 입안자들은 완전한 소유권 문제를 유보한 채, 일본이 중국 및 대만을 상대하기 위해서는 미국 정부가 적시에 내리는 결정에 의존할 수밖에 없도록 만들었다. 일본과 한국 및 러시아 사이의 영토 문제에 관해서도 마찬가지다.

한편 이와 같은 모호함으로 인해 류큐제도가 온갖 정치공작의 장이 되면서, 1879년 일본이 류큐국을 강제병합한 후에 펼쳐진 보다 중요한 근대사는 어느 정도 가려졌다. 류큐국에 대한 강제병합은 동중국해를 향한 일본의 공식적 확장의 시발점이었다. 결과적으로 중국 해안을 따라 무역을 도모하고자 했던 일본의 역망이 한국 궁정에서의 특권을 두고 일본과 중국이 벌인 경쟁과 결합되어 1894년 8월에 발발해 1895년 2월 청나라 정부가 화친을 요청할 때까지 계속된 중국과 일본의 전면전으로 이어졌다. 동중국해 북부 해역(황해 및 요동반도와 그 주변)에서 대부분의 전투가 이루어진 청일전쟁으로 인해 1895년 일본이 대만과 인접 도서들을 점령하게 되었고, 이러한 내용은 청일전쟁을 종식시킨 1895년 시모노세키 조약을 통해 확정되었다.

현재 일본 정부는 이러한 역사가 센카쿠열도/댜오위다오에 대한 영유권 갈등과는 무관하다고 주장하며, 적대행위가 발발하기 10년 전에 이 섬들이 '무주지(無主地, terra nullius)'였고 1885년 일본 정부가 조사를 시작했다는 입장을 견지하고 있다. 또한 민간인 기업가이자 이시가키섬의 주민인 고가 다쓰시로(古賀辰四郎)가 생선 건조와 앨버트로스 가공 작업

---

5   Ministry of Foreign Affairs of Japan, 1960, Treaty of Mutual Cooperation and Security between the United States and Japan.

에 섬을 사용함에 따라 일본 내각이 비밀리에 내린 결정에 대한 합법성도 1895년 1월에 인정되었다고 말한다. 일본은 이러한 논리에 근거하여 센카쿠열도/댜오위다오가 '일본 고유의' 영토라고 주장하고 있다. 대만과 중국 정부는 일본의 입장에 전혀 동의하지 않으며 일본 측 주장을 반박할 근거를 제시했다. 희귀 약초 재배농장에 대한 미심쩍은 주장부터 지도 제작 당시 일본의 지배 아래 있지 않았던 류큐국, 대만 또는 중국 본토와 센카쿠열도/댜오위다오가 같은 색상으로 표시된 18~19세기의 일본 지도와 같이 매우 확실한 자료에 이르기까지 다양한 근거를 제시하였다. 센카쿠열도/댜오위다오가 제국의 팽창을 위한 근대전을 계기로 사실상 일본의 영토로 편입되는 과정, 그리고 전쟁에서의 참패로 무너진 일본 제국으로부터 분리되는 과정을 둘러싼 전후 사정이 당대의 정치적 경쟁으로 인해 가려진 것이다.

하마시타 다케시(濱下武志)와 같은 해양사학자들이 동중국해의 통상로와 무역 활동에 대한 구체적인 서술을 통해 보여준 바와 같이, 어민들은 수 세기 동안 집에서 멀리 떨어진 조업지의 암초에 임시 막사를 지어 머물렀다. 19세기 말에 새로 제정된 일본의 재산법은 어민을 포함하여 사람들이 더욱 배타적인 권리를 주장할 수 있도록 허용했다. 고가 다쓰시로는 사적 임차권을 발생시킬 수 있는, 좀 더 안정적인 건축물인 판잣집을 활용하여 사업을 펼쳤다. 그러나 고가 다쓰시로의 임차권이 공식화되기 전인 1894~1895년에 많은 이들이 일본 최초의 근대적 국제분쟁으로 간주하는 갈등이 일본과 중국 사이에 벌어졌다.

다시 말해, 청일전쟁의 초점이 센카쿠열도/댜오위다오는 아니었지만, 당시 일본이 도모했던 광범위한 전략을 보면 동중국해 전역을 이용하고자 했던 의도가 드러난다. 그리고 일본의 이러한 열망은 정책 입안자들이 센카쿠열도/댜오위다오를 포함하여 동중국해 전역의 수많은 섬을 한

데 묶음으로써 결국 실현되었다.

일본 관료들은 실제 종전에 이르기 얼마 전에 일본이 중국을 상대로 승리할 것임을 확신했다. 1895년 1월 14일 일본 내무성은 '센카쿠'를 일본 영토로 지정한 내각 기밀 결의안을 가결하고, 고가 다쓰시로가 요청한 임차권을 공식적으로 허가했다. 따라서 일본의 '고유영토론' 정책이 추구하는 바와 같이 청일전쟁과 일본의 센카쿠열도/댜오위다오 지배가 무관하다고 주장하는 것은 단순히 거짓된 논리가 아니라 제국 건설을 위한 매우 거대한 노력의 단편들을 역사적 순간의 현실로부터 의도적으로 분리하려는 시도인 것이다. 또한 센카쿠열도/댜오위다오가 자국 '고유의' 영토라고 주장하는 과정에서 일본 정부는 미국이 이곳을 지배했던 약 30년의 기간과 함께 미국이 일본의 '행정권'을 인정할 필요성을 거듭하여 호소했던 과거를 지우려는 듯이 보인다.

III. 한국과 러시아의 관점

한국은 독도로, 일본은 다케시마로 부르는 뾰족한 화산섬은 안보 측면에서 세계에서 가장 특수한 상황에 놓여 있는 공간 중 하나다. 일본이 미국으로 하여금 2014년 '고유영토론' 정책을 지지하도록 밀어붙인다면 미국은 한국과 일본 중 하나를 선택해야 하므로 한 동맹국으로부터는 등을 돌려야 하는 상황에 놓일 것이다. 각기 다른 협정을 통해 미국은 한국과 일본을 위해 독도를 방어할 의무를 지니기 때문이다. 한국 경찰이 1954년부터 독도에 거주하고 있고, 1910년 일본에 의한 한국 강제병합의 전조로서 20세기 초 일본이 처음으로 점령한 한국 영토도 독도였다. 오늘날 울릉도를 찾는 방문객은(울릉도에서 고속 페리를 타고 독도 방문 가능) "독도를 잃으면 나라를 잃는다"라는 문구가 적힌 광고판을 볼 수 있다. 일본의 영토갈등 중에서 가장 골치 아픈 부분일 듯한 독도 문제가 지닌 복잡성의 상당 부분은 1945년 이후 미국이 궁극적 영유권을 결정하는 과정에 개입하면서 발생했다.

센카쿠열도로 인해 동북아의 안보 체제에서 미국의 중심적인 역할이 필요한 것과 유사하게, "한국과 일본의 영유권 갈등은 온전히 당사국들이 해결할 문제"라는 미국의 주장은 독도 문제 발생에 기여한 미국의 책임을 모호하게 만든다. 이러한 배경에서 미국 정부는 공식 지도에 독도를 표기할 때 1849년 독도에서 난파될 뻔한 프랑스 포경선의 이름을 따 19세기 유럽에서 사용하던 명칭인 '리앙쿠르암(Liancourt Rocks)'을 사용하고 있다.

이토록 혼란스러운 상황을 보여주는 한 가지 사례로, 2008년 7월 말 작은 정부 기관인 미국 지명위원회(United States Board on Geographic Names)가 놀라울 정도의 무지로 인해 50년 동안 공식적이고 조직적으로 독도 문제를 회피해 온 미국의 방침을 역전시킨 사건을 들 수 있다. 이 사건 후에 미국 정부가 독도를 '주권 미지정 지역'으로 간주하기로 하면서 상황을 되돌리고자 야심한 시각에 최고위급 관료들의 전화 통화가 이루어졌고, 한 달 후 조지 W. 부시(George W. Bush) 미국 대통령이 방한했을 때 이명박 대통령은 독도가 한국 영토로 명확히 표기된 지도 앞에서 부시 대통령과 사진 촬영을 했다.

한국 정부는 1천 년이 넘는 시간 동안 독도는 한국 영토의 일부였다고 주장하며 독도가 한국 영토로 포함되어 있는 (개인 소장품으로서 최근에 발견된) 19세기 지도 등 수많은 지도와 공문서를 근거로 내세우고 있다.[6]

---

[6] Mee-yoo Kwon, 2017, "New Historical Map Found in Japan Marks Dokdo as Korean

1905년에 점령한 사실을 바탕으로 오늘날 말하는 '고유의 영토'가 독도에 적용되지 않음이 1952년 샌프란시스코강화조약에 명시되지 않았다는 이유로 수십 년간 독도가 일본 영토라고 주장하던(센카쿠 분쟁에서와 마찬가지로 '무주지'를 정당성의 근거로 삼는) 일본 정부의 입장에도 최근 변화가 있었다.

제2차 세계대전의 종식을 알린 1952년의 법률문서에서 연합국(특히 미국)은 샌프란시스코강화조약 제2장 제2조에서 그랬듯이 일본을 구성하는 '영토'를 규정했다. 앞서 언급했듯이 그 후로도 20년간 미국이 류큐제도를 지배했기 때문에 1972년에 오키나와가 일본으로 반환될 때까지 일본, 중국 및 대만의 동중국해 분쟁은 휴면상태에 머물렀다. 그러나 한국의 경우, 샌프란시스코강화조약 동일 절의 첫 번째 조항에 "일본은 한국의 독립을 인정하고 퀼파트섬(islands of Quelpart, 제주도), 해밀턴항(Port Hamilton, 거문도) 및 다즐렛(Dagelet, 울릉도)을 포함한 한국에 대한 모든 권리와 권원 및 청구권을 포기한다"라고 명시되어 있다.

한국이 (맑은 날에는 서쪽으로 약 87km 떨어진 곳에 있는 울릉도에서 맨눈으로 볼 수 있는) 독도라고 부르는 섬은 오랜 어획의 역사에 걸쳐 일본과 한국 어민들의 관심을 끄는 공간이었다(일본의 오키섬은 독도에서 남동쪽으로 137km 떨어져 있다). 그리고 20세기 초에 일본 정부는 독도와 울릉도에 대해 다른 종류의 관심을 보이고 있었다.

1904년 겨울, 일본은 러시아와 단교하고 병력과 선박의 전쟁 준비에 돌입했다. 1904년부터 1905년까지 이어진 러일전쟁의 전투는 대부분 한반도와 중국 북동부 주변에서 벌어졌고, 일본의 부상하는 군사력과 제국의 힘이 결국 전쟁에서의 승리를 안겨 주었다. 독도에 중요한 통신기지가

Territory," *Korea Times*.

설치되었는데, 승전 후에 일본 정부가 소유했다. 일본 정부가 독도를 공식적으로 편입시킨(독도가 일본 영토로 편입된 사실을 아무도 몰랐기 때문에 다음 해까지 한국에서는 이의를 제기하지 않았다) 후인 1905년 2월에 일본 정부는 나카이 요자부로(中井養三郎)가 독도에 영구적인 강치 사냥 시설을 설치하는 것을 공식적으로 허가했다. 나카이 요자부로는 강치 사냥으로 부를 축적했고, 결국 강치는 멸종되었다.

이 섬의 실리적 역사와 무관하게 단지 독도가 너무 작아서 샌프란시스코강화조약을 작성한 이들이 일본으로부터 박탈할 영토의 목록에 독도를 포함시킬 필요가 없다고 생각한 것은 아닌가 하는 의문이 들 수 있겠으나(한국 연안에는 3천 개 이상의 작은 섬들이 있으나 조약에는 3개 섬만 명시되었다), 사실은 그렇지 않다. 일본과 한국은 샌프란시스코강화조약 작성 과정 내내 연합국 관계자들을 상대로 로비를 펼쳤다. 오키나와와 쿠릴열도를 포함한 여러 섬에 대해 일본이 영유권을 주장하였고, 그중 특히 제주와 울릉도를 요구하였으나 그 주장은 성공하지 못했다. 또한 이 조약의 몇몇 초안에서는 해당 섬들의 이름이 목록에 포함되어 있었다.[7] 간단히 말해 다른 내용이 우선시된 것이다. 샌프란시스코강화조약이 발효되었을 당시 이 섬들은 1950~1953년 한국전쟁 중 미국의 안보 체제에 있어서 중요한 지역이었다. 일본이 주장을 정당화하기 위해 내세운 바와 전혀 다르게 독도는 미국의 전술적인 한반도 주둔을 위한 플랫폼이었다. 독도의 지위에 대한 미국의 최종적 결정(결과적으로 존 포스터 덜레스 미 국무장관이 내린 결정)이 지닌 불확정성은 이 지역의 미래를 결정하는 데 대한 미국 정부의 불안감을 보여주는 것이었다. 독도에 대한 미국의 접근법은 미국

---

7   Kimie Hara, 2014, *The San Francisco System and Its Legacies: Continuation, Transformation and Historical Reconciliation in the Asia-Pacific*, London: Routledge.

이 일본 영토를 규정하는 과정에서 영유권 문제를 상황에 따라 즉각적으로 결정할 것임을 명확히 보여주었다. 즉, 문제를 의도적으로 모호하게 만들어 회피하는 지점에 이르도록 하되 향후 미국의 개입이 필요하게 만드는 방식인 것이다.

이러한 맥락에서 더글러스 맥아더(Douglas MacArthur) 연합국 최고사령관이 일본 제국의 붕괴와 냉전 시각 후 아시아에서 미국이 꾀할 수 있는 이익으로 인식했던 괴리는 소련의 설계에 대한 일본의 두려움에 결부된 우선순위와 역사에 있어서 확연히 드러나는 인식의 차이를 보여준다. 수백 년 전 근세의 선조들이 그랬듯이 일본의 관료들은 홋카이도(北海道)의 일본 북방 경계 주변에 위치한(일본이 후에 '북방영토'로 통칭하게 된) 남쿠릴열도와 사할린섬 남반부(1905~1945년에 일본의 식민지였던 가라후토)를 중심으로 하는 북방의 위협을 가장 우려했다. 20세기 전반기에 일본이 전적으로 지배한 두 지역은 제2차 세계대전이 종식되면서 소련군이 쿠릴열도로 이주한 2만 명에 가까운 일본인과 40만 명에 이르는 사할린 남부의 식민지 주민들을 몰아냈을 당시 혹독한 폭력과 공포의 공간이었다.

일본 정부는 과거에 점령했던 사할린 일부 지역의 반환을 더는 공식적으로 꾀하지 않는다. 따라서 사할린과 같은 시점인 1905년에 일본 영토로 편입된 독도가 일본 '고유의 영토'라는 주장은 어떻게 보아도 논리에 어긋난다.

한편, 많은 일본인이 홋카이도의 동북 해안선을 따라 걸려 있는 수많은 광고판에 적힌 "선조들의 땅이었던 섬의 반환은 모든 일본인의 열렬한 소망"이라는 메시지를 통해 남쿠릴열도 4개 섬에 대한 반환을 계속해서 요구하고 있다. 원주민인 아이누족(Ainu), 니브흐족(Nivkhi), 오로크족(Orokes)은 18~19세기에 일본인들과 처음으로 조우했다. 1910년대에 이르러 이들 원주민 사회에 대한 말살이 거의 마무리되면서 일본 제국이 팽창하던 시기인 1920~1930년대에 일본 식민지 주민들이 하보마이(齒舞), 스이쇼(水晶), 시코탄(色丹), 에토로후(擇促)라고 부르던 섬들을 중심으로 세계 최대 규모의 생선 통조림 작업이 이루어졌다. 1941년 11월 말에 야마모토 이소로쿠(山本五十六) 제독이 에토로후의 히토카프(単冠)만에 집결시킨 후 출항한 함대가 12월 7일 진주만을 기습했다. 1945년 프랭클린 루스벨트(Franklin Delano Roosevelt) 대통령이 소련의 일본전 침진을 내가로 쿠릴열도 4개 섬을 할양할 것을 이오시프 스탈린(Iosif Vissarionovich Stalin)에게 약속했음에도 많은 일본인이 여전히 이 섬들을 자국 영토로 생각한다. 다른 분쟁과 유사하게 이와 같은 혼란은 대부분 미국의 주도하에 작성된 항복 조건에 쿠릴열도의 개념이 모호하게 정의되어 있었기 때문에 발생했다. 역사학자 하세가와 쓰요시(長谷川毅)가 실명한 바와 같이, 1945년 8월 당시 항복 조건에 담긴 의미로 인해 "스탈린은 어려운 과제에 당면했다. 쿠릴열도를 최대한 신속히 점령하는 동시에 미국의 반응을 신중히 관찰해야 했다. 목표를 달성하기 위해 스탈린은 노련한 외교와 가차 없는 군사행동을 동시에 감행했다."[8]

샌프란시스코강화조약에서 쿠릴열도를 소련의 영토로 지정했음에도, 미국이 일본을 점령했던 기간(1945~1952년)에 일본의 미국 관료들은 쿠릴열도에 대한 일본의 주장을 매우 심각하게 받아들였던 것이 사실이다. 그러나 이 섬들로부터 또는 이 섬들을 통해 러시아가 일본을 침공할 가능성 때문에 쿠릴열도의 4개 섬은 미국에서, 그리고 미국과 소련 정부 사이에서 이루어진 정치적 거래의 대상이 되었고, 따라서 일본의 주장은 받아들여지지 않았다. 예컨대 케네스 C. 로열(Kenneth C. Royall) 미국 육군장관

---

8 Hasegawa Tsuyoshi, 2005, *Racing the Enemy: Stalin, Truman, and the Surrender of Japan*, Cambridge, MA: Harvard University Press, pp. 258~259.

이 1949년 2월 6일 주일 미국대사관에서 비공개를 전제로 했던 발언이 외교계에 커다란 파장을 일으키기도 했다. 짧은 방일 중이던 로열 장관은 "소련과의 전쟁에 있어서, 또는 소위 냉전 기간에도 일본은 사실상 골칫거리이고, 미국의 정책적 관점에서는 일본으로부터 모든 병력을 철수하는 것이 더 이익일 수 있다"라고 말했다.[9] 당연하게도 로열 장관의 발언이 공개된 후 일본에 있던 미국의 정치 관계자들은 미국이 일본을 버리지 않을 것이라며 일본 정치인들을 진정시키기 위해 상당한 노력을 기울여야 했다.

조약을 위한 해리 트루먼(Harry Shippe Truman) 미국 대통령의 특별대표인 존 포스터 덜레스(John Foster Dulles)가 많은 서신을 교환했다. 덜레스와 다른 외교관들이 남긴 기록을 보면, 일본을 포함하여 해당 지역 전체를 공산 진영이 장악하는 데 대한 실질적인 위협과 감지된 위협에서부터, 미국의 힘이 필요함을 공고히 하려는 열망에 이르기까지 다양한 이유에서 어떠한 국가가 어떠한 지역을 소유하는지가 드러나는 방식으로 최종 지도에 지명을 표기하지 않으려고 했음을 명확히 알 수 있다.

미국 상원 외교위원회는 특히 러시아의 섬을 둘러싼 분쟁에 관하여 이 같은 모험을 감행하는 것이 불만이었다. 1952년 1월 17일 톰 코널리(Tom Connally) 상원위원은 덜레스에게 보낸 서신을 통해 조약의 최종안이 "모호하고 향후 대립되는 주장을 일으킬 불씨를 안고 있다"고 말했다. 제임스 브라운(James D. J. Brown)이 숙고 끝에 표명한 바와 같이 "앞으로도 미국은 일본의 보호자로서 러일관계를 주의 깊게 지켜볼 것이며, 따라

---

9   Quoted in US Department of State, 1949, "The Acting Political Adviser in Japan (Sebald) to the Secretary of State," *Foreign Relations of the United States*, vol. 7, part 2, Washington, DC: Office of the Historian, p. 648.

서 미러관계가 쇠퇴하면 러일관계는 쉽게 영향을 받을 것이다"라는 인상을 주었던 것이다.[10] 간단히 말하면, 러시아는 쿠릴열도가 일본에 반환되는 즉시 미군 기지가 설치될 것이라고 가정하고 쿠릴열도가 자국 영토라는 일본의 모든 주장을 가볍게 무시했다.

IV. 맺음말

일본의 영토갈등에 결부된 상충적인 상황들은 '고유영토성'을 표방하는 일본의 신설 정책이 목표로 하는 바에 대한 의구심을 불러일으킨다. 용어의 정의를 고려하면 일본의 '고유영토성'은 오로지 미국에 의해서만 실현될 수 있다. 일본의 자원과 계획의 초점을 해양으로 돌리기 위해 21세기에 기울이고 있는 노력은 타당하고 중요한 것이다.

2007년 7월 20일에 일본 해양기본법이 발효되었다. 일본에서 국방성 다음으로 규모가 큰 부처인 국토교통성을 중심으로 국토교통대신과 총리가 일본 해양경비대와 함께 일본 상선단과 해양 석유 시추 등의 기타 이해관계를 대변하기 위한 조치를 조율했다. 첫 번째 계획이 2008년 3월에 발효되었고, 2013년까지 의회 의원들이 일본의 외해 경계에 위치한 섬 주변에서 해양경비대가 보유하는 치안 유지 및 적발 권한을 크게 강화했다. 해상자위대(일본 해군)와 해양경비대의 협응을 두고 상당한 논란이 이어지고 있지만, 일본 행정부가 가진 국가적 비전에 있어서 일본이 이웃 국가들과 분쟁을 벌이고 있는 섬들에 대한 영유권을 정의하는 것이 지니

---

10 James D. J. Brown, 2018, "Japan's Foreign Relations with Russia," *Japan's Foreign Relations in Asia*, James D. J. Brown and Jeff Kingston (eds.), New York: Routledge, 253.

는 중요성이 갈수록 확대되고 있음은 충분히 명확해졌다. 내각관방실이 최근에 설립한 영토·주권 대책기획조정실이 '영토 무결성 강화를 위한 이니셔티브'를 담당하는 내각 차원의 연구단을 후원하고 있다.[11]

해양기본법은 해양 국가로서의 일본, 그리고 21세기 일본의 모습을 그릴 기준이 될 (법은 말할 것도 없고) 중심적 서사로서의 일본에 대한 구상을 실현했다. 해양에서 일본의 존재를 굳게 새기려는 최근의 외교정책도 이러한 구상과 관련이 있지만, 꼭 동일한 것은 아니며 필연적 결과를 바라는 것도 아니다. 일본의 일부 정치 지도자와 오피니언 리더들이 섬에 대한 분쟁을 국가정책의 중심에 내세움에 따라 당초 이러한 섬들이 일본 영토로 편입된 계기였던 1945년 이전의 역사에 대해 매우 다양한 이해가 발생하고 있다. 이로 인해 융통성 없는 표현으로 일본을 묘사하려는 일부 세력의 정치적으로 경직된 노력은 아시아의 과거, 현재, 그리고 가장 중요한 미래에서 일본이 점하는 위치에 대한 보다 유연한 이해와 충돌할 수밖에 없을 것이다.

일각에서는 최근에 발표된 일본 '고유의' 영토라는 개념을 일본이라는 국가의 핵심으로 여긴다. 모순되게도 시공간적 특이성을 초월하는 이러한 정의를 고집하는 것은 당초 이 섬들이 일본 제국으로 편입되는 과정, 그리고 일본 제국으로부터 이탈되는 과정을 둘러싼 일본사를 부인하는 행위이다. 일본 내부에서는 2012년 4월 자민당이 분쟁 대상 섬들이 지닌 가치를 일본의 세계관에 활용할 방법을 담은 헌법 수정안을 공개했다.

2014년에 도입된 정책은 영토갈등을 예컨대 '한일'관계 또는 '미중'관계의 문제가 아닌 '고유영토'의 문제로 통칭하며 각 영토갈등을 다른

---

11 James D. J. Brown, 2018, *supra* note 10.

영토갈등과 엮는 최초의 정책으로 전 세계에 알려졌다. 이는 제국 시대의 역사가 이러한 섬들이 '현재' 일본 영토의 일부라는 사실과 큰 연관이 없다는 내용의 강경하고 광범위한 주장을 강화하기 위한 노력이다. 2012년 헌법 수정안의 눈에 띄는 특징 중에는 천황의 정의 재정립, 여성의 역할, 국가적 상징에 대한 의례의 의무, 현행 일본 헌법의 핵심인 보편주의를 부인하는 전문이 포함된다. 이 수정안은 최초로 시민들에게 자국 영토를 수호할 의무를 부여함으로써 일본 영토를 헌법을 통해 규정하는 내용을 담고 있다.

이와 같은 헌법 수정안에 명시된 영토의 개념은 일본 역사를 부정하는 동시에, 일본의 세계관에 대한 국제사회의 동의를 요구하는 현 일본 행정부의 더욱 광범위한 '고유성' 정책과 맞물린다. 이러한 흐름에 관심을 갖는 것은 '반일' 행위가 아니라 국가의 미래를 위한 하나의 비전이다. 이와 같은 비전은 근대 동아시아에서 일본 제국이 지배했던 공간의 역사를 지우고, 과거에 대한 제약 없는 이해를 바탕으로 해양에서의 일본에 대한 보다 자유로운 정의와 미래에 대한 보다 유연한 이해를 도모할 것이다. 따라서 '고유의 영토'가 아니라 이웃 국가들과의 생산적이고 평화로운 상호작용을 희망하는 일본을 규정하기 위한 도구로서 '경계선'을 바라보는 일본과 다른 모든 국가의 사람들을 인식하기 위해 앞으로 하나의 일관적인 행보로 나아갈 수 있느냐가 관건이다.

앞으로 일본이 취해야 할 행보에 대한 의견은 다양하지만 단순히 선을 그어 구분할 수는 없다. 이러한 논쟁이 어떻게 진행되든 일본은 해양 국가다. 일본의 미래에 관한 강경한 비전에 따르는 근본적인 문제들이 있다. 미국은 동중국해 섬들에 대한 일본의 행정권을 지지한다는 입장을 거듭하여 명확히 밝혔지만, 동해/일본해에서 한국과 갈등 중인 섬이나 오호츠크해에서 러시아와 갈등 중인 섬에 대해서는 유사한 태도를 보이지 않고 있다.

    그럼에도 갈등이 진행되고 있는 섬들과 남방지역의 오키노토리시마(沖ノ鳥島)라는 암초에 대한 지배권을 두고 갈수록 도발적인 주장을 펼침에 따라 가장 엄격한 기준으로 정의된 공간을 일본의 영토로 주장하게 될 것이다. 이러한 주장은 미국의 안전 수호에 대한 보장을 직접적으로 시사하므로 정책의 목표에 대한 의문을 불러일으킨다.

참고문헌

Brown, D. J. James, 2018, "Japan's Foreign Relations with Russia," *Japan's Foreign Relations in Asia*, ed. James D. J. Brown and Jeff Kingston, New York: Routledge.

Hara, Kimie, 2014, *The San Francisco System and Its Legacies: Continuation, Transformation and Historical Reconciliation in the Asia-Pacific*, London: Routledge.

Kwon, Mee-yoo, 2017, "New Historical Map Found in Japan Marks Dokdo as Korean Territory," *Korea Times*.

Ministry of Foreign Affairs of Japan, 1960, Treaty of Mutual Cooperation and Security between the United States and Japan.

Miyoshi, Masahiro, 2005, "Seabed Petroleum in the East China Sea: Law of the Sea Issues and the Prospects for Joint Development," Washington DC: Woodrow Wilson Center(https://www.wilsoncenter.org/sites/default/files/media/documents/publication/Miyoshi_Masahiro.pdf).

Murata, Tadayoshi, 2016, *The Origins of Japanese-Chinese Territorial Dispute: Using Historical Records to Study the Diaoyu/Senkaku Islands Issue*, Singapore: World Scientific.

Tsuyoshi, Hasegawa, 2005, *Racing the Enemy: Stalin, Truman, and the Surrender of Japan*, Cambridge, MA: Harvard University Press.

US Department of State, 1949, "The Acting Political Adviser in Japan (Sebald) to the Secretary of State," *Foreign Relations of the United States*, Vol. 7, Part 2, Washington, DC: Office of the Historian.

Yabuki, Susumu and Selden, Mark, 2014, "The Origins of the Senkaku/Diaoyu Dispute between China, Taiwan and Japan," *Asia-Pacific Journal*, Vol. 12, Article 3.

제5장
샌프란시스코강화조약과 동아시아 영토갈등의 기원

하라 키미에(原貴美惠) 워털루대학교 교수

I. 머리말
II. 샌프란시스코 체제와 동아시아 영토갈등
III. 샌프란시스코강화조약과 동아시아 영토갈등의 현재적 의미

I. 머리말

필자는 샌프란시스코강화회의가 열린 지 70년이 되는 해에 동북아역사재단이 개최한 국제학술회의에서 '샌프란시스코강화조약과 동아시아 영토갈등의 기원'이라는 논제를 받게 되었다. 필자가 이 논제와 관련된 연구 프로젝트를 만나게 된 것은 1995년으로 거슬러 올라간다. 당시 필자는 전후 일소·일러관계에 관한 박사 논문을 완성하고 있었는데, 북방영토 문제 관련 자료를 확인하던 중 이 강화조약의 영토 조항에 동아시아의 주요 갈등 지역이 포함되어 있음을 알게 된 것이 그 발단이었다. 일본과 48개국 사이에 조인된 이 제2차 세계대전 후 강화조약 조문에는 처리영토의 엄밀한 범위나 최종 귀속처가 명기되어 있지 않다.

샌프란시스코강화조약 제2조에서 일본이 포기한 '지시마(千島, 쿠릴)열도', 그리고 '조선'이나 '대만'에는 일본과 이웃 나라 간에 귀속이 문제가 되어 온 북방영토(남쿠릴), 독도(竹島, 일본명 '다케시마'), 센카쿠열도(尖閣, 중국명 '댜오위다오')가 각각 포함되어 있었는가. 이러한 영토들 및 남사·서사제도는 어느 나라·정부가 포기했는가. 제3조에서 장차 미국의 신탁통치가 시사되고 있는 류큐(琉球, 오키나와(沖繩))의 귀속처는 어느 나라·정부라고 생각되고 있었는가. 왜 명확한 전후 국경 확정이 이루어지지 않았는가. 조문 표기가 모호한 이유는 무엇인가. 이들 영토 처리와 그로부터 파생된 문제 사이에는 어떤 관계가 있는가. 필자는 이러한 문제의식에서 시작하여 그 후 샌프란시스코강화조약의 기초 과정, 여러 가지 문제들의 전개와 해결안 등에 대해서 개인 및 공동으로 연구·검토하고, 그 성과를 논문이나 저서, 공저 등으로 발표해 왔다.[1] 이러한 출판물 중에는

---

1 예를 들면 다음과 같은 출판물이 있다. Kimie Hara, 1999, "Rethinking the 'Cold War'

20년도 더 전에 잡지에 게재한 논문이나 저서도 있다. 그로부터 상당한 세월이 흘렀으나, 당시의 주요 소견은 현재도 타당하다고 생각하기에 이 글에서는 표제에 따라 '동아시아의 영토갈등'에 초점을 맞추면서 요점을 중심으로 논하고, 마지막에 이러한 갈등들의 현재적 의미를 언급하고자 한다.

II. 샌프란시스코 체제와 동아시아 영토갈등

1951년 9월 8일에 조인되고, 다음 해인 1952년 4월 28일에 발효한 제2차 세계대전 후의 대일강화조약, 이른바 샌프란시스코강화조약에 의해 일본은 주권을 회복하고 국제사회에 복귀했다. 포츠담선언 수락 및 항복문서 조인으로부터 이미 6년이 지나, 격화되는 냉전을 배경으로 조인된 이 조약은 아시아·태평양 지역에서의 전후 국제질서를 크게 결정하는 다국간 합의이다. 같은 시기에 미국이 지역 동맹국과 체결한 몇 가지 안전보장조약과 함께 이른바 '샌프란시스코 체제'의 기초를 닦은 것이 이 조약이다. 샌프란시스코 체제는 현재 일본의 영역으로만 한정된 것도, 소위 '요시다(吉田) 독트린'에서 나타내는 것과 같이 당시 일본이 취한 정치·외교 방침에만 기반을 둔 것도 아니었다. 이 체제는 과거 일본 제국이 지

---

in the Asia-Pacific," *Pacific Review*, Vol. 12 No. 4, pp. 515~536; Kimie Hara, 2001, "50 years from San Francisco: Re-examining the Peace Treaty and Japan's Territorial Problems," *Pacific Affairs*, pp. 361~382; 原貴美惠, 2005, 『サンフランシスコ平和条約の盲点 ─ アジア太平洋地域の冷戦後「戦後未解決の諸問題」』, 渓水社; Kimie Hara, 2007, *Cold War Frontiers in the Asia-Pacific: Divided Territories in the San Francisco System*, Routledge; Kimie Hara, 2015, *San Francisco System and Its Legacies: Continuation, Transformation and Historical Reconciliation in the Asia-Pacific*, Routledge.

배를 확장한 아시아·태평양이라는 넓은 범위에 미치는 냉전체제이며, 조약의 기초(起草)를 주도한 미국의 전략적 이해와 지역의 정치적 다양성을 충분히 반영한 것이었다. 샌프란시스코 체제는 지역에 있어서 미국의 군사적 위상과 압도적 영향력을 보장하고, 일본에 민주주의와 경제적 번영을 가져다주었다. 그러나 이는 동아시아 국가들과 사람들 사이에 몇 가지 균열을 남겨 오랜 기간 대립 구조가 지속되는 대가가 뒤따르는 것이기도 했다. 오늘날에도 이 지역에는 이러한 균열과 대립 구조가 여전히 뿌리 깊게 남아 있으며, 영토주권이나 국경을 둘러싼 문제도 예외가 아니다.

1. 지역갈등: 냉전과 '전후 미해결 문제들'

제2차 세계대전 후의 국제질서를 크게 규정한 냉전 구조의 특징에는 이데올로기 대립, 군사 대립과 함께 구 추축국의 영토 처리에서 파생된 대립이 있었다. 이는 유럽보다 아시아·태평양 지역에서 더욱 두드러졌다. 유럽에서는 독일이 유일한 분단국가였던 데 비해, 이 지역에서는 몇 가지 냉전의 전초가 나왔다. 한반도의 군사분계선과 대만해협을 사이에 둔 분단국가의 문제에 더하여 북방영토, 독도, 센카쿠, 남사제도 등의 귀속 문제, 오키나와의 지위나 기지와 관련된 문제 등은 모두 일본 제국의 영토 처리에서 파생되었다. 샌프란시스코강화조약의 제2장 '영역'은 지시마열도에서 남극, 또 미크로네시아에서 남사제도에 걸친 광대한 영역의 처리를 규정하고 있으나, 개별 처리영토의 엄밀한 범위나 최종 귀속처를 명기하고 있지 않아 내용이 애매모호하게 되어 있다. 여기에는 여러 가지 '전후 미해결 문제들'이 발생하거나 존속하는 다양한 요소가 포함되어 있었다.

이 영토 조항은 일본의 영토 포기를 규정한 제2조와 미국에 의해 오키나와·아마미(奄美)·오가사와라(小笠原) 군도 등의 유지가 보장된 제3조로 되어 있었다. 이 중 제2조의 처음 3항, 즉 조선, 대만, 미나미가라후토(南樺太, 남사할린)·지시마의 처리에 관한 것은 세계대전 중 연합국의 합의에 따라 귀속처가 명백했던(그러나 명기하지 않았던) 것과 귀속처가 불분명한 것으로 나뉘어 있었다. 제3조에 있는 영토에 대해서는 조문에 일본의 포기를 명언하고 있지 않지만, 일본의 주권을 확인하는 것도 아니었다. 모든 영토에 대해 향후의 귀속처는 미정으로 되어 있던 것이다.²

샌프란시스코강화조약 영토 조항과 동아시아 지역 분쟁

SF조약	처리영토	관련 문제	관련국
제2조	(a) 조선	한반도 문제(분단국가)	대한민국, 조선민주주의인민공화국
		독도·다케시마 문제(귀속 문제)	일본, 대한민국
	(b) 대만	대만해협 문제(분단국가)	중화인민공화국, 중화민국
	(c) 지시마·미나미가라후토	북방영토 문제(귀속 문제)	일본, 소련/러시아
	(f) 남사·서사제도	남중국해 문제(귀속 문제)	중화인민공화국, 중화민국, 베트남, 필리핀, 말레이시아, 부르나이
제3조	류큐(오키나와)·오가사와라제도 등	센카쿠열도·댜오위다오 문제(귀속 문제)	일본, 중화인민공화국, 중화민국
		오키나와(기지)문제	일본, 미국

---

2 Kimie Hara, 2012, "The San Francisco Peace Treaty and Frontier Problems in The Regional Order in East Asia A Sixty Year Perspective," *The Asia-Pacific Journal*, Vol 10, Issue 17, No. 1.

관련 연합국에 남은 전후 대일 처리 관계의 공문서, 특히 강화조약의 기초를 주도한 미국의 조약 초안은 여러 가지 문제들이 미해결되는 과정을 알 수 있는 귀중한 자료이다. 이러한 자료의 검토를 통해 조약의 표기가 애매한 것은 신중한 검토와 거듭된 개정의 결과라는 것, 그것은 냉전이 격화하는 가운데 변화한 미국의 대아시아 전략과 깊은 관련이 있었던 것, 그리고 대부분의 문제는 의도적으로 미해결로 되어 있었다는 것 등을 알 수 있다.

미국에서 작성된 수많은 조약 초안에는 이 시기 미국의 아시아 정책이 시시각각 변화해 나가는 모습이 농후하게 반영되어 있다. 전후 초기 미국의 초안은 연합국 간의 공조와 구 적국인 일본에 대한 징벌적이고 엄격한 평화를 특징으로 하고 있었다. 카이로선언(1943년 12월), 얄타합의(1945년 2월), 포츠담선언(1945년 7월)과 같은 전쟁 중의 합의는 반드시 일관된 것은 아니었지만, 초안은 이것들을 대략적으로 답습하는 내용으로 되어 있었다. 즉, 카이로선언에서 강조된 영토 불확대 원칙에 따라 일본은 '폭력과 탐욕'으로 탈취한 모든 영토로부터 구축되고, 얄타합의에 따라 미나미가라후토와 함께 지시마까지 소련에 할양되었으며, 포츠담선언에 있는 것처럼 그 주권이 미치는 범위는 혼슈(本州), 홋카이도(北海道), 규슈(九州), 시코쿠(四國) 및 동맹국이 결정하는 여러 소도(小島)로 한정되게 되었다.

이러한 초기 초안은 길고 상세해서, 영토 조항에는 전후 일본의 새로운 국경선이 위도와 경도를 이용해 극명하게 기재되어 있었으며, 이를 표시한 지도도 첨부되었고, 국경선 근처에 위치한 각각의 작은 제도 이름이나 귀속처도 명기되어 있었다. 전체적으로 '향후 갈등이 남지 않을 것'을 특히 배려해 준비되고 있었다. 당시의 조약안이 그대로 채택되었다면 동아시아의 국제관계는 그 후 상당히 다른 전개를 보였을 터이지만, 실제로는 그렇게 되지 않았다.

　냉전의 격화로 미국의 대아시아 전략에서 일본의 중요성이 커지면서 그에 대한 방위와 서방의 일원이라는 지위 확보, 그리고 친미 정권 수립이 중요 과제가 되었다. 중국 본토와 한반도의 북쪽에 공산정권이 수립된 후, 1950년 1월에는 미국의 서태평양 방위선인 이른바 애치슨 라인(Acheson line)이 발표되었는데, 일본과 필리핀은 그 선 안쪽에, '상실'을 각오하고 있던 대만과 한반도는 그 바깥에 놓여 있었다. 그러나 1950년 6월 한국전쟁이 발발하자 미국은 정책을 바꿔 한반도와 중국의 내전에 개입하였고, 이듬해 전황은 교착상태에 빠지게 된다. 그동안 존 F. 덜레스 (John F. Dulles) 아래서 만들어진 초안의 내용은 초기와는 여러 부분이 달라졌으며, 주문이 '심플'해지면서 여러 가지 문제들이 애매해졌다. 연합국 간의 전쟁 중 합의는 모호해지거나 경우에 따라서는 무시되어 갔다.

　체결된 강화조약에는 대만, 조선, 미나미가라후토·지시마 등에 대한 일본의 영토 포기가 규정되어 있지만, 초기 초안에서 보이던 처리영토의 엄밀한 범위나 전후의 새로운 국경선에 관한 규정은 없어졌다. 한일 간에 귀속 여부를 놓고 다투고 있는 독도는 초기 초안에는 'Takeshima' 및 'Liancourt Rocks'로 표기되어 있어 조선과 함께 일본이 포기하기로 되어 있었다. 그러나 1949년 말 초안에서는 귀속처가 변경되어 일본에 남게 되었고, 1950년 초안이 '심플'해지면서 이 섬에 대한 언급이 사라져 버린다. 대만과 지시마·미나미가라후토 등에 대해서는 당초 귀속처가 각각 '중국', '소련'이라고 명기되어 있었다. 그러나 이것들도 한국전쟁 발발 후 '중국'이, 그리고 최종적으로는 '소련'까지도 조문에서 삭제되어 모든 처리영토에 대해 귀속처가 정해지지 않은 상태가 되었다.

　샌프란시스코강화조약 제2조 (d)항에서 처리된 구 일본위임통치령 미크로네시아와 제3조로 처리된 오키나와에 대해서는, 미국은 제2차 세계대전 때부터 그 군사적 가치에 주목하고 있었다. 다만 당초에는 주로 일본을 의식한 자국 방위 및 국제평화 목적의 군사기지 설치와 유지를 상정하고 있었던 반면, 전쟁 후에는 소련과 중국의 위협을 의식하여 지역의 전방 전개 기지로 그 사용 목적이 변화했다. 미크로네시아는 미국의 핵실험과 수소폭탄 실험 장소로도 사용되었다. 미국은 막강한 영향력과 교묘한 협상 기법을 구사해 미크로네시아는 유엔 신탁통치라는 이름으로, 오키나와에 대해서는 장차 미국이 신탁통치안을 제출할 때까지의 잠정조치로서 이 영토들을 자국의 독점 지배하에 두는 데 성공했다.

덜레스는 샌프란시스코강화회의에서 일본이 오키나와에 대한 잔존주권(residual sovereignty)을 가지고 있다는 미국의 견해를 구두로 표명하였다. 그러나 5년 뒤에는 일소강화조약 협상에 개입해 타결 가능성이 점쳐졌던 북방영토 문제와 연계해서, 오키나와의 주권 향방은 조건에 따라 달라질 수 있다는 내용의 '엄포'를 놓았다. 원래 일본과 중국의 영토 문제는 이 오키나와를 둘러싼 것이었다. 일찍이 독립한 왕국(류큐 왕조)이었던 이러한 섬들에 대해서, 장제스(藏介石)의 중화민국 정부는 세계대전 때부터 기회가 있을 때마다 일본의 포기를 요구하고 중국에 의한 '회복'의 의사까지 표명하고 있었다. 서방 쪽에 남았다 하더라도 '상실'의 위험성을 내포하고 있는 한국을 통해서 '조선'과의 사이에 독도가 남은 것처럼, 이 또한 '상실'의 위험성을 지닌 대만의 중화민국 정부를 통해서 '중국'과의 사이에도 오키나와라는 영토 문제가 남아 있던 것이다.

대만과 한반도는 한국전쟁 발발로 미국이 개입함으로써 완전한 공산화를 면했다. 결과적으로 한반도는 38도선으로, 중국은 대만해협으로 '봉쇄라인'이 고정화되고 분단 상태가 지속된다. 이는 일본 방위라는 관점에서는 '조선'과의 독도, '중국'과의 오키나와·센카쿠 갈등에 더해 이중의 쐐기라고도 볼 수 있을 것이다. 한편 대중국 방침이라는 관점에서는 센카쿠·오키나와, 남사·서사제도 문제는 대만 문제와 함께 대중국 '봉쇄'의 쐐기로 규정되기도 한다. 샌프란시스코강화조약 제2조 (f)항으로 처리된 남사·서사제도는 1950년 1월에 발표되었던 미국 서태평양 방위선인 애치슨 라인의 서남단에 위치하며, 미국의 동남아 전략의 요체인 필리핀 확보와 방어를 위한 쐐기로도 볼 수 있다. 이러한 남중국해 제도는 근거에서 강약의 차이는 있지만 모두 세계대전 중 국무부에 의한 검토에서는 중국으로의 귀속이 검토되고 있었다. 그런데도 강화조약에서 귀속처를 미정으로 둔 것은 귀속 근거가 불충분하다기보다는 어느 것 하나 공산화된 중국의 손에 넘기지 않겠다는 것을 확실히 하는 것이 가장 포인트였다. 이러한 영토들에 대해서는 전쟁 전에도 그 주권을 둘러싼 갈등이 존재했지만 당사국도, 문제의 성격도 달랐다. 즉, 세계대전 전의 일본, 프랑스, 영국에 의한 식민지 획득 경쟁의 전초에서 대중국 냉전의 전초로 탈바꿈한 것이다.

　미국은 영토 문제의 정신적 효과도 계산했다. 즉, 일본의 영토일지도 모르는 섬들을 다른 나라가 점령하고 있는 것에 대해 일본인들은 부정적인 감정을 가질 것이고, 미국은 동정적 태도를 보임으로써 일본인들로부터 호감을 얻는 효과다. 실제로 미국의 냉전 전략은 영토에 국한되지 않고 대일 강화 처리의 곳곳에 반영되어 있었다. 일본을 친미화하기 위해서는 소련이나 중국의 공산당 정권이 미일의 이반을 노리고 제시할 것으로 보이는 강화 조건보다 '리버럴'하고 매력적인 것을 제시해야 한다고 생각하여 조약안의 내용은 당초의 징벌적이고 엄격한 것에서 '관대한' 것으로 바뀌어 간다. 이는 영토주권이나 국경에 관한 문제 외에도 전쟁책임이나 역사 인식 같은 문제에서도 이웃 나라와의 사이에 화근을 남기게 된다.

　샌프란시스코강화조약에는 소련, 조선, 중국 어느 정부도 조인하지 않았다. 대일 전후처리에서 파생된 동아시아의 지역갈등은 직접적인 당사국 간의 틀에서 발생했다기보다는 제3국, 특히 이 강화조약의 기초(起草)를 주도한 미국의 관여에 따른 바가 컸다.[3]

2. 동서 긴장 완화와 영토 문제

1950년대 '해빙', 1970년대 '데탕트' 시기에는 전후 대일 영토 처리에서 파생된 문제, 특히 일소·일중 간의 영토 문제에 주목할 만한 변화가 일어났다. 1950년대의 일소 협상 중에 일본은 북방영토 정책의 초점을 이른바 '4도 반환'으로 정하게 되었고, 1970년대 초에는 중일 간 영토 문제의 초점이 센카쿠로 이행했다. 이전에는 더 넓은 지역(즉, 일소 간에는 소련 점거하의 미나미가라후토·지시마 전역, 중일 간에는 미국의 관리 아래 있던 류큐/오키나와 전역)이 문제가 되고 있었는데, 이들 특정 영역이 갈등의 대상으로 고정된 데에는 몇 가지 이유가 있었다. 특히 샌프란시스코강화조약과 마찬가지로 미국이 중요한 역할을 하고 있었다.

일소 협상에 대한 미국의 개입은 '덜레스의 위협'으로 잘 알려져 있다. 1956년 8월 일본 측 전권대사인 시게미쓰 마모루(重光葵) 외상이 소련의 2개 섬 반환 제의를 수락하고 강화조약을 체결하려 하자, 당시 미 국무장관이던 덜레스가 만약 소련에 양보해 구나시리(国後, 쿠나시르)·에토로후(択捉, 이투루프)를 포기한다면 오키나와는 돌려주지 않겠다고 경고한 것이다. 일소강화조약 체결은 일본과 중국 공산정권 간의 국교 정상화로 발전할 수도 있었다. 또 일소 간에 북방영토 문제가 해결되면 다음에는 미국에 오키나와를 반환하라는 압력이 가해질 것이었다. 미국은 둘 다 받아

---

[3] 原貴美恵, 2005, 앞의 책.

들일 수 없었다. 미국 정부가 일본의 4도 반환론을 지지한 것은 그것을 소련이 받아들일 수 없는 것으로 알고 있었기 때문이지 4개 섬이 지시마열도가 아니라고 생각했기 때문은 아니었다. 덜레스의 진정한 목적은 어느 섬이 대상이 되든 일소 화해를 저지하는 데 있었다. 4도 반환론은 냉전을 배경으로 일본과 소련 사이에 박힌 '쐐기'나 다름없었다.⁴

센카쿠열도 문제는 1960년대 후반 이후 오키나와 반환 문제와 연계하여 표면화되었다. 때마침 이때 센카쿠열도 주변의 자원 가치가 주목되었고, 나아가 자원민족주의 고양의 시기와도 겹쳤기 때문에 섬의 주권 유무는 더욱 중요한 문제가 되었다. 미일 간 오키나와 반환의 움직임과 함께, 베이징·타이베이의 두 중국 정부가 센카쿠열도에 대한 주권을 주장하기 시작하면서 갈등이 가열되었다. 오키나와 반환 시 미국이 센카쿠열도 문제에 대해 취한 태도는 주목할 만하다. 1972년의 반환을 앞두고 미국 정부 내에서는 "센카쿠는 오키나와의 일부"라고 분명하게 이해하고 있었다. 그러나 닉슨 정권은 오키나와와 함께 센카쿠열도의 시정권은 일본에 반환하지만, 주권 문제에 관해서는 입장을 밝히지 않을 방침을 취하여 일본과 두 중국 사이에 갈등을 남겼다. 국무부 통신문에 자주 나오는 설명은 미국이 "끼어들지 말라(not to get caught in the middle)"는 것이었다.

---

4   1950년대 중반 일소 협상은 국내적으로는 자유민주당에 의한 장기 집권이 확립된 시대와도 맞물려 있다. 당시 좌우로 분열되어 있던 일본사회당이 재통일을 통해 세력을 확대한 것에 대항하여 보수 합동으로 자유민주당이 성립되었는데, 이때 정쟁의 도구로 이용되었던 것이 대소련 협상 정책이었다. 일본민주당의 하토야마 이치로(鳩山一郎) 총리는 대미 공조를 최우선 정책으로 하는 요시다 시게루(吉田茂) 전 총리 등이 이끄는 자유당에 양보해, 4도 반환론은 새 여당인 자유민주당의 주 정책이 되었다. 4도 반환론은 이후 냉전을 배경으로 자민당 정권하에서 국론으로 고정되어 간다. Kimie Hara, 1997, *Japanese-Soviet/Russian Relations since 1945: A Difficult Peace*, Routledge, Chapter 2.

어느 당사자의 입장도 지지하지 않고 중립을 가장해서 이 지역의 이웃 나라들 간에 영토 문제를 남기는 것은 미국의 이해와도 부합했다. 닉슨 정권은 일본을 위해서는 '중국의 위협'을 상대로 협조하는 한편, 화해 협상 중인 중국에 대해서는 일본 군국주의 부활에 대한 공포를 교묘하게 이용해서 '일본으로부터의 방위'를 이유로 미군의 오키나와 주둔을 승인시키는 데 성공했다. 1950년대의 '해빙'기에 일본의 4도 반환론과 함께 북방 잉토 문제라는 쐐기가 일본과 소련 사이에 고정된 것처럼 이 시기에는 센카쿠열도 문제라는 또 하나의 쐐기가 중일 간에 고정된 것이다.[5]

남사제도 갈등에 대해서는 전후 그 일부에 대해 여러 차례 관심을 보이던 필리핀이 1971년 7월에 공식적으로 주권을 주장하기 시작했다. 1970년대 후반부터는 말레이시아가 갈등에 가담했고, 1980년대에 들어서자 브루나이도 배타적 경제수역을 선언해 갈등에 가담했다. 중국에 버금가는 주요 갈등 당사국인 베트남은 샌프란시스코강화회의에서 남베트남 정부가 남사·서사제도 양쪽의 주권을 주장하였다. 다른 한편의 북베트남 정부는 당시 이러한 주권 갈등에 대해서는 침묵하고 있었지만, 1958년 이후에는 중국의 주장을 지지했다. 그러나 미군이 철수하고 남베트남과의 통일을 달성하자 통일 베트남(베트남사회주의공화국) 정부는 기존의 정부 방침을 바꿔 남베트남의 주장을 이어 중국과 대립하게 된다. 상술한 오키나와에 대해서 일찍이 베이징의 중화인민공화국 정부는 일본으로의 반환을 지지했는데, 이것은 미군의 오키나와 주둔에 반대하고 일본과 미국의 이반을 노린 정치 프로파간다에 지나지 않았다. 베트남의 남사·서사제도에 대한 방침 전환의 전례로 보듯이 타이베이의 중화민국 정부가 일본의 주권을 승인하지 않는 한, 장차 중국이 (오키나와의 일본으로

---

5 原貴美惠, 2005, 앞의 책, 제7장.

부터의 분리, 나아가 회복이라고 하는) '전통적인' 주장을 계승할 가능성은 부정할 수 없다.⁶

III. 샌프란시스코강화조약과 동아시아 영토갈등의 현재적 의미

20세기 말 미소 냉전의 종식이 주장되면서 유럽에서는 동서 진영의 벽이 무너지며 얄타 체제라는 제2차 세계대전 후 질서가 붕괴되었다. 이른바 '포스트 냉전'의 다양한 세계적 규모의 국제관계 전개는 동아시아에도 적지 않은 영향을 미치게 되었다. 그러나 이 지역에서는 냉전 시대부터 있었던 주요 대립 구조가 변모는 했더라도 붕괴되지는 않았다.

21세기에 들어선 지 오래인 오늘날에도 샌프란시스코 체제는 정치 안보 측면에서의 지역 국제관계를 계속 규정하고 있다. 즉, 한반도 군사분계선과 대만해협과 함께 북방영토, 독도, 센카쿠·오키나와, 남사·서사제도 등을 둘러싼 문제가 애치슨 라인을 따라서 지역 국가나 사람들을 분단시킨 채 도사리고 있다. 아시아 냉전의 한 극으로 대두한 중국에서는 자본주의가 도입되어 시장경제화가 진행되었으나 공산주의 정권이 붕괴되지는 않았다. 더욱이 중국은 일본을 제치고 세계 제2위의 경제 대국이 되어 현대판 '부국강병'을 추진하면서 미국과 그 동맹국들에 과거보다 더욱 큰 안전보장상의 위협으로 인식되고 있다. 따라서 미일 안보를 비롯한 미국의 지역 안보 체제와 이에 따른 자국의 위상과 영향력이 지속되는 구조가 유지되고, 오키나와에서 보이는 것과 같은 미군 기지를 둘러싼 문제도 계

---

6   原貴美惠, 2005, 앞의 책, 제6장 및 종장.

속되게 된다. 다시 말해, 대일 영토 처리에서 파생된 동아시아 영토 문제는 샌프란시스코 체제의 구조적 지속성을 뒷받침해 온 지역갈등의 한 종류라고도 할 수 있다.

1950년대의 '해빙', 1970년대의 '데탕트'에서 보았듯이 대립구조가 남아 있는 상태에서의 긴장 완화는 후에 동서관계 악화를 대신했다. 동아시아에서는 비슷한 현상이 지금까지 여러 차례 나타났다. 경제 상호의존 관계가 심화되어 갈등 관리 조치나 신뢰 양성 대화가 진척되어도, 갈등의 불씨가 남아 있으면 대립이 다시 불붙을 위험성이 항상 따라다닌다. 이러한 불안 요인을 제거하지 않는 한 이 지역이 악순환에서 벗어날 수는 없다.

지역갈등의 해결이나 이웃 나라 간의 화해는 당연히 지역의 평화와 안정에 기여한다. 그러나 그것이 안전보장 균형을 바꾸고 미국의 지역에서의 철수나 영향력 배제로 이어질 가능성이 있는 경우, 반드시 미국의 전략 이해에 부합한다고는 할 수 없다. 최근 '투키디데스의 함정'이나 '신냉전'이라고 불리는 미·중 대립이 전 세계적으로 전개되는 가운데, 이러한 갈등의 존재가 동아시아 지역에서 미국의 존재감을 정당화하고 영향력 지속을 뒷받침하고 있음을 고려하면, 지역 국가들 간에 이용 가능한 균열을 남겨 두는 것은 미국의 이해에 부합한다고도 볼 수 있다. 미국이 영토 문제 해결에도 큰 영향력을 갖고 있을 것으로 보이지만, 당분간 립 서비스 이상은 기대할 수 없을 것으로 보인다. 또 일본, 한국, 대만 등은 방위 문제에 있어 미국에의 의존도가 높으며, 미국과의 안전보장 체제 혹은 방위협력 관계의 유지가 필수 불가결하다. 또한 중국을 포함해 갈등 당사국에서는 (항일·혐한·혐중 같은) 이웃 나라에 대항하는 내셔널리즘이 국내에서 정치적으로 이용되어 온 느낌도 있다.

샌프란시스코 체제의 구조적 구속력은 뿌리가 깊다. 이러한 지역갈등의 해결에는 당사국끼리 기존 방침을 재검토하거나 정치 환경 개선, 나아가 보다 광범위한 국제정치 환경의 변화라는 요인이 플러스로 작용할 것으로 생각되지만, 당장의 전망은 반드시 밝지는 않다. 그러나 그동안 정부 관계자뿐만 아니라 학술, 정책연구, 보도 등에 종사하는 사람들이 국경을 넘어 대화와 협력을 계속해 상호 수용 가능한 갈등 해결 방안을 모색하고 준비하는 것은 기능하다. 참고할 수 있는 갈등 해결의 예는 전 세계에 다수가 존재한다. 필자는 과거의 국제공동연구 프로젝트 가운데, 국제연맹이 한 첫 갈등 해결의 예인 북유럽의 올랜도 중재판정(1921)이나 동서 데탕트 시기의 헬싱키선언(1975) 등에 주목하였고, 이러한 모델을 동아시아 지역갈등에 응용하는 것을 검토한 적이 있는데,[7] 정치 환경이 갖추어지면 이러한 것들이 현재에도 유용하다고 생각한다. 또 필자가 거주하는 캐나다에서는 최근에 제국식민지주의 시대로 거슬러 올라가는 과거의 시정(redress)이나 역사 화해를 위한 움직임이 다시 활발해지고 있어, 영토 문제가 역사 문제와 깊이 관련되어 있는 동아시아 국가들과 사람들의 관계를 생각하는 데 있어서 시사하는 바가 있을 뿐만 아니라 자극이 된다.

필자는 2005년에 출간한 저서[8]에서 "오랜 세월에 걸쳐 겹겹이 엉켜버린 국제관계의 실타래를 쉽게 풀 수 없다. 그러나 해결의 실마리가 있는 한 결코 불가능한 과제는 아니라고 본다"라고 끝을 맺었다. 지금도 같

---

7   Kimie Hara, and Geoffrey Jukes, eds., 2009, "Envisioning Åland-Inspired Solutions for the Northern Territories Problem," *Northern Territories, Asia-Pacific Regional Conflicts and the Åland Experience: Untying the Kurillian Knot*, Routledge. pp. 113~124; Kimie Hara, ed., 2015, "Preparing Ideas for Future: Envisioning a Multilateral Settlement," *San Francisco System and Its Legacies: Continuation, Transformation and Historical Reconciliation in the Asia-Pacific*, Routledge, pp. 264~271.

8   原貴美惠, 2005, 『サンフランシスコ平和条約の盲点 ― アジア太平洋地域の冷戦後「戦後未解決の諸問題」』, 溪水社.

은 생각이다. 관계 분야의 연구나 국경을 넘은 지적 교류는 곳곳에서 계속되고 있고, 머지않아 서로 받아들일 수 있는 해결책이 각국의 정책에 반영되어 결실을 보게 되지 않을까 생각한다. 2021년에는 샌프란시스코강화조약 조인 70주년, 2022년에는 발효 70주년을 맞았다. 이를 계기로 그러한 지적 협력이 더 많이 추진되기를 바란다.

참고문헌

Hara, Kimie, 1997, *Japanese-Soviet/Russian Relations since 1945: A Difficult Peace*, Routledge.

Hara, Kimie, 1999, "Rethinking the 'Cold War' in the Asia-Pacific," *Pacific Review*, Vol. 12 No. 4.

Hara, Kimie, 2001, "50 years from San Francisco: Re-examining the Peace Treaty and Japan's Territorial Problems," *Pacific Affairs*.

Hara, Kimie, 2007, *Cold War Frontiers in the Asia-Pacific: Divided Territories in the San Francisco System*, Routledge.

Hara, Kimie, 2012, "The San Francisco Peace Treaty and Frontier Problems in The Regional Order in East Asia A Sixty Year Perspective," *The Asia- Pacific Journal*, Vol. 10, Issue 17, No. 1.

Hara, Kimie, 2015, *San Francisco System and Its Legacies: Continuation, Transformation and Historical Reconciliation in the Asia-Pacific*, Routledge.

Hara, Kimie, and Jukes, Geoffrey, eds., 2009, "Envisioning Åland-Inspired Solutions for the Northern Territories Problem," *Northern Territories, Asia-Pacific Regional Conflicts and the Åland Experience: Untying the Kurillian Knot*, Routledge.

Hara, Kimie, ed., 2015, "Preparing Ideas for Future: Envisioning a Multilateral Settlement," *San Francisco System and Its Legacies: Continuation, Transformation and Historical Reconciliation in the Asia-Pacific*, Routledge.

原貴美惠, 2005, 『サンフランシスコ平和条約の盲点 — アジア太平洋地域の冷戦後「戦後未解決の諸問題」』, 渓水社.

제6장

샌프란시스코강화조약과 동아시아 영토갈등의 해법

이성환 계명대학교 교수

I. 머리말
II. SCAPIN과 연합국의 일본 영토 처분
III. 샌프란시스코강화조약과 동북아시아 영토의 지위
IV. 샌프란시스코강화조약은 동북아시아 영토 문제의 해법이 될 수 있는가?
V. 동북아시아 영토 문제 해결을 위하여
VI. 맺음말

* 이 글은 2021년 8월 12일 동북아역사재단이 주최한 "샌프란시스코강화조약 70주년 국제학술회의(70 Years after the San Fransisco Peace Treaty: its History and Tasks)"에서의 발표를 가필한 것이다.

I. 머리말

1951년, 제2차 세계대전 및 아시아·태평양전쟁에 관련한 연합국들과 일본 사이에 체결된 샌프란시스코강화조약은 전쟁의 사후 처리라는 측면에서는 매우 불충분한 것이었다. 일본은 샌프란시스코강화조약 제11조에서 "전범재판소의 국제군사재판의 판결을 수용"할 뿐 전쟁책임을 추궁당하지 않았고 미국, 영국, 프랑스 등 주요 국가들은 일본에 대해 배상청구권을 포기했다. 이른바 '관대한 강화(the leniency of the Peace Treaty with Japan)'이다. 이러한 기조 아래 체결된 샌프란시스코강화조약은 쿠릴열도, 센카쿠(중국명 '댜오위다오(釣魚島)'. 편의상 '센카쿠'라 칭하나 일본의 영유권을 인정하는 의미는 아니다) 등을 둘러싼 동북아시아 영토 문제와 역사 문제 등을 미해결 상태로 남겨 놓았고, 이는 아직도 역내 국제질서의 불안정 요인으로 작동하고 있다.

특히 동북아시아의 영토분쟁 관련해서는 다음과 같은 점을 지적할 수 있다. 첫째, 한국을 비롯해 중국, 러시아(구소련) 등 영토분쟁 당사국은 이 조약에 서명하지 않았다. 이들 국가와 일본은 한일기본조약, 일러공동선언, 중일평화조약 등 별도의 양자조약을 통해 국교를 정상화하거나 전쟁 사후 처리를 해야 했으나, 영토 문제는 여전히 해결되지 않은 상태에 있다.

둘째, 일본의 패전과 동시에 한국과 타이완 등 식민지가 독립함으로써 별개의 문제로 다루어져야 할 전쟁 종결과 식민지 독립 문제가 강화조약 체제에 포함되는 형태로 진행되었다는 점이다. 이 과정에서 일본은 샌프란시스코강화조약을 원칙적으로는 전쟁의 사후 처리로 받아들이고 식민지 지배 청산의 문제로는 생각하지 않았다.[1] 따라서 일본군 '위안부', 강제

---

1 하타노 스미오 저, 심정명 역, 2014, 『샌프란시스코 강화조약체제와 역사문제』, 제이

동원 등 식민지 지배 문제가 미해결 상태로 남게 되었다. 그 결과 독도, 센카쿠, 쿠릴열도 문제 등 동북아시아의 영토 문제가 일본의 침략 정책 및 식민지 지배 문제와 결합하면서 더욱 복잡한 양상을 띠게 되었다.

그러면 샌프란시스코강화조약은 왜 불충분하고 불완전한 조약이 되었는가. 그 이유는 냉전을 배경으로 미국이 일본을 공산주의에 대한 방파제로 실정하고, 일본의 부흥과 자립을 주시했기 때문이다. 이러한 측면에서 샌프란시스코강화조약은 전쟁의 사후 처리가 아니라, 일본을 축으로 한 동북아시아에서의 미국의 대공산권 전략을 강화하기 위한 성격을 강하게 띠게 되었으며, 강화조약으로서는 매우 특이한 형태로 남게 되었다. 동북아시아의 영토 문제가 불명확하고 애매한 형태로 처리된 것도 같은 맥락이며, 그로 인해 일본을 둘러싼 영토 문제의 갈등은 현재까지 강화조약의 부(負)의 유산으로 남아 있다.

이 글은 샌프란시스코강화조약이 내포하고 있는 동북아시아 영토 문제의 본질을 평가하고, 이 조약을 기반으로 하여 동북아시아 영토 문제의 해결 방향을 모색하고자 한다. 새로운 자료나 사실의 발견이 아니라 기존의 연구성과와 자료를 기초로 샌프란시스코강화조약과 관련하여 동북아시아의 영토 문제를 재구성, 재해석하는 데 의의를 둔다.

II. SCAPIN과 연합국의 일본 영토 처분

아시아·태평양전쟁의 종결에 즈음하여 미국을 위시한 연합국은 일본의 영토를 어떻게 규정하려 했는가. 1945년 9월 2일 일본은 항복문서에

앤씨, 11쪽.

서 카이로선언과 포츠담선언을 성실히 수행하고, 이를 위해 연합국 최고사령관(SCAP)의 모든 지령 및 명령을 따를 것을 약속한다고 선언하였다.[2] 카이로선언에는 연합국은 영토 확장을 꾀하지 않으며, 한국의 독립과 함께, "만주·타이완 및 펑후제도 등 일본이 중국으로부터 도취(盜取)한 모든 지역을 중화민국에 반환한다"라고 되어 있다. 포츠담선언은 더욱 구체적으로 일본의 주권을 혼슈(本州)와 홋카이도(北海道), 규슈(九州), 시코쿠(四国), 그리고 연합국이 결정하는 작은 섬들(such minor islands as we determine)로 제한한다고 규정하였다.[3] 카이로선언과 포츠담선언은 연합국의 일본 영토 처분의 구상을 밝힌 것이며, 이를 수락한 항복문서는 패전국 일본을 구속하는 것이다.

연합국 최고사령부(GHQ)는 1946년 1월 29일 SCAPIN 677호[4](외곽지역의 일본으로부터 정부, 행정적 분리)를 공포하여 연합국의 일본 영토 구상을 실현하는 조치를 취한다. SCAPIN 677호는 '일본에 대한 정의(the definition of Japan)'를 규정하고 있는데, 이는 일본의 정치, 행정적 관할 범위를 가리키는 것으로, 실질적으로 일본 영토의 범위를 의미한다. SCAPIN 677호 제3항은 일본의 범위를 혼슈, 시코쿠, 규슈, 홋카이도의 4개 섬과 쓰시마, 북위 30도 이북의 류큐(琉球)제도(구치노시마(口之島) 제외)를 포

---

[2] 항복문서 전문은 일본 국립국회도서관 https://www.ndl.go.jp/constitution/etc/j05.html(검색일: 2020.11.9.) 참조.

[3] 원문은 다음과 같다. The terms of the Cairo Declaration shall be carried out and Japanese sovereignty shall be limited to the islands of Honshu, Hokkaido, Kyushu, Shikoku and such minor islands as we determine.

[4] 연합국 최고사령관 각서(Supreme Commander for the Allied Powers Directive)는 연합국 최고사령관(SCAP: Supreme Commander for the Allied Powers)이 일본 정부에 발하는 명령, 지시 및 훈령 등을 가리킨다. 해당 문서에는 SCAP Index Number로 불리는 번호가 'SCAPIN ○○'라는 형태로 붙어 있기에 일반적으로 'SCAPIN ○○호'라 부른다. '연합국 최고사령관 명령' 또는 '연합국 최고사령부 지령', '대일 명령' 등으로도 불린다.

함하는 약 1천 개의 인접 소도서로 한정한다. 그리고 독도, 쿠릴열도, 하보마이군도(탄필레바(水晶)섬, 유리(勇留)섬, 아누치나(秋勇留)섬, 젤레니(志発)섬, 폴론스코고(多楽)섬을 포함한다), 시코탄(色丹島) 등을 일본에서 제외되는 지역으로 열거했다.[5] 독도 및 쿠릴열도(일본에서는 북방 4개 섬이라 함)와 북위 30도 이남의 남서(南西)제도를 일본의 범위에서 제외한 것이다. 센카쿠에 대한 언급은 없으나, 일본의 영토를 북위 30도 이북으로 한정함으로써 센카쿠는 일본의 범위에서 제외된 것이다.[6] 제5항에서는 이러한 일본의 정의는 앞으로의 모든 지령과 명령에 적용된다고 규정하여, 연합국의 점령 기간 중 일본의 범위는 SCAPIN 677호로 제한되었다. 요약하면, 연합국은 SCAPIN 677호를 통해 현재 동북아시아에서 일본과 영유권 문제로 갈등을 빚고 있는 모든 지역을 일본의 영토에서 제외한 것이다.

SCAPIN 677호를 이어받은 SCAPIN 1033호는 제2항에서 일본 어선의 조업 범위를 경위도로 설정하여(이른바 '맥아더 라인') 독도, 센카쿠 및 북방 4개 섬을 경위도 바깥에 두었다. 그리고 독도를 비롯하여 이 경위도 바깥에 있는 도서의 12마일 이내에는 접근을 금지(will not approach closer than twelve miles)하여, 독도의 지위를 더욱 명확히 했다.[7] 동시에 SCAPIN

---

[5] 성삼제, 2020, 『독도와 SCAPIN 677/1』, 우리영토, 40~42쪽. 원본은 https://dl.ndl.go.jp/info:ndljp/pid/9885748(검색일: 2021.7.1).

[6] 和田春樹, 2012, 『158OLをどう解決するかー対立から対話へー』, 平凡社, 200쪽. 그 후 일본의 패전과 함께 오키나와를 점령 통치하고 있던 미국은 1948년 4월 9일 「琉球米軍司令部発琉球政府宛の通達」로 久場島의 黄尾嶼射爆撃場(Kobi Sho Range), 大正島의 赤尾嶼射爆撃場(Sekibi Sho Range), 코비초(礁)(Kobi Sho Range, 久場島), 鳥島, 이리소나島의 3도가 미군제일항공사단사용의 「영구위험구역」으로 지정되었다고 통보하는 등 센카쿠를 관리하에 두는 조치를 취하다. https://www.cas.go.jp/jp/ryodo/kenkyu/senkaku/chapter02_section04_02.html(검색일: 2020.11.9).

[7] 원본은 https://dl.ndl.go.jp/info:ndljp/pid/9886137(검색일: 2021.7.1).

677호 6항과 SCAPIN 1033호 5항에는 이것이 일본 영토를 '최종 결정(ultimate determination)'하는 조치가 아님을 밝히고 있다.

최종 결정이 아니라는 단서가 있기는 하지만 SCAPIN 677호 및 1033호는 전후 연합국이 아무런 전략적, 정치적 고려를 하지 않은 상태에서 전쟁 종결의 일환으로 일본에 대한 정의, 즉 일본의 영토 처분에 대한 구상을 실현한 것이다. 이러한 구상은 일본의 영토를 주요 4개 섬과 소도시로 제안하는 카이로선언과 얄타협정, 포츠담선언을 승계했다고 평가할 수 있다. 덧붙이자면, 독도는 카이로선언에서 표명된 조선의 독립에 따른 것이며, 센카쿠는 "청국으로부터 도취한 모든 지역" 또는 타이완의 독립에 의한 것이다. 이른바 일본의 북방 4개 섬을 포함한 쿠릴열도는 연합국(미·영·소)이 1945년 2월의 얄타협정에서 대일전 참전의 대가로 러시아에 할양하기로 한 것이다. 이로써 일본의 주권은 최종적으로 포츠담선언에서 제시한 "혼슈, 홋카이도, 규슈, 시코쿠와 연합국이 결정하는 작은 섬들"로 제한되었다.

III. 샌프란시스코강화조약과 동북아시아 영토의 지위

1. 강화조약과 동북아시아 영토 문제의 정치화

1951년 9월 8일에 조인되고 그 이듬해 4월 28일에 발효한 샌프란시스코강화조약에는 SCAPIN 677호와는 내용을 달리하는 일본 영토 조항이 기술되어 있다. 즉, 전쟁 종결 후 연합국의 일본 영토 구상인 SCAPIN 677호가 변용된 것이다. 이를 계기로 동북아시아의 영토 문제는 복잡성을 더해 가게 된다. 냉전을 배경으로 한 미국의 대일본 정책 변화와 미국의 대공산권 전략이 반영되어 동북아시아의 영토 문제가 변질되었다는 점은 주지의 사실이다. 이에 대해서는 하라 키미에(原貴美惠) 교수를 비롯해 많은 연구자가 다룬 바 있다.[8] 미국의 대공산권 전략으로 인해 영토 문제가 본질을 잃고 정치화했다는 의미이다.

샌프란시스코강화조약은 제1조 (b)항에서 "일본 국민의 완전한 주권을 인정"하고, 제2조에서 일본이 포기하는 지역을 열거하는 방식으로 일본 영토의 범위를 규정하고 있다. 일본은 제주도, 거문도 및 울릉도, 타이완과 펑후제도(澎湖諸島), 그리고 쿠릴열도에 대한 "모든 권리와 권원 및 청구권을 포기한다"라는 내용이다(제2조 a·b·c항). 여기에는 1) 일본이 포기할 지역의 귀속국이 명시되지 않았으며, 2) 독도와 센카쿠에 대한 언급이 없고, 3) 쿠릴열도의 범위를 명확히 하지 않은 점이 문제로 부각된다.

1)에 대해서는 포기할 지역의 역사적 연원 등에 따라 어느 정도 암묵적 인식이 있기에 현실적으로 별문제가 되지 않는다. 타이완과 펑후제도는 중국에, 쿠릴열도는 소련(현 러시아)에 귀속된다는 점은 의문의 여지 없이 받아들여졌으며, 실제로 이 나라들 사이에서 영유권 분쟁이 전개되고 있다. 독도에 대해서는 제2조 (a)항의 "제주도, 거문도 및 울릉도를 포함한 한국"이라는 표현에서, 영유권 문제가 해결되면 독도는 한국으로 귀속될 것이라는 점을 암시하고 있다고 하겠다.

2)의 문제와 관련해서 센카쿠는 카이로, 얄타, 포츠담선언, SCAPIN 등에서 언급이 없고, 또 샌프란시스코강화조약 작성 과정에서도 직접 다루어지지 않았기 때문에 조약에 언급이 없는 것이 당시에는 자연스럽게 받

---

8 原貴美惠, 2005, 『サンフランシスコ平和条約の盲点』, 溪水谷社.

아들여졌을 것이다. 당시 일본, 미국, 중국 어느 쪽도 센카쿠에 별다른 관심을 표하지 않았기에 조약 작성 과정에서는 문제가 되지 않은 것이다.[9] 이런 측면에서 보면 센카쿠는 샌프란시스코강화조약과의 직접적인 관련성은 약하다. 그러나 SCAPIN에서는 일본 영토에서 제외하고 있었고, 강화조약 작성 과정에서도 많은 논의가 있었던 독도가 조약에 언급되지 않은 것은 여러 가지 해석을 낳을 수 있는 여지를 남겼다. 독도와 센카쿠는 조약에 직접적인 언급이 없다는 점에서는 유사하나, 경위나 구체적인 사정은 전혀 다르다.

3)의 쿠릴열도의 범위에 대해서는, 얄타협정과 SCAPIN에 기반한 지도 등에는 쿠릴열도가 캄차카반도와 홋카이도를 연결하는 모든 섬을 포함하는 것으로 되어 있다. 그러나 샌프란시스코강화조약에서 쿠릴열도에 대한 지역적 범위가 명확히 제시되지 않아 여러 해석의 여지를 남겼다. 이런 점에서 쿠릴열도 문제는 독도 문제와 유사한 측면이 있다.

이처럼 "(큰) 4개 섬과 쓰시마, 북위 30도 이북의 약 1천 개의 인접 소도서로 한정한다"라는 전후 연합국(미국)의 일본 영토 처분 구상, 즉 SCAPIN 677호 제3항은 샌프란시스코강화조약에서 크게 변용되었다. 그 결과 독도, 센카쿠, 쿠릴열도의 조약상 지위도 각기 다르게 규정되었다.

2. 강화조약과 독도의 지위

독도와 쿠릴열도는 왜 SCAPIN과 샌프란시스코강화조약에서 다르게 취급되었을까. 미소 간 냉전을 배경으로 한 미국의 대일 정책 변화로 일본

---

9 和田春樹, 2012, 앞의 책, 207쪽.

의 영토 문제가 순수한 영토적 관점이 배제되고 (국제)정치화하였기 때문이라는 점은 앞서 지적한 대로다. 샌프란시스코강화조약 초안에서 반복해서 한국령으로 인정되었던 독도가 최종적으로 누락되고, 일본령이라는 '함의'를 가진 듯 표현된(한국 측에서는 이를 부정함) 독도 문제는 이를 상징한다.

샌프란시스코강화조약 형성의 초기 단계에서 미국(과 영국)은 SCAPIN 677호의 연장선상에서 독도를 한국령으로 인정하고 있었다. 정병준과 이석우 등의 연구에 따르면, 1947년 1월에서 1949년 11월까지 미국 국무부가 작성한 샌프란시스코강화조약의 각종 초안에는 리앙쿠르암(Liancourt Rocks, 독도)이 한국령으로 표기되어 있다.[10] 그들은 이들 초안에서 리앙쿠르암이 한국령으로 표기된 이유는 미국 국무부가 초안 작성 시 울릉도와 리앙쿠르암(독도)을 일본 영토에서 제외한 미국 해군성 수로국이 간행한 「태평양 북서부 해도(Pacific Ocean, North-western Sheet)」(1942년 3월)를 활용했기 때문일 거라고 추정한다.[11] 독도의 명칭이 국제적으로 알려지지 않은 상태에서 리앙쿠르암으로 표기되었으나,[12] 한국의 독도를 가리키는 것은 분명하다. 어쨌든 초기의 전후 처리 구상에서 미국이 독도를 한국령으로 인정한 것은 분명하다. 여기에서 중요한 것은 SCAPIN 677호와 마찬가지로 어떠한 정치적, 전략적 고려가 없는 상태에서 강화조약 작성의 핵심 당사국인 미국(과 영국)이 SCAPIN 677호의 연장선상에서 리앙쿠르암(독도)을 한국 영토로 인정하고 있었다는 점이다.

---

10 정병준, 2010, 『독도 1947』, 돌베개, 400쪽.
11 정병준, 2010, 앞의 책, 404쪽; 이석우, 2006, 『대일강화조약 자료집』, 동북아역사재단, 22~23쪽.
12 정병준, 2010, 앞의 책, 405쪽.

독도에 대한 이러한 미국의 인식은 미국 국무부의 주일 정치고문 시볼드(William J. Sebald)가 미국 국무부에 보낸 1949년 11월 19일의 의견서를 계기로 정반대로 바뀐다. 그의 의견서 제출 시점이 중국의 공산정권 수립 직후라는 점을 특기할 필요가 있다. 그는 일본의 주장은 오래되고 유효하며, "리앙쿠르암(다케시마)을 우리가 제안한 제3조에서 일본에 속하는 것으로 특정해야 한다. … 안보적으로 고려할 때, 이들 섬에 기상 및 레이더 기지를 설치하는 것은 미국에도 이익이 결부된 문제"라고 역설했다.[13] 그의 주장은 1947년 6월 일본 외무성이 제작하여 미국에 제공한 『일본의 부속도서 제Ⅳ부: 태평양 소도서, 일본해 소도서』라는 소책자(팸플릿)의 내용을 그대로 원용한 것으로,[14] 그의 의견서는 일본 정부의 주장을 대변해서 전달한 전문(傳文)이라 하겠다. 레이더 기지 운운은 일본과 미국의 이해를 일치시켜 독도 문제를 일본에 유리하게 해결하려는 수사이며, 러일전쟁 당시 러시아 함대를 관측하기 위해 독도에 망루를 설치한 일본의 발상과 같은 것이다.

시볼드의 의견서를 계기로 한국령이었던 독도가 일본령으로 바뀌고, 최종적으로 독도는 조약에서 사라졌다.[15] 즉 "일본은 한국의 독립을 인정하고, 제주도, 거문도 및 울릉도를 포함한 한국에 대한 모든 권리와 권원 및 청구권을 포기한다(Japan recognizing the independence of Korea, renounces all right, title and claim to Korea, including the islands of Quelpart, Port Hamilton and Dagelet)"라는 제2조 (a)항이 성립한 것이다.

이 과정에서 한국은 양유찬 주미대사를 통해 일본의 한국병합 이전

---

13 정병준, 2010, 앞의 책, 469쪽.
14 정병준, 2010, 앞의 책, 779쪽.
15 塚本孝, 1994, 「平和条約と「竹島」(再論)」, 『レファレンス』 44, 国立国会図書館, 43쪽.

에 한국령이었던 독도를 한국령에 포함해 줄 것을 요청하였다.[16] 이에 대해 미국 국무부는 강화조약 체결 직전 딘 러스크(David Dean Rusk) 차관보가 양유찬 대사에게 보낸 서한(통칭 '러스크 서한'이라 함)을 통해 "1905년부터 독도는 일본 관할하에 있었다"며 한국의 요청을 거부한다. 이는 1905년에 독도를 편입했다는 일본의 주장에 따른 것이다. 그러나 미국은 독도를 한국령으로 인정했던 종래의 인식이 왜 바뀌었는지는 설명하지 않았다.[17] 이에 대해 하라 키미에 교수는 한반도가 공산화될 가능성을 배제할 수 없는 상황에서 미국은 "독도가 한국 영토가 아닌 것이 바람직하다고 생각했을 것"이라고 분석하고 있다.[18] 그리고 그는 조약에서 독도가 삭제된 이유를 쿠릴열도 문제와 같은 관점에서, 일본이 서방 진영에서 이탈하는 것을 방지하기 위해 고의로 영토분쟁 발생의 원인을 남겼다고 지적했다.[19] 즉, 공산화된 한반도와 일본 사이에 영유권 분쟁을 조장하여 일본과 공산화된 한반도의 접근을 막으려 했다는 것이다.

이상의 과정을 살펴보면, 강화조약 형성의 초기 단계에서 미국은 SCAPIN 677호와 동일하게 독도를 한국령으로 인정했으나, 시볼드의 의견서를 매개로 독도를 일본령으로 인정하는 듯한 러스크 서한을 한국에 전달한 것을 알 수 있다. 한국 측에서는 강화조약 초기 초안이 SCAPIN 677호를 승계했고, 최종적으로 독도가 조문에서 사라졌으므로(일본의 영토로 명기하지 않았으므로) 샌프란시스코강화조약과 SCAPIN 677호는 내용상 모순되거나 충돌하지 않는다고 이해한다. 이 점을 중시하여 한국 정

---

16 정병준, 2010, 앞의 책, 748쪽.
17 러스크 서한의 원문은 일본 외무성 홈페이지 및 http://blog.daum.net/hangun333/3143(검색일: 2021.6.11) 참조.
18 原貴美惠, 2005, 앞의 책, 50쪽.
19 原貴美惠, 2005, 앞의 책, 64쪽.

부 및 학계에서는 샌프란시스코강화조약에서 SCAPIN이 확인되었다고 보는 견해가 있다.[20]

또 샌프란시스코강화조약 제2조 (a)항에서 독도가 명기되지 않은 것은 독도의 귀속을 미해결 상태로 남겨 둔 것으로 볼 여지가 있다. 독도를 명기하지 않은 것은 독도를 일본령으로 한다는 미국의 적극적인 의사 표시가 아니라, 양의적(兩義的) 해석이 가능하도록 모호성을 남겨 장래 그 해결을 양국의 교섭에 미루었다는 견해이다.[21] 러스크 서한을 한국 정부에만 전달하고, 일본 정부에는 알리지 않은 것은 이러한 미국의 의도가 내포된 것으로 봐야 한다.

3. 강화조약과 쿠릴열도의 지위

주지하는 바와 같이, 연합국은 1943년 11월에 있었던 카이로선언의 영토 불확대 방침에도 불구하고 소련의 대일전 참전을 유인하기 위해 1945년 2월의 얄타협정에서 쿠릴열도를 소련에 할양하기로 했다. 얄타협정에서 쿠릴열도의 범위가 명시되지는 않았으나, 루스벨트 미국 대통령은 소련이 홋카이도와 캄차카반도를 연결하는 모든 섬에 대한 권리를 가지는 데 의문을 제기하지 않았다.[22] 그 연장선상에서 SCAPIN 677호는 홋카이도와 캄차카반도를 연결하는 모든 섬을 일본에서 제외했으며,

---

20 정재정, 2019, 『주제와 쟁점으로 읽는 20세기 한일관계사』, 역사비평사, 310쪽.

21 広瀬善男, 2007, 「国際法からみた日韓併合と竹島の領有権」, 『明治学院大学法学研究』 (81), 明治学院大学法学会, 299쪽.

22 Serhii M. Plokhy, 2010, *Yalta: the price of peace*, New York: Viking(허승철 역, 『얄타 8일간의 외교전쟁』, 역사비평사, 525쪽); 原貴美惠, 2005, 앞의 책, 117~118쪽.

1947년 3월 미국의 샌프란시스코강화조약 초안에서도 전 쿠릴열도의 소련 할양이 명기되었다.[23]

그 후 소련과의 갈등이 시작되면서 미국의 태도가 변화한다. 1947년 8월 초안에는 쿠릴열도의 범위에서 남쿠릴열도(이른바 북방 4개 섬)가 제외되었으며,[24] 1949년 11월의 초안에서는 홋카이도에 인접한 하보마이(齒舞), 시코탄(色丹) 2개 섬을 제외하는 것으로 바뀌었다. 그 후 약간의 변화가 있었으나, 대체로 구나시리(쿠나시르)와 에토로후(이투루프)는 할양의 대상으로, 하보마이와 시코탄섬은 일본 영토로 인정하는 경향을 보였다.[25] 최종적으로는 소련이 쿠릴열도를 점령하고 있는 현실, 오키나와를 일본에서 분리하려는 미국의 의도 등이 고려되어 조약 제3조, 즉 "일본은 쿠릴열도에 대한 모든 권리와 권원 및 청구권을 포기"하는 것으로 귀착되었다. 여기에는 독도와 마찬가지로, 쿠릴열도에 대한 정의는 "후의 조정 또는 국제재판소의 결정에 맡긴다"라는 미국의 의향이 반영되었다.[26]

일본은 쿠릴열도를 어떻게 인식했을까. 1945년 2월 얄타회담에서 소련의 대일전 참전이 기정사실화되자 일본은 소련의 참전을 저지할 방책으로 「대소(련)시책의견서」를 작성한다. 의견서는 만주, 랴오둥반도, 남사할린, 타이완, 오키나와, 북쿠릴열도 및 조선을 포기하여 일본의 영토를 청일전쟁 이전의 상태로 되돌리자는 것이었다.[27] 러일전쟁 이전으로 소

---

23 原貴美惠, 2005, 앞의 책, 128쪽.
24 原貴美惠, 2005, 앞의 책, 129~130쪽.
25 原貴美惠, 2005, 앞의 책, 139~140쪽.
26 原貴美惠, 2005, 앞의 책, 142쪽.
27 和田春樹, 2012, 앞의 책, 43쪽.

련의 이권을 회복시킴으로써 대일전 참전을 막으려는 구상이다. 여기에서 중요한 것은 식민지는 물론, 오키나와를 포기하면서도 남쿠릴열도(북방 4개 섬)를 일본의 영토로 남겨 둔 것이다. 같은 맥락에서 1945년 7월 10일 일본은 연합국과의 전쟁 종결 협상을 알선해 줄 것을 요청하기 위해 고노에 후미마로 전 수상을 소련에 특사로 파견하기로 한다. 이때 고노에가 작성하여 천황의 재가를 거친 협상 조건 가운데 영토 부분은 "불가피할 경우 고유영토로 만족하며 오키나와, 오가사와라, 사할린을 포기하고 지시마(千島, 쿠릴열도)는 남반부(북방 4개 섬)를 보유하는 것으로 한다"라고 되어 있다.[28] (소련의 거부로 특사 파견은 무산되었다.)

일본이 패전의 위기에서도 북방 4개 섬을 포기하지 않은 데에는 다음과 같은 인식이 작용했을 것이다. 오키나와와 오가사와라는 청일전쟁 이전 일본에 편입된 지역이나, 그 이전에 오키나와(琉球, 류큐) 왕국은 중국과 양속(兩屬)관계에 있었으며, 오가사와라는 1827년 영국 해군이 영유권 선언을 한 적이 있다.[29] 또 사할린은 러일전쟁에서 할양받은 영토다. 이러한 연유로 이 섬들은 원래부터 일본의 영토라고는 할 수 없는 지역들이다.[30] 반면에 북방 4개 섬(남쿠릴열도)은 1855년 러일화친조약 이래 줄곧 일본 영토로 존재해 왔으며, 다른 나라와는 관련이 없는 이른바 '고유영토'였기 때문에 연합국의 처분 대상이 아니라고 판단했을 것이다.[31]

그런데 강화조약 준비를 위해 1946년 11월 외무성이 작성한 「지시마

---

28 和田春樹, 2012, 앞의 책, 24~25쪽.
29 田中弘之, 1997, 『幕末の小笠原』, 中央公論社, 24~30쪽, 57~59쪽.
30 청일전쟁 중에 편입한 센카쿠의 경우는 일본이 오키나와의 부속 섬으로 인식하고 있었기 때문에, 오키나와와 함께 포기하는 것으로 볼 수 있다.
31 일본 외무성 홈페이지 북방영토, https://www.mofa.go.jp/mofaj/area/hoppo/hoppo_keii.html (검색일: 2021.6.22).

(쿠릴), 하보마이, 시코탄(千島, 齒舞, 色丹)」이라는 보고서에서는 제목에서 보이듯이, 쿠릴열도와 하보마이, 시코탄을 별개로 취급하여 하보마이, 시코탄을 쿠릴열도에서 제외하고 있다.[32] 이는 쿠릴열도에 포함되는 구나시리와 에토로후를 소련에 할양하고 하보마이와 시코탄을 확보한다는 뜻이다. 패전 직전까지 고집하던 북방 4개 섬에 대한 고유영토론이 바뀐 것이다. 이러한 기조는 1956년 일소공동선언에 즈음하여 일본이 북방 4개 섬 반환론을 제기하기 전까지 유지된다.

북방 4개 섬을 일본 영토로 유지한다는 패전 직전까지의 인식이 변화한 이유는 무엇일까. 그해 1월에 공개된 얄타협정과 포츠담회의에 영향을 받았을 것이다. 1945년 8월 2일 미국의 트루먼, 영국의 애틀리, 소련의 스탈린은 포츠담회담에서 "폴란드의 서부 국경을 오데르-나이세선으로 하고, 이곳 거주 독일인은 이주한다. 그리고 쾨니히스베르크(현 칼리닌그라드)를 소련에 할양한다"고 결정했다. 이처럼 제1, 2차 세계대전에서 주요 전승국은 패전국에 대해 영토 처분권을 가지고 있었는데, 쿠릴열도의 할양을 약속한 얄타협정도 그 일환이라 할 수 있다. 일본이 에토로후와 구나시리를 포기한 것도 같은 맥락에서 이해할 수 있다. 청일전쟁, 러일전쟁, 제1차 세계대전, 만주사변 등 전쟁을 통해 영토를 확장해 온 일본은 전쟁 패배가 영토할양을 수반한다는 것을 어느 나라보다도 잘 알고 있었기 때문에 에토로후와 구나시리 2개 섬의 할양은 불가피하다고 여겼을 것이다. 샌프란시스코강화회의에 참석하기 직전인 1951년 8월 17일의 중의원 본회의에서 요시다 시게루 수상은 "영토 포기에 대해서는 이미 항복 조약에 명기되어 있다. 일본의 영토는 네 개의 큰 섬과 이에 부속하는 작은 섬들로 한정되어 있다. 즉, 그 외의 영토에 대해서는 (일본이) 포기한

---

32 原貴美惠, 2005, 앞의 책, 122~124쪽.

것이며 이것은 엄중한 사실이다"라며,[33] 패전으로 인한 영토 상실을 기정사실로 받아들이고 있었다.

이상과 같은 쿠릴열도에 대한 미국과 일본의 인식 변화는 샌프란시스코강화회의에서도 확인된다. 미국 대표 덜레스는 9월 4일의 연설에서 "제2조 (c)항의 쿠릴열도라는 지리적 명칭에 … 하보마이를 포함하지 않는다는 것이 미국의 견해다"라고 밝혔다.[34] 9월 7일 요시다 시게루 수상은 연설에서 "쿠릴열도 남부의 두 섬 에토로후와 구나시리", "홋카이도의 일부를 구성하는 시코탄 및 하보마이제도"라는 표현을 사용하여 에토로후와 구나시리는 포기 대상인 쿠릴열도이며, 시코탄과 하보마이는 홋카이도의 일부라는 인식을 표했다.[35] 앞서 언급한 1946년 11월의 외무성 구상과 같은 것이다. 요약하면 미국은 하보마이를, 일본은 거기에 더해 시코단을 쿠릴열도에서 제외하고, 소련 점령하에 있는 이 섬들이 일본에 반환되어야 한다는 인식을 가지고 있던 것이다. 즉, 2도 반환론이다. 이러한 인식은 그 후 일본 국회에서도 확인된다.

1951년 10월 19일 중의원의 '평화조약 및 미일안전보장조약 특별위원회'에서 니시무라 쿠마오(西村熊雄) 외무성 조약국장은 강화조약상 쿠릴열도의 범위에 관한 질의에 "(요시다 시게루) 수상이 샌프란시스코회의 연설에서 밝힌 바와 같이, 이 조약에서 말하는 쿠릴열도는 북쿠릴과 남쿠

---

33 「衆議院 本会議 - 2号(昭和26年08月17日)」, http://www.ne.jp/asahi/cccp/camera/HoppouRyoudo/HoppouShiryou/19510817.htm(검색일: 2021.7.1).

34 日本外務省, 1992, 「サンフランシスコ講和会議におけるダレス米国代表発言(1951年)」, 『日露間領土問題の歴史に関する共同作成資料集』, 33쪽. https://www.mofa.go.jp/mofaj/area/hoppo/1992.pdf(검색일: 2020.7.21).

35 日本外務省, 1992, 「サンフランシスコ講和会議における吉田日本代表発言(1951年)」, 앞의 자료집, 36쪽.

릴을 포함하는 의미로 해석하고 있습니다. … 또 하보마이와 시코탄섬이 쿠릴열도에 포함되지 않는다는 것은 미국 외무당국도 분명히 하고 있습니다"라고 답변했다.[36] 구나시리와 에토로후는 할양 대상인 쿠릴열도에 포함되고, 하보마이와 시코탄의 두 개 섬은 일본에 반환되어야 한다는 것이다. 일주일 후인 10월 26일 일본 국회(중의원)는 샌프란시스코강화조약을 승인하였다.

그리고 1952년 7월 31일 중의원 본회의에서는 "샌프란시스코강화조약의 발효에 따라 앞으로 영토 문제의 공정한 해결을 위해 … 오키나와, 아마미오시마(奄美大島)와 오가사와라제도에 대한 미군의 행정에 일본 정부가 적극적으로 참가하고, 하보마이와 시코탄섬에 대해서는 당연히 일본의 주권에 속하는 것이므로 빨리 인도받도록 할 것"을 요망한다는 「영토에 관한 결의」를 채택하였다.[37] 이 결의문은 일본이 하보마이와 시코탄을 반환받고, 에토로후와 구나시리에 대해서는 영유권을 포기한다는 '2도 반환론'을 공식 천명한 것이다.

이에 대해 소련 대표 안드레이 그로미코(Andrei Andreevich Gromyko)는 9월 5일 샌프란시스코 연설에서 샌프란시스코강화조약은 "소련의 주권하에 있는 쿠릴열도는 물론, 남사할린 및 그에 근접하는 섬들에 관한 소련의 주권"을 인정해야 하는 일본의 의무에 대해 언급하지 않고 있다고

---

36 和田春樹, 2012, 앞의 책, 87쪽.
37 「영토에 관한 결의」(1952년 7월 31일 중의원 본회의 가결). https://www.hoppou.go.jp/assets/docs/know/resolution/resolution_03.pdf#search=%27%E9%A0%98%E5%9C%9F%E3%81%AB%E9%96%A2%E3%81%99%E3%82%8B%E6%B1%BA%E8%AD%B0%E9%A0%98%E5%9C%9F%E3%81%AB%E9%96%A2%E3%81%99%E3%82%8B%E6%B1%BA%E8%AD%B0%27(검색일: 2021.6.30). 지금까지 일본 국회에서는 북방영토에 관한 결의문이 16번 채택되었으며, 1962년부터는 「북방영토 반환에 관한 결의」로 바뀌었다.

주장했다.[38] "소련의 주권하에 있는 쿠릴열도"라는 표현을 사용해 자신들이 점령하고 있는 하보마이와 시코탄도 쿠릴열도이며, 이 섬들의 할양은 일본의 의무라면서, 쿠릴열도 전체에 대한 영유권을 강조한 것이다.

4. 강화조약과 센카쿠의 지위

샌프란시스코강화조약에는 센카쿠열도에 대한 명시적 기술이 없다. 앞서 언급한 바와 같이, 제2차 세계대전 이전이나 이후에도 연합국 사이에서 센카쿠에 대해 구체적으로 논의한 흔적도 보이지 않는다. 그러나 1970년 전후 오키나와 반환과 국제연합 아시아극동경제위원회(ECAFE)의 「연안 광물자원 조사 보고서」를 통해 센카쿠 해저의 석유 매장 가능성이 알려지면서 중일 간에 영유권 문제가 표면화하기 시작한다. 그러면 그 이전에는 센카쿠를 어떻게 취급하였을까. 샌프란시스코강화조약 당시 센카쿠를 어떻게 취급하였는지 간접적으로나마 추정해 볼 필요가 있다.

센카쿠 문제에 대해서는 1) 강화조약 제2조의 타이완 취급 문제와의 관련성, 2) 강화조약 제3조의 오키나와에 대한 신탁통치와의 관련성이라는 두 가지 측면에서 생각해 볼 수 있다. 중국은 주로 1)의 관점에서, 일본은 2)의 관점에서 보려는 경향이 강하다. 1)의 관점은 중국의 영토를 청일전쟁 이전의 상태로 회복할 것을 명시한 카이로선언에 따라 청일전쟁 중에 일본이 편입한 센카쿠는 타이완 포기와 함께 중국(타이완)으로 귀속되어야 한다는 생각이다. 이와 관련하여 장제스(蔣介石) 정부는 전후 처리

---

38 日本外務省, 1992, 「サンフランシスコ講和会議におけるグロムイコ ソ連代表発言(1951年)」, 앞의 자료집, 34쪽.

의 일환으로, 류큐(琉球)제도의 중국 귀속이나 국제관리 등을 제안한 적이 있는데, 센카쿠를 염두에 두었는지는 알 수 없으나 센카쿠를 포함한 것이었다고 봐야 한다. 그러나 1945년 타이완 독립 시에 중국 및 타이완 정부는 센카쿠에 대해 입장을 표명하지 않았으며, 강화조약 제3조에 대해서도 별다른 문제를 제기하지 않았다. 이러한 상황에서 1945년 11월 26일에 공포된 「미국해군군정부포고제1-A호」[39]에 따라 남서제도 및 그 근해가 미군정 아래 들어가게 된다. 이러한 점들을 고려하면, 샌프란시스코강화조약 형성 과정에서 센카쿠는 2)의 관점, 즉 오키나와(류큐제도)와 함께 취급되었을 가능성이 크다.

 이석우의 조사에 따르면, 센카쿠와 관련하여 1947년 3월 19일 미국의 샌프란시스코강화조약 초안 이래 일본은 류큐제도(오키나와)를 포함해 북위 29도 이남 지역에 대한 모든 권한 및 권원을 포기하고, 미국이 권한을 가지는 유엔의 신탁통치하에 편입되는 것으로 되어 있다.[40] 샌프란시스코강화조약 제3조가 여기에 해당한다. 여기에 센카쿠라는 지명이 명시되지는 않았으나, (위도) 29도 이남의 남서제도(南西諸島, Nanxei Shoto south of 29deg)에 대한 일본의 권한 및 권원의 포기 속에는 위도 25도에 위치하는 센카쿠도 포함되어 있다고 봐야 한다(류큐제도나 29도 이남에 대한 경계가 명확히 정의되지 않았기 때문에 센카쿠의 지위를 분명히 규정하기 어려운 측면은 있다). 이는 30도 이남의 지역을 일본의 정의(definition)에서 제외한 SCAPIN 677호와 거의 같은 것이나, 미국이 센카쿠를 의식하였는

---

39 米国海軍軍政府布告第1号. https://ja.wikisource.org/wiki/%E7%B1%B3%E5%9B%BD%E6%B5%B7%E8%BB%8D%E8%BB%8D%E6%94%BF%E5%BA%9C%E5%B8%83%E5%91%8A%E7%AC%AC1%E5%8F%B7(검색일: 2021.6.25).

40 이석우, 2003, 『일본의 영토분쟁과 샌프란시스코 평화조약』, 인하대학교 출판부, 84~85쪽, 235~236쪽.

지는 알 수 없다.

그 후 중화인민공화국 수립 이후인 1950년 1월 3일 초안부터 "일본의 권한 및 권원"의 포기라는 표현은 사라지고 "북위 29도 이남의 남서제도(류큐제도(오키나와) 및 다이또(大東)제도 포함)는 미국이 유일한 행정 권한을 가진 유엔의 신탁통치 제도에 편입된다"라는 내용으로 바뀐다.[41] 즉, 센카쿠는 오키나와와 함께 일본에서 분리되어 미국의 관할하에 들어간 것이다. 일본의 권한 및 권원의 포기라는 표현이 사라졌기 때문에, 여기에서 미국의 관할이 일본 주권의 포기를 의미하는지에 대해서는 논란이 있으나, 일본은 잠재적 주권 또는 잔존주권(residual sovereignty)이 인정되었다고 간주한다.[42] 초기 초안에서 일본의 권한과 권원이 포기되었던 센카쿠가 중국의 공산화를 계기로 미국 통치하의 일본 영토로 남게 되었다는 의미이다.

샌프란시스코강화조약 발효와 함께 오키나와를 비롯해 북위 29도 이남의 남서제도는 미국의 통치하에 놓이게 된다. 그 후 류큐(오키나와)의 미국국민정부(United States Civil Administration of the Ryukyu Islands, USCAR)의 각종 포고 등에 따르면 센카쿠는 남서제도의 일부, 즉 류큐제도의 일부로 취급되고 있다.[43] 1972년 5월 미국의 오키나와 반환으로 센카쿠는 일본의 관할하에 들어갔고, 현재에 이르고 있다.

---

41 이석우, 2003, 앞의 책, 85쪽.
42 矢吹晋, 2013, 『尖閣衝突は沖縄変換に始まる』, 花伝社, 73~74쪽.
43 「琉球政府章典(Provisions of Government of the Ryukyu Islands)米国民政府布令第68号」(1952년 2월 29일 공포, 4월 1일 시행) 제1조는 류큐 정부의 정치 및 지리적 관할 구역을 경도와 위도로 표시했는데, 센카쿠는 그 범위 내에 포함되어 있다. https://www.spf.org/islandstudies/jp/wp/infolib/docs/01_history030_doc01.pdf; https://www.spf.org/islandstudies/jp/wp/infolib/docs/01_history030_add01.pdf(검색일: 2021.6.25).

IV. 샌프란시스코강화조약은 동북아시아 영토 문제의 해법이 될 수 있는가?

샌프란시스코강화조약이 동북아시아 영토갈등의 원인을 제공하고, 미해결 상태로 남겨 놓았다는 점에 대해서는 앞서 기술한 대로다. 그렇다면 전후 동북아시아의 국제질서를 규정하고 있는 샌프란시스코강화조약 체제 속에서 동북아시아 영토갈등의 해법을 찾을 수 있을 것인가.

여기에는 다음과 같은 점을 고려할 필요가 있다. 하나는 일본과의 영토 문제를 안고 있는 한국, 중국, 러시아가 샌프란시스코강화조약의 체결 당사국이 아님에도, 강화조약을 영토 문제의 해결 수단으로 받아들일 것인가 하는 문제이다. 즉, 관련국들이 샌프란시스코강화조약의 대세적 효력(erga omnes effect)을 인정할 것인가이다. 나아가서는 일본의 포기 의무만을 규정하고 있는 샌프란시스코강화조약 제2조에 대해 이해관계국으로 상정되는 한국, 중국 및 러시아의 권리 의무를 도출할 수 있을 것인가 하는 문제도 있다. 또 하나는 샌프란시스코강화조약을 영토 문제의 해결 수단으로 받아들인다고 해도 모호한 상태로 남아 있는 조약의 해석에 대해 관련국이 합의에 도달할 수 있을 것인가이다. 강화조약에 언급되지 않은 독도와 센카쿠 문제를 어떻게 해석하여 합의에 도달할 것인지, 쿠릴열도의 범위에 대해 러시아와 일본이 동의하는 결론을 도출할 수 있을 것인지 등이다.

먼저 동북아시아 영토 문제의 당사국으로서 샌프란시스코강화조약의 유일한 서명국인 일본의 경우를 살펴보자. 일본은 샌프란시스코강화조약에 센카쿠에 대한 언급은 없으나, 조약에서 북위 29도 이남의 섬들이 미국의 신탁통치하에 들어감으로써 미국으로부터 센카쿠에 대한 잔존주권을 인정받았다고 주장한다.⁴⁴ 1972년 미국으로부터 오키나와와 함께 센카쿠를 반환받아 주권을 회복한 것이 이를 입증한다는 것이다. 독도에 대해서는 샌프란시스코강화조약에서 한국의 영유권은 부정되었고, 독도가 일본의 영토임이 확인되었다고 주장한다. 일본 외무성 홈페이지에 샌프란시스코강화조약과 함께 러스크 서한을 제시하고 있는 것에서 이를 알 수 있다.⁴⁵ 샌프란시스코강화조약을 근거로 독도에 대한 영유권을 주장하고 있는 것이나. 쿠릴열도에 대해서는 "샌프란시스코강화조약에서 러일전쟁의 전리품인 사할린의 일부와 쿠릴열도에 대한 모든 권리, 권원 및 청구권을 포기했으나, 원래부터 북방 4개 섬은 쿠릴열도에 포함되지 않는다. 또 소련은 샌프란시스코강화조약에 서명하지 않았기 때문에 샌프란시스코강화조약상의 권리를 주장할 수 없다"고 주장한다.⁴⁶ 즉, 일본은 샌프란시스코강화조약을 기초로 한 러시아의 주장을 부정함으로써 샌프란시스코강화조약의 적용을 배제하고 있다.⁴⁷

한국은 샌프란시스코강화조약과 독도 문제의 관련성을 어떻게 다루

---

44 矢吹晋, 2013, 앞의 책, 85~88쪽.

45 일본 외무성 홈페이지「竹島問題の概要」https://www.mofa.go.jp/mofaj/area/takeshima/gaiyo.html 및 팸플릿「竹島―竹島問題を理解するための 10 のポイント」https://www.mofa.go.jp/mofaj/area/takeshima/pdfs/takeshima_point.pdf(검색일: 2012.6.8).

46 일본 외무성 홈페이지「北方領土問題の経緯(領土問題の発生まで)」https://www.mofa.go.jp/mofaj/area/hoppo/hoppo_keii.html(검색일: 2021.6.15).

47 일본은 외무성 홈페이지에서 쿠릴열도 문제에 대한 기본적인 입장을 다음과 같이 밝히고 있다. In order to solve this issue and to conclude a peace treaty as soon as possible, Japan has energetically continued negotiations with Russia on the basis of the agreements and documents created by the two sides so far, such as the Japan-Soviet Joint Declaration of 1956, the Tokyo Declaration of 1993, the Irkutsk Statement of 2001 and the Japan-Russia Action Plan of 2003. https://www.mofa.go.jp/region/europe/russia/territory/overview.html(검색일: 2021.6.10).

고 있는가. 이에 대해서는 두 가지 견해가 있다. 먼저 한국은 샌프란시스코강화조약의 비서명국이고, 강화조약이 동북아시아의 일반적 이익과 관련하여 객관적 체제(objective regime)를 형성하고 있다고 볼 수 없으며, 특정 국가에 해당하는 영토 조항은 객관적 체제에 해당하지 않는다는 주장이 있다.[48] 강화조약의 대세적 효력(erga omnes effect)을 인정하지 않기 때문에 독도 문제와 샌프란시스코강화조약은 관련성이 없다는 것이다.

이와 반대로 평화조약은 일반적으로 국제 레짐을 형성하기 때문에 샌프란시스코강화조약도 제3국에 대해 의무와 권리를 창설하는 대세적 효력이 있으며[49] 독도 문제도 샌프란시스코강화조약의 영향을 받는다는 견해가 있다.[50] 특히 "한국은 제2조의 이익을 가질 권리를 취득한다"는 강화조약 제21조의 규정에 따라 한국은 제2조의 이익을 받을 권리가 있다는 것이다.[51] 여기에서 '이익'이란 반드시 독도가 한국 영토가 되어야 한다는 것을 의미하지는 않으나, 제2조를 영토 문제의 해결 수단으로 원용할 수 있다는 의미다. 같은 맥락에서 한국 정부는 1959년 1월 7일 일본에 보낸 각서에서 "우리의 견해는 일본이 한국의 독립을 승인하고, 또 원래의 한국 영토 일체를 대한민국에 반환할 것을 연합국에 엄숙히 약속하였으

---

48 이석우, 2002, 「독도분쟁과 샌프란시스코강화조약평화조약의 해석에 관한 소고」, 『서울국제법연구』 9(1), 서울국제법연구원, 127~129쪽; 이석우, 2003, 앞의 책, 74~76쪽; 박현진, 2008, 「대일강화조약과 독도영유권」, 『국제법평론』 제2호, 국제법평론회, 135~137쪽.

49 정민정, 2013, 「독도문제의 국제사법재판소 회부를 둘러싼 쟁점 및 대응방안」, 『국제법학회논총』 58(1), 대한국제법학회, 123쪽.

50 1965년의 한일기본조약은 "샌프란시스코강화조약의 관계 규정을 상기한다(Recalling the relevant provisions of the Treaty of Peace with Japan)"라고 규정하고 있는데 이는 샌프란시스코강화조약의 대세적 효력을 인정하고 있는 것으로 볼 수 있다.

51 박관숙, 1968, 「독도의 법적지위에 관한 연구」, 연세대학교 박사논문, 23~24쪽.

며, 동시에 대한민국은 권리로서 제2조의 이익을 주장할 수 있다"라고 밝히고 있다.[52] 한국 정부의 이러한 태도는 "SCAPIN 677호가 독도를 일본에서 분리했으며, 샌프란시스코강화조약이 SCAPIN과 모순되는 조항을 규정하지 않았으므로 샌프란시스코강화조약이 SCAPIN의 조치를 확인한 것"이라는 전제에서 나온 것이다.[53]

이처럼 한국 학계에서는 샌프란시스코강화조약의 영토 처분적 규범성의 실효성에 대해 의견이 갈린다. 여기에는 비서명국의 입장에서 제2조의 적용에 따른 한국의 유불리가 작용하고 있다고 볼 수 있을 것이다. 강화조약 제2조에 일본이 포기해야 할 지역으로 독도가 열거되어 있지 않고, 러스크 서한과 같이 제2조가 일본에 유리하게 해석될 여지가 있는 점 등이 의식되면서 강화조약과 독도의 관련성을 부정하는 시각이 있다고 봐야 할 것이다.

중국은 샌프란시스코강화조약과 쿠릴열도 문제를 어떻게 보고 있는가. 중국은 1951년 8월 15일 저우언라이(周恩來) 외상의 「대일 강화 문제에 관한 성명」에서 샌프란시스코강화조약의 효력을 부정하였고,[54] 같은 맥락에서 센카쿠 문제와 샌프란시스코강화조약을 별개로 인식하고 있다.[55]

---

52 외무부, 1977, 『독도관계자료집 (1) 왕복외교문서(1952~1976)』, 외무부, 196쪽.

53 Korean Government's Refutation of the Japanese Government's Views concerning Dokdo(Takeshima) dated July 13, 1953(September 9, 1953).

54 矢吹晋, 2013, 앞의 책, 219~222쪽.

55 중화인민공화국 외교부 홈페이지 "The issue of Diaoyu Dao"의 Full Text: "Diaoyu Dao, an Inherent Teritory of China"는 On August 15, 1951, before the San Francisco Conference, the Chinese government made a statement: "If the People's Republic of China is excluded from the preparation, formulation and signing of the peace treaty with Japan, it will, no mater what its content and outcome are, be regarded as illegal and therefore invalid by the central people's government"라고 밝히고 있다. https://www.fmprc.gov.cn/eng/topics/diaodao/t97374.shtml(검색일: 2021.7.1); 정재민, 2013, 「대

중국 외교부 홈페이지에서 이를 확인할 수 있다.[56] 샌프란시스코강화조약 체결 당시 센카쿠는 논의 대상이 아니었으며, 문제를 제기하지 않은 중국으로서는 당연하다고 하겠다.[57] 그리고 1971년 6월 중국 정부가 성명을 통해 강화조약 제3조에 따라 미국 통치하에 있던 센카쿠를 일본에 반환하는 것을 영토주권의 침범이라고 비판한 것도 같은 맥락이다.[58]

그러나 중국은 샌프란시스코강화조약과 센카쿠 문제의 관련성을 인정하는 측면도 있다. 특히 타이완은 당시 미국과의 관계를 고려하여 샌프란시스코강화조약을 명시적으로 반대하지 않았다.[59] 중국은 기본적으로 센카쿠는 1895년 4월의 시모노세키조약에서 타이완과 함께 일본에 할양된 것으로 보고 있다. 그렇기에 샌프란시스코강화조약 제2조 (b)항이 타이완과 펑후제도의 독립을 규정하고 있는 이상, 타이완의 부속 섬인 센카쿠도 중국으로 반환되어야 한다는 입장을 취하고 있다. 이와 같은 중국의 태도는 강화조약 제3조를 인정한다는 전제에서 나온 것이라고 할 수

일강화조약 제2조가 한국에 미치는 효력」, 『국제법학회논총』 58(2), 대한국제법학회, 56쪽.

56 https://www.fmprc.gov.cn/mfa_eng/topics_665678/nhwt/t1324812.shtml(검색일: 2021.9.22); 최철영, 2016, 「샌프란시스코 평화조약과 국제법원의 영토주권법리」, 『독도연구』 21, 영남대학교 독도연구소, 55쪽.

57 Chi Manjiao, 2011, "The Unhelpfulness of Treaty Law in Solving the Sino-Japan Sovereign Dispute over the Diaoyu Islands," *East Asia Law Review*, University of Pennsylvania Law School, pp. 170~171. https://scholarship.law.upenn.edu/ealr/vol6/iss2/1/(검색일: 2021.6.12).

58 「人民網日本語版」, 2012.10.19. https://niigata.chineseconsulate.org/chn/zt/dydwt/t981139.htm(검색일: 2021.7.8).

59 1952년 4월 2일 타이완과 일본 사이에 체결된 일화(日華)평화조약 제2조는 "일본국은 샌프란시스코강화조약 제2조에 기초하여 타이완, 펑후제도 및 신남군도(新南群島), 서사군도(西沙群島)에 대한 모든 권리, 권원 및 청구권을 포기한 것을 승인한다"라고 되어 있다.

있다. 이러한 측면에서 중국은 현실적으로 샌프란시스코강화조약과 센카쿠 문제를 완전히 분리하고 있지는 않다고 볼 수도 있는데, 센카쿠가 타이완의 부속 섬이라는 인식이 작용하고 있기 때문이다.

러시아는 샌프란시스코강화회의에 참석하고도 조약에 서명하지 않았으나, 쿠릴열도 문제에 관해서는 강화조약을 인정하고 있다. 러시아는 쿠릴열도 문제에 대해 "샌프란시스코강화조약 불참가가 일본의 쿠릴열도에 대한 권리, 권원 및 청구권의 포기라는 사실을 약화하는 것은 아니며, 이 사실은 절대적인 성격을 가진다", "(북방) 4개 섬이 쿠릴열도에 포함되지 않는다는 일본의 주장은 쿠릴열도의 귀속을 결정한 제문서(얄타협정, 샌프란시스코강화조약 등)가 그것(쿠릴열도와 북방 4개 섬 - 인용자)을 분리하고 있지 않기 때문에 (북방 4개 섬에 대한 일본의 주장을 - 인용자) 받아들일 수 없다"라고 주장한다.[60]

이상의 논의에서 알 수 있듯이, 영유권 문제로 갈등을 겪고 있는 한국, 러시아, 중국은 샌프란시스코강화조약을 영토 문제의 해결 수단으로서 적극적으로 인용하지 않는 경향이 있다. 강화조약의 유일한 서명국인 일본도 일관성 있는 태도를 보이지 않고 있다. 일본은 쿠릴열도에 대해서는 강화조약을 부정하고, 독도와 센카쿠 문제에 대해서는 강화조약을 인용하는 등 일관성 없는 모습을 보인다. 자국에 유리한 측면에서 편의적으로 활용하고 있는 것이다. 이러한 점에 비추어 봤을 때, 샌프란시스코강화조약이 일본을 둘러싼 동북아시아 영토 문제의 해결 수단으로 활용되기는 어렵다는 것을 알 수 있다.

---

60 고르바초프의 방일(1991년 4월)을 위한 준비작업의 일환으로 설치된 외무차관급의 '일소평화조약작업부회'(전 7회)에서의 주장. Александр Н. Панов著·高橋実·佐藤利郎訳, 1992, 『不信から信頼へ――北方領土交渉の内幕』, サイマル出版会, 57~60쪽.

그렇다고 샌프란시스코강화조약이 동북아시아의 영토 문제 해결에 있어서 무의미한 것은 아니다. 강화조약 체결 과정에서 미국을 비롯한 관련 당사국들의 의사가 표출되었으며, 강화조약이 가지고 있는 전후 동북아시아 국제질서 형성의 대세적 효력을 완전히 부정하기도 어렵기 때문이다.[61]

이러한 점은 종합적으로 고려하면, 동북아시아 영토 문제가 국제사법재판소(ICJ)와 같은 제3자의 판단에 맡겨질 경우(그럴 가능성은 희박하지만) 샌프란시스코강화조약 및 조약에 관련된 자료들이 객관적인 평가 대상의 하나가 될 수 있다. 다시 말하면, 샌프란시스코강화조약은 동북아시아 영토 문제 해결을 위한 결정적 요소는 아니지만, 영유권 문제 해결을 위한 하나의 재료가 되는 것이다. 이러한 점에 비추어 보면, 역설적이게도 샌프란시스코강화조약은 동북아시아 영토 문제 해설을 위한 국제규범으로 작용하기보다는 동북아시아 영토 문제에 불확실성을 추가하여 부(負)의 요소로 작용할 수 있는 것이다. 샌프란시스코강화조약의 영토 문제에 대한 모호성으로 인해 동북아시아의 영토 문제는 더욱 복잡해졌다고 하겠다. 그 이유는 앞서 지적한 바와 같이 냉전을 배경으로 영토 문제가 정치화했기 때문이다. 그렇다면 냉전이 종식된 지금에 와서 동북아시아 영토 문제는 냉전이라는 정치적 요인을 제거하고, 순수한 영토 문제로 돌아가 영토의 취득 및 상실에 대한 국제법의 일반 원칙에 따라 재검토할 필요가 있다.

---

61 홍해상의 도서분쟁 중재재판에서 비당사국에도 로잔평화조약의 대세적 효력을 인정하는 측면을 보이고 있는 제3자적 관점도 무시할 수 없다는 견해가 있다. 이창위 등, 2006, 『동북아 지역의 영유권 분쟁과 한국의 대응 전략』, 다운샘, 151~158쪽.

V. 동북아시아 영토 문제 해결을 위하여

샌프란시스코강화조약과 관련하여 동북아시아 영토분쟁의 쟁점을 정리하고 해결 방안을 모색한다면 다음과 같은 점을 생각해 볼 수 있다. 우선 센카쿠 문제에 대해서는 앞서 언급한 바와 같이, 센카쿠는 샌프란시스코 강화조약에서 직접 언급되지 않았으나, SCAPIN과 조약의 초기 초안 등에서 유추해 보면 센카쿠에 대한 일본의 권한과 권원이 배제되었을 가능성을 부정할 수 없다. 강화조약에 센카쿠에 대한 언급이 없다고 해서 그것이 센카쿠에 대한 일본의 영유권 주장을 강화해 주는 것은 아니라는 의미다. 센카쿠를 둘러싼 영토 문제가 표면화한 것은 1970년 센카쿠 해저에 자원이 매장되어 있을 가능성이 제기되고, 1971년 미일 간 오키나와 반환 협정 체결 즈음이다. 중국은 명나라 시대부터 중국의 관할하에 있던 센카쿠를 1895년 1월 일본이 청일전쟁을 이용하여 도취(盜取)했거나, 시모노세키조약으로 일본에 할양되었다고 보고 있다.[62] 따라서 청일전쟁의 전리품인 타이완 및 펑후제도와 함께 타이완의 부속 섬인 센카쿠도 마땅히 중국으로 반환되어야 한다고 주장한다. 이에 대해 일본은 1895년의 편입은 청일전쟁과 관련 없는 합법적인 영토 취득이라고 주장하며,[63] 센카쿠 해저의 자원 매장 가능성이 제기되는 1970년까지 중국이 영유권 주장을 하지 않은 점을 지적한다.

이상의 쟁점들을 고려하면, 1) 만약 센카쿠 해저의 자원 매장 가능성이 없다면 영유권 분쟁이 발생하지 않았을까, 2) 자원의 매장 가능성이 있다고 하더라도 중국이 센카쿠에 대한 역사적 연원을 가지고 있지 않으

---

62 浦野起央, 2002, 『尖閣諸島·琉球·中国』, 三和書店, 21쪽.
63 浦野起央, 2002, 앞의 책, 210쪽.

면 영유권 주장을 할 수 있을까, 3) 일본이 청일전쟁의 와중이 아닌 상태에서 평온하게 센카쿠를 편입했다면 중국이 센카쿠에 대한 영유권을 주장할 수 있을까 하는 등의 문제 제기가 가능하다. 종합하면 현재 중일 간의 센카쿠 문제는 역사 문제(역사적 연원, 일본의 침략 정책, 타이완 식민지 지배 등)와 자원 문제가 복합적으로 작용하고 있으며, 최근 들어서는 역사 문제를 배경으로 하여 자원 문제가 더 중시되는 경향을 보이고 있다.[64] 이러한 사정을 고려하면, 센카쿠는 현실적인 자원 배분을 통해 역사 문제를 해결한다는 입장에서 센카쿠 해저 자원 공동개발 등의 방법을 생각해 볼 수 있다. 자원은 공동개발을 통해 적절한 배분이 가능하기에 제로섬(zero-sum)의 성격이 강한 영토분쟁을 완화하는 효과가 있을 것이다.

쿠릴열도 문제는 독도나 센카쿠 문제에 비해 상대적으로 단순하다. 1945년 2월의 얄타회담에서 연합국은 소련에 대일전 참전의 대가로 쿠릴열도 할양을 약속하였고, SCAPIN과 샌프란시스코강화조약에서도 이를 확인하고 있다. 단지 소련이 샌프란시스코강화조약에 서명하지 않았고, 조약에 쿠릴열도에 대한 지리적 범위와 귀속국이 명시되지 않았다는 약간의 불확실성은 있다. 그러나 일본은 쿠릴열도 할양을 규정한 샌프란시스코강화조약의 당사자이며, 쿠릴열도 문제에 관한 한 러시아도 강화조약을 부정하지 않는다. 귀속국이 소련이라는 데 대해서도 이견이 없다. 결국 쿠릴열도 문제는 지리적 범위에 관해 일본과 러시아가 합의하면 해결 가능하다.

이 부분에 대해서 일본은 1956년의 일소공동선언 이전까지는 쿠릴열

---

64 石井明他 編, 2003, 『記録と検証日中国交正常化・日中友好条約締結交渉』, 岩波書店, 68쪽; 손기섭, 2012, 「중일 해양영토 분쟁의 원인과 특성-갈등사이클을 중심으로-」, 『일본문화연구』 43, 동아시아일본학회, 287~289쪽.

도에서 하보마이와 시코탄만을 제외하고 있었고, 러시아도 1956년 러일 공동선언에서 하보마이와 시코탄의 반환 의사를 표했다.[65] 2도 반환에 대한 암묵적 합의가 성립했다고 볼 수 있다. (그 후 미국의 개입과 오키나와 문제로 일본이 쿠릴열도 문제를 북방 4개 섬으로 확대하면서 지금에 이르고 있다.) 이러한 점에 비추어 보면, 쿠릴열도 문제는 하보마이와 시코탄을 반환하는 선에서 해결하는 것이 합리적이라고 판단된다. (일본에서는 4도 반환론, 2두 양두론, 2도 선챙반환론, 50:50 분할론, 3노 반환론, 공동통치론, 면적 2등분론 등 여러 방안이 대두하고 있으나, 이는 샌프란시스코강화조약을 도외시한 것으로 이 글에서는 논외로 한다.)

　마지막으로 독도에 대해서이다. 독도는 SCAPIN 677호와 샌프란시스코강화조약의 초기 초안에서는 한국령으로 인정되었으나, 그 후 한국령과 일본령을 오가는 등 혼란을 거친 후 최종적으로 조약에는 독도가 명시되지 않았다. 이를 두고 일본은 독도가 일본이 '포기하는 한국'에 포함되지 않기 때문이며, 조약에서 독도가 일본령임이 확인되었다고 주장한다. 러스크 서한이 이를 뒷받침한다는 것이다. 그러나 한국은 독도에 대해 새로운 규정이 없으므로 강화조약은 SCAPIN 677호의 연장선상에서 해석되어야 하기에 독도는 한국령이라고 주장한다. 양국의 상반된 주장에 비추어 보면, 러스크 서한의 존재에도 불구하고 미국이 강화조약에 독도를 일본령으로 표기하지 않은 것은 독도 문제를 미해결 상태로 남겨 두었다고 보는 것이 타당하다. 역설적으로는 한국의 독도 영유 가능성을 시사한 것으로 볼 여지도 있다.

　반복해 지적하지만, 샌프란시스코강화조약 형성 과정에서 한국과 일본이 정면으로 배치되는 주장을 해 영유권 분쟁이 예견됨에도 미국이 독

65　日本外務省, 1992, 앞의 자료집, 40쪽.

도를 명시하지 않은 점을 숙고할 필요가 있다. 지금까지는 앞서 언급한 하라 키미에 교수의 주장, 즉 한반도가 공산화될 경우 한반도의 공산정권과 일본의 접근을 막기 위해 고의로 영유권 분쟁의 여지를 만들어 두었다는 견해가 설득력을 지니고 있었다. 그러나 미국이 국제연합군을 구성해 한국전쟁에 개입할 정도로 한반도의 공산화 저지에 힘을 기울였다는 점을 고려하면, 미국이 한반도의 공산화를 전제로 독도 문제를 취급했다고 보기에는 일부 미진한 부분이 있다. 또 한국전쟁이 종결되고 한국의 공산화 가능성이 거의 없어진 상태에서 러스크 서한에서 밝힌 미국의 입장이 변경되지 않은 이유는 무엇인가라는 의문이 남는다.

차치하고, 미국이 강화조약에 독도를 일본령으로 명기하지 않고, 같은 맥락에서 러스크 서한의 내용을 일본에 알리지 않은 이유를 음미할 필요가 있다. 다음과 같은 추론이 가능하다. 비록 미국이 일본의 영향으로 러스크 서한에서 일본의 독도 영유권을 인정하는 듯한 태도를 보였지만, SCAPIN과 강화조약 초안에서 한국령으로 인정하였던 독도를 객관적인 근거 없이 일본령으로 명시하기는 쉽지 않았을 것이다(쿠릴열도에 대해서도 마찬가지이다). 이런 측면에서 러스크 서한에 대해서는 그 내용이 진정한 미국의 의사를 반영하고 있는지에 대한 신뢰성 문제와 함께 조약 해석의 근거로서의 효용성, 즉 증거능력 문제가 제기될 수 있다.

또 조약의 문맥 해석에 있어서 "한국의 독립을 인정하고, 한국에 대한 모든 권리를 포기한다"라는 제2조 (a)항의 '한국'의 지리적 범위에 대한 논란이 있다. 여기에서 '한국'은 일반적으로 1910년 한일병합 이전의 한국을 가리키는데, 이때의 '한국'에 독도가 포함되면 강화조약에서 일본은 독도를 포기한 것이 된다. 1905년 일본의 독도 편입을 기초로 한 러스크 서한의 내용에 대한 신뢰성 문제와 제2조 (a)항의 '한국'에 대한 해석 문제를 종합하면, 결국 한일병합 이전 독도에 대한 영유권이 한국과 일본

중 어느 쪽에 있었느냐가 핵심이다. 1905년 이전에 독도가 한국령이면 일본의 편입 조치는 불법이 되고, 러스크 서한의 내용도 신뢰를 상실한다. 그리고 제2조 (a)항의 '한국'은 독도를 포함하는 것이 된다.

1905년 일본의 독도 편입 조치의 합법성과 정당성에 관한 한일 양국의 연구는 많으나, 자국 중심의 논리에서 평행선을 달리고 있다. 좀 더 객관적인 논의가 필요한 지점이다. 이를 위해 한일 간의 영역 획정을 위해 1693~1699년에 전개된 울릉도쟁계(일본에서는 '죽도일건(竹島一件)'이라 함)를 상기할 필요가 있다. 울릉도쟁계라는 외교교섭을 통해 이루어진 1699년의 합의는 한일 간의 영역 획정에 관한 유일한 기록이다. 한일 간의 국제적 합의이므로 법적 구속력을 가지는 것이다.[66]

1699년의 양국 합의는 "울릉도는 조선 땅이며, 일본인의 도해를 금지한다"라는 내용이며,[67] 그 후 이 합의는 충실히 지켜졌다. 이 합의가 울릉도만을 대상으로 한 것인가, 독도를 포함한 것인가에 대한 논란이 있으나, 최근 일본을 비롯한 다수의 연구에서 1699년의 합의는 울릉도와 독도를 포괄하는 것이었다는 사실이 실증적으로 밝혀지고 있다.[68] 이 합의를 승계하여 1877년 일본의 최고 통치기구인 태정관(太政官)은 "독도와 울릉도는 일본 영토가 아니다"라는 취지의 지령(指令)을 발포한다.[69] 태정관지령과 1699년의 합의 사이에는 일본 정부의 일치된 의사와 내용의 동일성

---

66 이성환, 2019, 「울릉도쟁계의 조일 간 교환문서에 대한 논의의 재검토」, 『독도연구』 26, 영남대학교 독도연구소.

67 이성환, 송휘영, 오카다 다카시, 2016, 『일본 태정관과 독도』, 지성사, 263~281쪽.

68 池內敏, 2012, 『竹島問題とは何か』, 名古屋大学出版会, 30쪽; 內藤正中, 2011, 「1905年の竹島問題」, 『北東アジア文化研究』 34, 鳥取短期大学北東アジア文化総合研究所, 6~8쪽; 박지영, 2017, 「일본 산인(山陰)지방민과 '울릉도·독도 도해금지령'에 대하여」, 『독도연구』 26, 영남대학교 독도연구소, 384~385쪽 등.

69 이성환, 송휘영, 오카다 다카시, 2016, 앞의 책, 291쪽.

이 확인된다.[70] (이에 대해서는 일본의 연구에서도 확인된다.[71]) 이러한 점에서 태정관지령은 1699년의 합의에 독도가 포함되어 있다는 것을 소급해서 입증하는 것이다. 또 태정관지령은 일본 정부가 1699년의 합의를 국내 법령으로 전환한 것이기 때문에 국제법적으로는 추후 관행 또는 추후 실행(subsequent practice)에 해당하며, 법적 효과가 있다.[72]

이러한 한일 간의 합의와 일본의 조치는 1699년 이래 일본이 독도를 한국의 영토로 인정해 왔음을 말한다. 이러한 상황에서 무주지 선점론을 근거로 한 1905년 일본의 독도 편입은 논리적으로나 법리적으로 합법성을 확보하기 어렵다. 그리고 독도 편입의 합법성을 근거로 한 일본의 주장을 수용한 러스크 서한이 강화조약 제2조 (a)항 해석의 근거로 원용될 수 있을 것인가에 대해서도 회의적이다.

VI. 맺음말

이상 검토한 바와 같이 일본과 한국, 중국, 러시아 간의 영토 문제는 샌프란시스코강화조약만으로는 해결의 실마리를 찾기 어렵다는 것을 알 수

---

70 일본 국립공문서관이 소장하고 있는 「공문록(公文錄)」에는 울릉도와 독도는 일본 땅이 아니라는 취지의 태정관지령이 결정되는 과정을 상세히 기록한 1차 자료가 편철되어 있다. 이 자료는 17세기 말 울릉도 영유를 둘러싸고 조선과 일본 사이에 전개된 외교교섭의 경위, 즉 울릉도쟁계의 전 과정을 기록한 「죽도기사(竹島紀事)」를 요약 발췌한 것이다(이성환 외, 2016, 앞의 책).

71 塚本孝, 2013, 「元禄竹島一件をめぐって—付, 明治十年太政官指令」, 『島嶼研究ジャーナル』2(2), 海洋政策研究所島嶼資料センター, 35쪽.

72 이성환, 2021, 「태정관지령과 독도문제에 대한 법리 해석을 위한 시론」, 『대한정치학회보』29(2), 대한정치학회, 201~204쪽.

있다. 샌프란시스코강화조약의 당사자이며 영유권 분쟁의 축을 이루고 있는 일본도 샌프란시스코강화조약을 영유권 분쟁의 해결 수단으로 적극적으로 인용하지 않고 있다. 그렇다고 샌프란시스코강화조약이 동북아시아의 영토 문제와 전혀 관련이 없는 것은 아니라는 점을 감안하면, 동북아시아 영토 문제는 샌프란시스코강화조약을 포함하여 영토 문제에 대한 국제법의 일반 원칙에 비추어 종합적으로 재검토할 수밖에 없다.

이러한 점을 차치하고, 주어진 주제에 한정하여 샌프란시스코강화조약에 초점을 맞추어 동북아시아의 영토 문제 해결 방안을 정리하면 다음과 같다. 첫째, 센카쿠 문제는 샌프란시스코강화조약을 비롯해 국제적, 명시적으로 논의된 바가 없으므로 강화조약과의 관련성은 찾기 어렵다. 그러나 SCAPIN이나 강화조약의 형성 과정에서 유추하면 센카쿠는 일본 영토에서 분리되었음을 알 수 있다. 이를 배경으로 1970년 센카쿠 해저의 자원 매장 가능성이 알려지면서, 중국이 청일전쟁 와중에 일본이 센카쿠를 편입한 점을 지적하고 영유권을 주장하기 시작했다. 결국 센카쿠 문제는 일본의 침략주의와 자원 문제를 중심으로 전개되고 있는 것이다. 일본은 센카쿠 편입과 청일전쟁의 관련성을 부정하고 있으나 이를 불식시키기는 쉽지 않으며, 중국이 70년 이상 영유권 주장을 하지 않은 점도 간과할 수 없다. 이러한 점들을 고려하여 센카쿠는 자원의 배분 또는 공동개발이라는 측면에서 타협할 수 있을 것이다.

쿠릴열도 할양 문제는 소련의 대일전 참전에 대한 연합국의 합의사항으로, 연합국의 일종의 전리품이다. 그러나 샌프란시스코강화조약에서 쿠릴열도의 범위가 명확히 규정되지 않았고, 소련이 이 조약에 서명하지 않았다는 점은 쿠릴열도 문제의 불안정 요인이나, 1956년의 일소공동선언 이전까지 일본과 러시아 사이에는 하보마이와 시코탄 반환에 암묵적 합의가 이루어져 있었다고 볼 수 있다. 연장선상에서 하보마이와 시코탄은 일본의 영토로, 나머지 쿠릴열도는 러시아의 영토로 하는 것이 타당하다.

독도는 샌프란시스코강화조약 형성 과정에서의 많은 논란에도 불구하고 조약에 영유권이 명시되지 않은 점에서 해석상의 복잡한 문제를 야기하고 있다. 일본은 강화조약에 의해 독도가 일본 영토로 확정되었다고 하나, 한국은 SCAPIN의 연장선상에서 독도는 한국령이라고 보고 있다. 또 한국은 일본 영유설을 뒷받침하는 러스크 서한은 1905년 일본의 독도 편입을 정당한 것으로 간주하고 냉전이라는 정치적 요소가 반영된 것이기에 강화조약 제2조 (a)항 해석의 근거가 될 수 없다고 주장한다. 이러한 점을 고려하면, 결국 독도 문제는 1905년 일본의 독도 편입 및 샌프란시스코강화조약 등을 포함하여 종합적으로 검토해야 한다. 이에 대해 필자는 별도의 논문에서 밝혔으나,[73] 결론적으로 정리하면 다음과 같다. 울릉도쟁계 합의 및 태정관지령의 연장선상에서 이루어진 일본의 독도 편입은 성립하지 않으며, 러스크 서한의 내용도 사실(事實 및 史實)에 부합하지 않으므로 독도는 한국의 영토로 인정되어야 한다.

끝으로 이상과 같은 논의는 샌프란시스코강화조약을 기초로 한 동북아시아 영토 문제에 대해 이론적, 논리적인 측면을 강조한 것일 뿐이며, 현재 동북아시아의 영토 문제 해결에 대해서는 현실적 한계를 벗어날 수 없다. 따라서 이 글은 동북아시아 영토 문제에 대한 전망적 분석은 미흡

---

73 이성환, 2018, 「태정관지령에서 본 샌프란시스코강화조약」, 『일본의 독도영유권 주장의 허상』, 동북아역사재단; 이성환, 2019, 「샌프란시스코강화조약의 국제법적 권원과 독도: 울릉도 쟁계 및 태정관 지령과의 관련성을 중심으로」, 『독도 영토주권과 국제법적 권원』, 동북아역사재단; 이성환, 2021, 「러스크 서한과 샌프란시스코조약에서의 독도 주권의 권원에 관한 연구-일본의 독도문제에 대한 국제법적 연구와 관련하여-」, 『독도 영토주권과 국제법적 권원Ⅱ』, 동북아역사재단.

하다. 현실에 기반한 보다 심화된 발전적 분석은 앞으로의 과제다. 덧붙여 현실론적인 입장에서 제2차 세계대전의 패전국인 일본은 유일하게 영토를 상실하지 않으려 하고 있다는 점도 고려되어야 할 것이다.

참고문헌

박관숙, 1968 「독도의 법적지위에 관한 연구」, 연세대학교 박사학위논문.
박지영, 2017, 「일본 산인(山陰)지방민과 '울릉도·독도 도해금지령'에 대하여」, 『독도연구』 26, 영남대학교 독도연구소.
박현진, 2008, 「대일강화조약과 독도영유권」, 『국제법평론』 제2호, 국제법평론회.
성삼제, 2020, 『독도와 SCAPIN 677/1』, 우리영토.
손기섭, 2012, 「중일 해양영토 분쟁의 원인과 특성 - 갈등사이클을 중심으로 -」, 『일본문화연구』 43, 동아시아일본학회.
외무부, 1977, 『독도관계자료집 (1) 왕복외교문서(1952~1976)』, 외무부.
이석우, 2002, 「독도분쟁과 샌프란시스코강화조약평화조약의 해석에 관한 소고」, 『서울국제법연구』 9(1), 서울국제법연구원.
이석우, 2003, 『일본의 영토분쟁과 샌프란시스코 평화조약』, 인하대학교 출판부.
이석우, 2006, 『대일강화조약 자료집』, 동북아역사재단.
이성환, 2018, 「태정관지령에서 본 샌프란시스코강화조약」, 『일본의 독도영유권 주장의 허상』, 동북아역사재단.
이성환, 2019, 「샌프란시스코강화조약의 국제법적 권원과 독도: 울릉도 쟁계 및 태정관 지령과의 관련성을 중심으로」, 『독도 영토주권과 국제법적 권원』, 동북아역사재단.
이성환, 2019, 「울릉도쟁계의 조일 간 교환문서에 대한 논의의 재검토」, 『독도연구』 26, 영남대학교 독도연구소.
이성환, 2021, 「러스크 서한과 샌프란시스코조약에서의 독도 주권의 권원에 관한 연구 - 일본의 독도문제에 대한 국제법적 연구와 관련하여 -」, 『독도 영토주권과 국제법적 권원 Ⅱ』, 동북아역사재단.
이성환, 2021, 「태정관지령과 독도문제에 대한 법리 해석을 위한 시론」, 『대한정치학회보』 29(2), 대한정치학회.
이성환, 송휘영, 오카다 다카시, 2016, 『일본 태정관과 독도』, 지성사.

이재정, 2019, 『주제와 쟁점으로 읽는 20세기 한일관계사』, 역사비평사.

이창위 외, 2006, 『동북아 지역의 영유권 분쟁과 한국의 대응 전략』, 다운샘.

정민정, 2013, 「독도문제의 국제사법재판소 회부를 둘러싼 쟁점 및 대응방안」, 『국제법학회논총』 58(1), 대한국제법학회.

정병준, 2010, 『독도 1947』, 돌베개.

정재민, 2013, 「대일강화조약 제2조가 한국에 미치는 효력」, 『국제법학회논총』 58(2), 대한국제법학회.

최철영, 2016, 「샌프란시스코 평화조약과 국제법원의 영토주권법리」, 『독도연구』 21, 영남대학교 독도연구소.

하타노 스미오 저, 심정명 역, 2014, 『샌프란시스코 강화조약체제와 역사문제』, 제이앤씨.

石井明他 編, 2003, 『記録と検証日中国交正常化・日中友好条約締結交渉』, 岩波書店.

池内敏, 2012, 『竹島問題とは何か』, 名古屋大学出版会.

內藤正中, 2011, 「1905年の竹島問題」, 『北東アジア文化研究』 34, 鳥取短期大学北東アジア文化総合研究所.

矢吹晋, 2013, 『尖閣衝突は沖縄変換に始まる』, 花伝社.

塚本孝, 1994, 「平和条約と「竹島」(再論)」, 『レファレンス』 44, 国立国会図書館.

塚本孝, 2013, 「元禄竹島一件をめぐって—付"明治十年太政官指令」, 『島嶼研究ジャーナル』 2(2), 海洋政策研究所島嶼資料センター.

広瀬善男, 2007, 「国際法からみた日韓併合と竹島の領有権」, 『明治学院大学法学研究』 (81), 明治学院大学法学会.

和田春樹, 2012, 『領土問題をどう解決するか—対立から対話へ—』, 平凡社.

原貴美惠, 2005, 『サンフランシスコ平和条約の盲点』, 溪水谷社.

Александр Н. Панов著, 高橋実・佐藤利郎訳, 1992, 『不信から信頼へ——北方領土交渉の内幕』, サイマル出版会.

Manjiao, Chi, 2011, "The Unhelpfulness of Treaty Law in Solving the Sino-Japan Sovereign Dispute over the Diaoyu Islands," *East Asia Law Review*, University of Pennsylvania Carey Law School(https://scholarship.law.upenn.edu/ealr/vol6/iss2/1/[검색일: 2021.6.12.]).

Plokhy, Serhii M., 2010, *Yalta: the price of peace*, New York: Viking(허승철 옮김, 『얄타 8일간

의 외교전쟁』, 역사비평사).

러스크 서한 http://blog.daum.net/hangun333/3143(검색일: 2021.6.11).

日本外務省, 1992, 『日露間領土問題の歴史に関する共同作成資料集』. https://www.mofa. go.jp/mofaj/area/hoppo/1992.pdf(검색일: 2020.7.21).

일본 외무성 홈페이지 「竹島問題の概要」https://www.mofa.go.jp/mofaj/area/takeshima/gaiyo.html 및 팸플릿 「竹島―竹島問題を理解するための 10 のポイント」https://www.mofa.go.jp/mofaj/area/takeshima/pdfs/takeshima_point.pdf(검색일: 2012.6.8).

일본 외무성 홈페이지 「北方領土問題の経緯(領土問題の発生まで)」https://www.mofa.go.jp/mofaj/area/hoppo/hoppo_keii.html(검색일: 2021.6.15).

부록

샌프란시스코강화조약 연구 관련 자료

1. The CAIRO DECLARATION

The CAIRO DECLARATION

December 1, 1943

The several military missions have agreed upon future military operation against Japan. The Three Great Allies expressed their resolve to bring unrelenting pressure against their brutal enemies by sea, land and air. This pressure is already rising.

The Three Great Allies are fighting this war to restrain and punish the aggression of Japan. They covert no gain for themselves and have no thought of territorial expansion. It is their purpose that Japan shall be stripped of all the islands in the Pacific which she has seized or occupied since the beginning of the first World War in 1914, and that all the territories Japan has stolen from the Chinese, such as Manchuria, Formosa, and the Pescadors, shall be restored to the Republic of China. Japan will also be expelled from all her territories which she has taken by violence and greed. The aforesaid three great powers, mindful of the enslavement of the people of Korea, and determined that in due course Korea shall become free and independent.

With these objects in view the three Allies, in harmony with those of the United Nations at war with Japan, will continue to persevere in the serious and prolonged operations necessary to procure the unconditional surrender of Japan.

2. 카이로선언

카이로선언

1943년 12월 1일 발표

일본국에 대한 영·미·중 삼국 선언

루스벨트 대통령, 장제스 총통, 처칠 수상은 각자의 군사·외교 고문과 함께 북아프리카에서 회의를 마치고 아래의 일반적 성명을 발한다.

각 군사 사절은 일본국에 대한 장래의 군사 행동을 협정하였다.

삼대 동맹국은 해로, 육로, 공로로써 야만적 적국에 대하여 가차 없는 압력을 가할 결의를 표명하였다. 이 압력은 이미 증대되어 가고 있다. 삼대 동맹국은 일본국의 침략을 제지하고 다만 이를 벌하기 위하여 지금의 전쟁을 수행하고 있는 바이다.

연합국은 자국을 위하여서는 아무런 이득을 추구하는 것이 아니며 또한 영토 확장에 아무 생각을 가진 것이 없다.

연합국의 목적은 1914년 제1차 세계전쟁의 개시 이후에 일본국이 탈취 또는 점령한 태평양의 일부 도서를 일본국으로부터 박탈할 것과 아울러 만주·대만·팽호도 등 일본국이 청국으로부터 도취한 일체의 지역을 중화민국에 반환함에 있다.

일본국은 또한 폭력 및 탐욕에 의하여 일본국이 약취한 다른 일체 지역으로부터도 구축될 것이다.

전기 삼대 동맹국은 조선 인민의 노예 상태에 유의하여 적당한 시기에 조선을 자유롭게 독립시킬 것을 결정한다.

이러한 목적으로서 삼대 연합국은 일본국과 교전 중인 동맹 제국과 협조하여 일본국의 무조건 항복을 재래하기에 필요한 중대하고 장기적인 작전을 계속 견인한다.

3. The Potsdam Declaration

The Potsdam Declaration

Issued, at Potsdam, July 26, 1945

Proclamation Defining Terms for Japanese Surrender

1. We-the President of the United States, the President of the National Government of the Republic of China, and the Prime Minister of Great Britain, representing the hundreds of millions of our countrymen, have conferred and agree that Japan shall be given an opportunity to end this war.

2. The prodigious land, sea and air forces of the United States, the British Empire and of China, many times reinforced by their armies and air fleets from the west, are poised to strike the final blows upon Japan. This military power is sustained and inspired by the determination of all the Allied Nations to prosecute the war against Japan until she ceases to resist.

3. The result of the futile and senseless German resistance to the might of the aroused free peoples of the world stands forth in awful clarity as an example to the people of Japan. The might that now converges on Japan is immeasurably greater than that which, when applied to the resisting Nazis, necessarily laid waste to the lands, the industry and the method of life of the whole German people. The full application of our military

power, backed by our resolve, will mean the inevitable and complete destruction of the Japanese armed forces and just as inevitably the utter devastation of the Japanese homeland.

4. The time has come for Japan to decide whether she will continue to be controlled by those self-willed militaristic advisers whose unintelligent calculations have brought the Empire of Japan to the threshold of annihilation, or whether she will follow the path of reason.

5. Following are our terms. We will not deviate from them. There are no alternatives. We shall brook no delay.

6. There must be eliminated for all time the authority and influence of those who have deceived and misled the people of Japan into embarking on world conquest, for we insist that a new order of peace, security and justice will be impossible until irresponsible militarism is driven from the world.

7. Until such a new order is established and until there is convincing proof that Japan's war-making power is destroyed, points in Japanese territory to be designated by the Allies shall be occupied to secure the achievement of the basic objectives we are here setting forth.

8. The terms of the Cairo Declaration shall be carried out and Japanese sovereignty shall be limited to the islands of Honshu, Hokkaido, Kyushu, Shikoku and such minor islands as we determine.

9. The Japanese military forces, after being completely disarmed, shall be permitted to return to their homes with the opportunity to lead peaceful and productive lives.

10. We do not intend that the Japanese shall be enslaved as a race or destroyed as a nation, but stern justice shall be meted out to all war criminals, including those who have visited cruelties upon our

prisoners. The Japanese Government shall remove all obstacles to the revival and strengthening of democratic tendencies among the Japanese people. Freedom of speech, of religion, and of thought, as well as respect for the fundamental human rights shall be established.

11. Japan shall be permitted to maintain such industries as will sustain her economy and permit the exaction of just reparations in kind, but not those which would enable her to re-arm for war. To this end, access to, as distinguished from control of, raw materials shall be permitted. Eventual Japanese participation in world trade relations shall be permitted.

12. The occupying forces of the Allies shall be withdrawn from Japan as soon as these objectives have been accomplished and there has been established in accordance with the freely expressed will of the Japanese people a peacefully inclined and responsible government.

13. We call upon the government of Japan to proclaim now the unconditional surrender of all Japanese armed forces, and to provide proper and adequate assurances of their good faith in such action. The alternative for Japan is prompt and utter destruction.

4. 포츠담선언

포츠담선언

1945년 7월 26일 발표

일본의 항복 조건을 규정하는 선언

1. 수억의 우리 동포들을 대표하여 우리들 미합중국의 대통령, 중화민국 국민정부의 총통 그리고 영국의 수상은 일본에 이 전쟁을 끝낼 기회를 주어야 한다는 것에 대해 협의했고 합의에 이르렀다.

2. 서부에서 여러 차례에 걸쳐 지상군과 공군 전력을 증강해 온 미합중국, 대영제국과 중국의 엄청난 육·해·공군은 일본을 향한 최후의 일격을 가할 태세를 마쳤다. 이 군사력은 일본이 저항을 멈출 때까지 전쟁을 수행할 연합국의 투지에 의해 유지되고 또 고무되었다.

3. 각성한 전 세계 자유인들의 힘에 대한 독일의 무의미하고 헛된 저항의 결과는 일본 인민들에게 하나의 사례로서 지독하고 명확하게 다가온다. 이제 일본에 집중되는 그 힘은 저항하는 나치에 가했을 때, 어쩔 수 없이 모든 독일 인민들의 산업과 삶의 터전인 땅들을 초토화시켰을 때보다도 가늠할 수 없을 만큼 강력하다. 우리의 결의가 지지하는 우리의 모든 군사력의 적용은 일본군의 완벽하고 필연적인 전멸과 그에 따라 어쩔 수 없는 일본인의 고향의 철저한 파멸을 의미할 것이다.

4. 일본이 일본 제국을 절멸의 문턱까지 끌고 온 우둔한 계산을 한 아집에 찬

군국주의자 조언자들에게 계속 지배당할 것인지, 아니면 이성으로 향하는 길을 따를 것인지를 결정할 시간이 도래했다.

5. 아래는 우리의 요구 조건이다. 우리는 이 요구 조건에서 벗어나지 않을 것이다. 다른 대안은 없다. 우리는 어떤 지연도 용납하지 않을 것이다.

6. 반드시 일본의 인민들을 세계 정복에 착수시킴으로써 기만하고 잘못 이끈 자들의 권력과 영향력을 영원히 제거해야 한다. 우리는 무책임한 군국주의를 지구상에서 몰아내지 않는 한 새로운 평화의 질서, 안전과 정의가 불가능할 것이라고 주장하는 바이기 때문이다.

7. 이러한 새로운 질서가 확립될 때까지 그리고 일본이 전쟁을 일으킨 만한 힘이 남아 있지 않다는 설득력 있는 증거가 생길 때까지, 우리가 주장한 필수적인 목표들을 확실하게 달성하기 위해 연합군은 일본 내의 특정 지점들을 지정하고 점령할 것이다.

8. 카이로선언의 요구 조건들이 이행될 것이며 일본의 주권은 혼슈와 홋카이도, 규슈와 시코쿠 그리고 우리가 결정하는 작은 섬들로 제한될 것이다.

9. 일본군은 완전히 무장 해제된 후, 평화롭고 생산적인 삶을 살 수 있도록 집으로 돌아갈 수 있다.

10. 우리는 일본 민족이 노예가 되거나 일본국이 멸망하기를 바라지 않는다. 그러나 우리의 포로들을 학대한 자들을 포함한 모든 전범들은 엄격하게 재판받을 것이다. 일본 정부는 일본 인민들의 민주주의적 성향의 부활과 강화를 가로막는 모든 장애물을 제거해야 한다. 기초적인 인권을 존중하는 것뿐만 아니라 언론, 종교 그리고 사상의 자유가 확립되어야 한다.

11. 일본은 전쟁을 위해 재무장을 시킬 수 있는 산업을 제외하면 경제를 유지할 수 있도록 각종 산업을 유지할 수 있고, 현물로써 적절한 배상에 대한 징수를 허용해야 한다. 이를 위해 지배와는 구별되는, 원자재에 대한 접근이 허가될 것이다. 최종적으로는 일본의 세계 무역 거래에의 참여가 허가될 것이다.

12. 연합국의 점령군은 이러한 목표가 완수되고 일본 인민들의 자유로운 의지에 따라 평화를 지향하는 책임 있는 정부가 수립되는 즉시 일본에서 철수할 것이다.

13. 우리는 일본 정부에 이제 일본군의 무조건적인 항복을 선언하고 이러한 조치에 대한 일본 정부의 적절하고 충분한 성의 있는 보장을 제공할 것을 촉구한다. 이에 대한 일본의 다른 대안은 즉각적이고 완전한 파멸이다.

5. 일본 항복문서

INSTRUMENT OF SURRENDER

September 2, 1945

We, acting by command of and in behalf of the Emperor of Japan, the Japanese Government and the Japanese Imperial General Headquarters, hereby accept the provisions set forth in the declaration issued by the heads of the Governments of the United States, China, and Great Britain on 26 July 1945 at Potsdam, and subsequently adhered to by the Union of Soviet Socialist Republics, which four powers are hereafter referred to as the Allied Powers.

We hereby proclaim the unconditional surrender to the Allied Powers of the Japanese Imperial General Headquarters and of all Japanese armed forces and all armed forces under the Japanese control wherever situated.

We hereby command all Japanese forces wherever situated and the Japanese people to cease hostilities forthwith, to preserve and save from damage all ships, aircraft, and military and civil property and to comply with all requirements which may be imposed by the Supreme Commander for the Allied Powers or by agencies of the Japanese Government at his direction.

We hereby command the Japanese Imperial Headquarters to issue at once orders to the Commanders of all Japanese forces and all forces under Japanese control wherever situated to surrender unconditionally themselves and all forces under their control.

We hereby command all civil, military and naval officials to obey and enforce all proclamations, and orders and directives deemed by the Supreme Commander for the Allied Powers to be proper to effectuate this surrender and issued by him or under his authority and we direct all such officials to remain at their posts and to continue to perform their non-combatant duties unless specifically relieved by him or under his authority.

We hereby undertake for the Emperor, the Japanese Government and their successors to carry out the provisions of the Potsdam Declaration in good faith, and to issue whatever orders and take whatever actions may be required by the Supreme Commander for the Allied Powers or by any other designated representative of the Allied Powers for the purpose of giving effect to that Declaration.

We hereby command the Japanese Imperial Government and the Japanese Imperial General Headquarters at once to liberate all allied prisoners of war and civilian internees now under Japanese control and to provide for their protection, care, maintenance and immediate transportation to places as directed.

The authority of the Emperor and the Japanese Government to rule the state shall be subject to the Supreme Commander for the Allied Powers who will take such steps as he deems proper to effectuate these terms of surrender.

Signed at TOKYO BAY, JAPAN at 0904 I on the SECOND day of SEPTEMBER, 1945
MAMORU SHIGMITSU
By Command and in behalf of the Emperor
of Japan and the Japanese Government
YOSHIJIRO UMEZU

By Command and in behalf of the Japanese
Imperial General Headquarters
Accepted at TOKYO BAY, JAPAN at 0903 I on the SECOND day of SEPTEMBER, 1945, for the United States, Republic of China, United Kingdom and the Union of Soviet Socialist Republics, and in the interests of the other United Nations at war with Japan.

DOUGLAS MAC ARTHUR

Supreme Commander for the Allied Powers

C. W. NIMITZ

United States Representative

[Hsu Yung-Chang]

Republic of China Representative

BRUCE FRASER

United Kingdom Representative

[Lieutenant-General K. Derevoyanko]

Union of Soviet Socialist Republics Representative

T. A. BLAMEY

Commonwealth of Australia Representative

L. MOORE COSGRAVE

Dominion of Canada Representative

LE CLERC

Provisional Government of the French Republic Representative

C. E. L. HELFRICH

Kingdom of the Netherlands Representative

L. M. ISITT

Dominion of New Zealand Represetative

6. 연합국 최고사령관 지령(SCAPIN) 제677호

SCAPIN NO. 677

GENERAL HEADQUARTERS

SUPREME COMMANDER FOR THE ALLIED POWERS

(29 January 1946)

AG 091 (29 Jan. 45) GS

(SCAPIN-677)

MEMORANDUM FOR: IMPERIAL JAPANESE GOVERNMENT

THROUGH : Central Liasion Office, Tokyo.

SUBJECT : Governmental and Administrative Separation of Certain Outlying Areas from Japan

1. The Imperial Japanese Government is directed to cease exercising, or attempting to exercise, governmental or administrative authority over any area outside of Japan, or any government officials and employees or any other persons within such areas.
2. Except as authorised by this Headquarters, the Imperial Japanese Government will not communicate with government officials and employees or with any other outside of Japan for any purpose other than the routine operation of authorised shipping, communications and weather services.
3. For the purpose of this directive, Japan is defined to include the four

main islands of Japan(Hokkaido, Honshu, Kyushu and Shikoku) and the approximately 1,000 smaller adjacent islands, including the Tsuima Islands and the Ryukyu(Nansei) Islands north of 30°North Latitude (excluding Kuchinoshima Island) ; and excluding (a) Utsryo(Ullung) Island, Liancourt Rocks(Take Island) and Quelpart(Saishu or Cheju Island), (b) the Ryukyu(Nansei) Islands south of 30°North Latitude (excluding Kuchinoshima Island), the Izu, Nanpo, Bonin(Ogasawara) and Volcano(Kazan or Iwo) Island Groups, and all other outlying Pacific Islands (including the Daito [Ohigashi or Oagari] Islands), and (c) the Kurile(Chishima) Islands, the Habomai(Hapomaze) Island group (including Suisho, Yuri, Akiyuri, Shibotsu, and Taraku Island) and Shikotan Island.

4. Further areas specifically excluded from the governmental and administrative jurisdiction of Imperial Government are the following : (a) all Pacific Islands seized or occupied under mandate or otherwise by Japan since the beginning of the World War in 1914, (b) Manchuria, Formosa and the Pescadores, (c) Korea, and (d) Karafuto.

5. The definition of Japan contained in this directive shall also apply to all future directives, memoranda and orders from this Headquarters unless otherwise specified therein.

6. Nothing in this directive shall be construed as an indication of Allied policy relating to the ultimate determination of the minor islands referred to in article 8 of the Potsdam Declaration.

7. To Imperial Japanese Government will prepare and submit to this Headquarters a report of all governmental agencies in Japan the functions of which pertain to areas outside a statement as defined in this directive. Such report will include a statement of the functions, organization and personnel of each of the agencies concerned.

8. All records of the agencies referred to in paragraph 7 above will be preserved and kept available for inspection by this Headquarters.

FOR THE SUPREME COMMANDER :
(sgd.) H. W. ALLEN,
Colonel, AGD,
Asst. Adjutant General.

7. SCAPIN 제677호 부속 행정지도

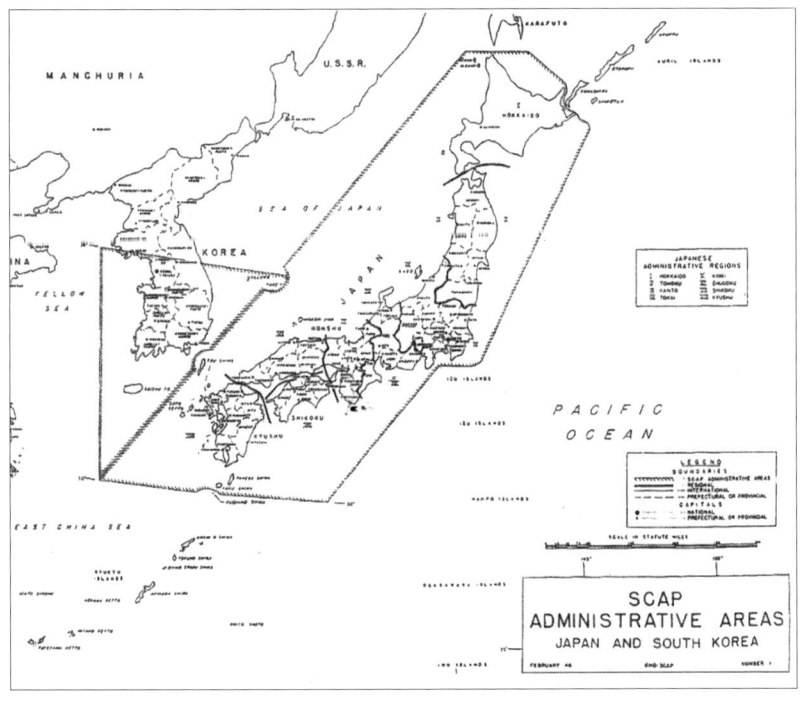

8. 연합국 최고사령관 지령(SCAPIN) 제677-1호

SCAPIN NO. 677-1

GENERAL HEADQUARTERS

SUPREME COMMANDER FOR THE ALLIED POWERS

(5 December 1951)

APO 500

AG 091 (29 Jan 46) GS

SCAPIN-677/1

MEMORANDUM FOR IMPERIAL JAPANESE GOVERNMENT.

THROUGH : Central Liaison Office, Tokyo.

Subject : Governmental and Administrative Separation of Certain Outlying Areas from Japan

1. Reference:

    a. Memorandum for the Japanese Government, AG 091 (29 Jan 46) GS (SCAPIN 677), 29 January 1946, subject, "Governmental and Administrative Separation of Certain Outlying Areas from Japan".

    b. Memorandum for the Japanese Government, AG 091 (22 Mar 46) GS (SCAPIN 841), 22 March 1946, subject, "Governmental and Administrative Separation of Certain Outlying Areas from Japan".

2. Paragraph 3 of reference a, as amended by reference b, is further amended so that the Ryukyu (Nansei) Islands north of 29° north latitude

are included within the area defined as Japan for the purpose of that directive.

3. The Japanese Government is directed to resume governmental and administrative jurisdiction over these islands, subject to the authority of the Supreme Commander for the Allied Powers.

FOR THE SUPREME COMMANDER:

H.W.Allen,
Colonel, AGD,.
Asst Adjutant General.

9. 연합국 최고사령관 지령(SCAPIN) 제1033호

SCAPIN NO. 1033

GENERAL HEADQUARTERS

SUPREME COMMANDER FOR THE ALLIED POWERS

(22 June 1946)

AG 800.217 (22 Jun. 46) NR

(SCAPIN -1033)

MEMORANDUM FOR : IMPERIAL JAPANESE GOVERNMENT

THROUGH : Central Liasion Office, Tokyo.

SUBJECT : Area Authorized for Japanese Fishing and Whaling.

References : (a) FLTLOSCAP Serial No. 80 of 27 September 1945.

          (b) SCAJAP Serial No. 42 of 13 October 1945.

          (c) SCAJAP Serial No. 587 of 3 November 1945.

1. The provisions of references (a) and (b), and paragraphs 1 and 3 of reference (c) in so far as they relate to authorization of Japanese fishing areas, are rescinded.

2. Effective this date and until further notice Japanese fishing, whaling and similar operations are authorized within the area bounded as follow: From a point midway between Nosappu Misald and Kaigara Jima at

approximately 43°23′North Latitude, 145°51′East Longitude; to 43° North Latitude, 146°30′ East Longitude; thence to 45°North Latitude 165°East Longitude; thence south along 155th Meridian to 24°North Latitude; west along the 24th Parallel to 123°East Longitude; thence north to 26°North Latitude, 123°East Longitude; thence to 32°30′ North Latitude; 125°East Longitude; thence to 33°North Latitude, 127°40′ East Longitude; thence to 40°North Latitude, 135°East Longitude; to 45°30′ North Latitude, 140°East Longitude; thence east to 45°30′ North Latitude, 145°East Longitude rounding Soya Misaki at a distance of three(3) miles from shore; south along 145th Meridian to a point three(3) miles off the coast of Hokkaido; thence along a line three(3) miles off the coast of Hokkaido rounding Shiretoko Saki and passing through Nemuro Kaikyo to the starting point midway between Nosappu Misald and Kaigara Jima.

3. Authorization in paragraph 3 above is subject to the following provisions:

    (a) Japanese vessels will not approach closer than twelve(12) miles to any island within the authorized area which lies south of 30° North Latitude with the exception of Sofu Gan. Personnel from such vessels will not land on islands lying south of 30°North Latitude, except Sofu Gan, nor have contact with any inhabitants thereof.

    (b) Japanese vessels or personnel thereof will not approach closer than twelve(12) miles to Takeshima(37°15′ North Latitude, 131°53′ East Longitude) nor have any contact with said island.

4. The present authorization does not establish a precedent for any further extension of authorized fishing areas.

5. The present authorization is not an expression of allied policy relative to ultimate determination of national jurisdiction, international boundaries or fishing rights in the area concerned or in any other areas.

FOR THE SUPREME COMMANDER :

(sgd.) JOHN B. COOLEY,
Colonel, AGD,
Asst. Adjutant General.

10. 연합국 최고사령관 지령(SCAPIN) 제1033-1호

SCAPIN NO. 1033/1

GENERAL HEADQUARTERS

SUPREME COMMANDER FOR THE ALLIED POWERS

(23 December 1948)

AG 800.217 (22 Jun. 46) NR

(SCAPIN -1033/1)

MEMORANDUM FOR : THE JAPANESE GOVERNMENT

THROUGH : Central Liasion Office, Tokyo.

SUBJECT : Area Authorized for Japanese Fishing and Whaling.

1. Reference is made to General Headquarters, Supreme Commander for the Allied Powers Memorandum for Japanese Government, AG 800.217(22 Jun 46) NR, SCAPIN 1033, subject, as above, 22 June 1946. Paragraph 2 of this Memorandum is amended to read :

"2. Effective this date and until further notice Japanese fishing, whaling and similar operations are authorized within the area bounded as follow : From a point midway between Nosappu Misald and Kaigara Jima at approximately 43°23′North Latitude, 145°51′East Longitude; to 43° North Latitude, 146°30′ East Longitude; thence to 45°North Latitude 165°East Longitude; thence south along 155th Meridian to 24°North Latitude; west along the 24th Parallel to 123°East Longitude; thence north to 26°North Latitude, 123°East Longitude; thence to Longitude rounding Soya Misaki at a distance of three(3) miles from shore; 32°30′ North Latitude; 125°East Longitude; thence to 33°North Latitude, 127° 40′ East Longitude; thence to 40°North Latitude, 135°East Longitude; to 45°30′ North Latitude, 140°East Longitude; thence east to 45°30′ North Latitude, 145°East south along 145th Meridian to a point three(3) miles off the coast of Hokkaido; thence along a line three(3) miles off the coast of Hokkaido rounding Shiretoko Saki and passing through Nemuro Kaikyo to the starting point midway between Nosappu Misald and Kaigara Jima."

2. All Provisions of reference memorandum as amended above continue in effect.

FOR THE SUPREME COMMANDER :

(sgd.) R. M. LEVY,
Colonel, AGD,
Asst. Adjutant General.

11. 대한민국 승인 유엔총회 결의안 195(III)호

[195 (III). The Problem of the independence of Korea]

the General Assembly

Having regard its resolution 112(II) of 14 November 1947 concerning the problem of the independence of Korea,

Having considered the report[1] of the United Nations Temporary Commission on Korea(hereinafter referred to as the "Temporary Commission"), and the report[2] of the Interim Committee of the General Assembly regarding its consultation with the Temporary Commission,

Mindful of the fact that, due to difficulties referred to in the report of the Temporary Commission, the objectives set forth in the resolution of 14 November 1947 have not been fully accomplished, and in particular that unification of Korea has not yet been achieved,

1. Approves the conclusions of the reports of the Temporary Commission;

2. Declares that there has been established a lawful government (the Government of the Republic of Korea) having effective controland jurisdiction over that part of Korea where the Temporary Commission was able to observe and consult and in which the great majority of the people of all Korea reside; that this Government is based on elevations

which were a called expression of the free will of the electorate of that part of Korea and which were observed by the Temporary Commission; and that this is the only such Government in Korea;

3. Recommends that the occupying powers should withdraw their occupation forces from Korea as early as practicable;

4. Resolves that, as a means to the full accomplishment of the objectives set forth in the resolution of 14 November 1947, a Commission on Korea consisting of Australia, China, El Salvador, France, India, the Philippines and Syria, shall be established to continue the work of the Temporary Commission and carry out the provisions of the present resolution, having in mind the status of the Government of Korea as herein defined, and in particular to:
    (a) Lend its good offices to bring about the unification of Korea and the integration of all Korean security forces in accordance with the principles laid down by the General Assembly in the resolution of 14 November 1947;
    (b) seek to facilitate the removal of barriers to economic, social and other friendly intercourse caused by the division of Korea;
    (c) Be available for observation and consultation in the further development of representative government based on the freely-expressed will of the people;
    (d) Observe the actual withdrawal of the occupying forces and certify the fact of withdrawal when such has occurred; and for this purpose, if it so desires, request the assistance of military experts of the two occupying powers;

5. Decides that the Commission:

> (a) Shall, within thirty days of the adoption of the present resolution, proceed to Korea, where it shall maintain its seat;
>
> (b) shall be regarded as having superseded the Temporary Commission established by the resolution of 14 November 1947;
>
> (c) Is authorized to travel, consultand observe throughout Korea;
>
> (d) Shall determine its own procedures;
>
> (e) May consult with the Interim Committee with respect to the discharge of its duties in the light of developments and within the terms of the present resolution;
>
> (f) Shall render a report to the next regular session of the General Assembly and to any prior special session which might be called to consider the subject-matter of the present resolution, and shall render such interim reports as it may deem appropriate to the Secretary-General for distribution to Members;

6. Requests that the Secretary-General shall provide the Commission with adequate staff and facilities, including technical advisers as required; and authorizes the Secretary-General to pay he expenses and per diem of a representative and an alternate from each of the states members of the Commission;

7. Calls upon the Member States concerned, the Government of the Republic of Korea, and all Koreans to afford every assistance and facility to the Commission in the fulfillment of its responsibilities;

8. Calls upon Member States to refrain from any acts derogatory to the

results achieved and to be achieved by the United Nations in bringing about the complete independence and unity of Korea;

9. Recommends that Member States and other nations, in establishing their relations with the Government of the Republic of Korea, take into consideration the facts set out in paragraph 2 of the present resolution,

Hundred and eighty-seventh plenary meeting
12 December 1948.

12. 샌프란시스코강화조약 제1차 미국 초안

GENERAL HEADQUARTERS SUPREME COMMANDER THE ALLIED POWERS

Diplomatic Section

APO

20 March 1947

MEMORANDUM FOR : General McArthur.

SUBJECT : Outline and Various Sections of Draft Treaty.

Subjoined are preliminary State Department "committee" draft as follows:

(1) Outline of the Peace Treaty with Japan.

(2) Preamble to the Treaty.

(3) Chapter I - Territorial Clauses.

(4) Chapter II - Clauses Relating to Ceded Territories.

Chapter V, Interim Controls, was recently communicated to you.

As stated in the covering memorandum addressed to me these drafts are tentative and have not as yet been approved by the States Department committee working on the drafts or elsewhere in the States Department.

The other sections of the draft treaty as indicated in the outline have not yet been drated.

With reference to Chapter I, Territorial Clauses, article A, 1, I understand that discussion is still continuing between JCS and SWNCC in regard to the future of Okinwa and the most southern part of the Kuriles.

Any comment you might wish to make in regard to any portion of the draft would, of course, be most welcome.

George Atcheson, Jr.

Incl:

Drafts, as described.

March 19, 1947

Ambassador Atcheson:

Attached are two copies of each the following draft documents:

1. Outline of the Peace Treaty with Japan.
2. Preamble to the Treaty.
3. Chapter II - Territorial Clauses
4. Chapter IV - Clauses Relating to ceded Territories.

These drafts are tentative and have not as yet been approved by the committee working or the draft treaty of elsewhere in the Department.

CHAPTER I - TERRITORIAL CLAUSES

Article 1

The territorial limits of Japan shall be those existing on January 1, 1894, subject to the modifications set forth in Article 2, 3… As such these limits shall include the four principal islands of Honsu, Kyushu, Shikoku and Hokkaido and all minor offshore islands, excluding the Kurile Islands, but including the Ryukyu Islands forming part of Kagoshima Prefecture, the Izu Islands southward to Sofu Gan, the islands of the onland Sea, Rebun,

Riishiri, Okujiri, Sado, Oki, Tsushima, Iki and the Goto Archpelago. These territorial limits are traced on the maps attached to the present treaty.

Article 2

Japan hereby cedes to China in full sovereignty the island of Formosa and adjacent minor islands, including Agincourt (Hokasho), Menkasho, Kaheisho, Kashoto, Kotosho, Shokotosho, Shichiseigan and Ryukyusho, and the Pescadores Islands. Japan hereby renounces all special rights and claims in or to the Liaotung Peninsula. Article

Article 3

Japan hereby cedes to the Soviet Union in full sovereignty that portion of the island of Saghalien (Karafuto) south of 50°N. Lat., and Kaiba Island, Japan hereby cedes to the Soviet Union in full sovereignty the Kurile Islands, lying between Kamchatka and Hokkaido.

Article 4

Japan hereby renounces all rights and titles to Korea and all minor offshore Korean islands, including Quelpart Island, Port Hamilton, Dagelet (Utsuriyo) Island and Liancourt Rock (Takeshima).

Article 5

Japan hereby renounces all claims to Pratas Island, to the Spratly and Paracel Island, or to any other island in the South China Sea.

Article 6

Japan hereby renounces all rights and titles to the Bonin Islands, including

Nishino Island, to the Volcano Island and to Parece Vela.

Article 7

Japan hereby renounces all rights and titles to the Ryukyu Islands forming part of Okinawa Prefecture, and to Daito and Rasa Islands.

Article 8

Japan hereby renounces all territorial claims in the Antarctic.

(이하 생략)

* 문서번호 740.0011 PW(PEACE)/3-2047

13. 샌프란시스코강화조약 제2차 미국 초안

August 5, 1947

DRAFT

TREATY OF PEACE WITH JAPAN

CHAPTER I
TERRITORIAL CLAUSES

Article 1

1. The territorial limits of Japan shall comprise the four principal Japanese islands of Honshu, Kyushu, Shikoku and Hokkaido and all minor islands, including the islands of the Inland Sea (Seto Nakai), the Habomai Islands, Shikotan, Kunashiri and Etorofu, the Goto Archipelago, the Ryukyu Islands, and the Izu Islands southward to and including Sofu Gan (Lot's Wife). As such, the territorial limits of Japan shall include all islands with their territorial waters within a line beginning at a point in 45°45′N. latitude, 140°E. longitude; proceeding due east through La Peroues Strait (Soya Kaikyo) to 149°10′E. longitude; due south through Etorofu Strait to 37°N. latitude; thence in a southwesterly direction to a point in 23°30′N. latitude 134°E. longitude;

    thence due went to 122°30′E. longitude;

    thence due north to 26°N. latitude;

    thence in a northeasterly direction to a point in 30°N. latitude, 127°E. longitude;

thence due north to 33°N. latitude;

thence in a northeasterly direction to a point in 40°N. latitude, 136°E. longitude;

thence in a the east of north to the point of beginning.

2. These territorial limits are indicated on Map No. 1 attached to the present Treaty.

Article 2

1. Japan hereby cedes to China in full sovereignty the island of Taiwan (Formosa) and adjacent minor islands, Agincourt (Hoka Sho), Crag (Menka Sho), Pinnacle (Kahei Sho), Samasana (Kasho To), Botel Tobago (Koto Sho), Little Botel Tobago (Shokoto Sho), Vele Reti Rocks (Shichisei Seki), and Lambay (Ryukyu Sho); together with the Pescadores Islands (Hoko Shoto); and all other islands to which Japan had acquired title within a line beginning at a point in 26°N. latitude, 121°E. longitude and proceeding due east to 122°30′E. longitude,

thence due south to 21°30′N. latitude,

thence due west through the Bashi Channel to 119°E. longitude,

thence due north to a point in 24°N. latitude,

thence northeasterly to the point of beginning.

This line is indicated on Map No. 2 attached to the present Treaty.

2. Japan hereby renounces all extraterritorial concessions, special rights and claims in or to the Liautung Peninsula and elsewhere in China.

Article 3

1. Japan hereby cedes to the Union of Soviet Socialist Republics in full sovereignty that portion of the island of Sakhalin (Karafuto) south of

50°N. latitude, and adjacent islands, including Totamoshiri (Kaiba To, or Moneron), and Robben Island (Tyuleniy Ostrov, or Kaihyo To).

2. Japan hereby cedes to the Union of Soviet Socialist Republics in full sovereignty the Kurile Islands, comprising the islands northeast of Etorofu Strait (Etorofu Kaikyo) from Urup (Uruppu) to Shumushu inclusive, which were ceded by Russia to Japan by the Treaty of 1875.

Article 4

Japan hereby renounces all rights and titles to Korea (Chosen) and all offshore Korean islands, including Quelpart (Saishu To); the Nan How group (San To, or Komun Do) which forms Port Hamilton (Tonakai); Dagelet Island (Utsuryo To, or MatsuShima); Liancourt Rocks (Takeshima); and all other islands and islets to which Japan had acquired title lying outside the line described in Article 1 and to the east of the meridian $124°15'$E. longitude, north of the parallel $33'$N. latitude, and west of a line from the seaward terminus of the boundary at the mouth of the Tumen River to a point in $37°30'$N. latitude, $132°40'$E. longitude. This line is indicated on Map No. 1 attached to the present Treaty. (이하 생략)

14. 샌프란시스코강화조약 제3차 미국 초안

CHAPTER I
TERRITORIAL CLAUSES

Article 1

1. The territorial limits of Japan shall comprise the four principal Japanese islands of Honshu, Kyushu, Shikoku and Hokkaido and all adjacent minor islands, including the islands of the Inland Sea (Seto Naikai), Sado, Oki Retto, Tsushima, the Goto Archipelago, the Ryukyu Islands north of 29°N. latitude, and the Izu Island southward to and including Sofu Gan (Lot's Wife).

> NOTE 1
>
> The Question whether provision should be made in the draft for the retention by Japan of all or some of the southernmost Kurils (Kunashiri and Etorofu), the Habomais and Shikotan is still being studied. It is believed that legally the case for the retention by Japan of the Hanomais and Shikotan is stronger than case for the retention of the southernmost Kurils.

> NOTE 2
>
> The draft provide for the retention by Japan of the Ryukyus north of 29°north latitude, although a firm U.S. position on the disposition of the Ryukyus has not yet been reached.

NOTE 3

1. After decision have been reached concerning the disposition of the islands mentioned in NOTES 1 and 2 above, there should be interested in Article 1 provisions setting forth the territorial limits of Japan in terms of lattitude and longitude.
2. These territorial limits are indicated on Map No. 1 attached to the present Treaty.

Article 2

Japan hereby cedes to China in full sovereignty the island of Taiwan (Formosa) and adjacent minor islands, including Agincourt (Hoka Sho), Crag (Menka Sho), Pinnacle (Kahei Sho), Samasana (Kasho To), Botel Tobago (Koto Sho), Little Botel Tobago (Shokoto Sho), Vele Reti Rocks (Shichisei Seki), and Lambay (Ryukyu Sho); together with the Pescadores Islands (Hoko Shoto); and all other islands to which Japan had acquired title within a line beginning at a point in 26°N. latitude, 121°E. longitude, and proceeding due east to 122°30´E. longitude,

thence due south to 21°30´N. latitude

thence due west through the Bashi Channel to 119°E. longitude,

thence due north to a point in 24°N. latitude,

thence northeasterly to the point of beginning.

This line is indicated on Map No. 2 attached to the present Treaty.

Article 3

1. Japan hereby cedes to the Union of Soviet Socialist Republics in full sovereignty that portion of the island of Sakhalin (Karafuto) south of 50°N. latitude, and adjacent islands, including Totamoshiri (Kaiba To, or

Moneron), and Robben Island (Tyuleniy Ostrov, or Kaihyo To).

2. Japan hereby cedes to the Union of Soviet Socialist Republics in full sovereignty the Kurile Islands.(Note: This provision is subject to modification in accordance with the decision reached concerning the disposition of the southern Kurils. See Note 1 under Article 1 above.)

Article 4

Japan hereby renounces in favor of the Korean people all rights and titles to Korea (Chosen) and all offshore Korean islands, including Quelpart (Saishu To); the Nan How group (San To, or Komun Do) which forms Port Hamilton (Tonakai); Dagelet Island (Utsuryo To, or MatsuShima); Liancourt Rocks (Takeshima); and all other islands and islets to which Japan had acquired title lying outside the line described in Article 1 and to the east of the meridian 124°15′E. longitude, north of the parallel 33′N. latitude, and west of a line from the seaward terminus of the boundary at the mouth of the Tumen River to a point in 37°30′N. latitude, 132°40′E. longitude. This line is indicated on Map No. 1 attached to the present Treaty.

Article 5

1. Japan hereby renounces all rights and titles to the Bonin Islands (Ogasawara Gunto) including Rosario Islands (Nishino Shima), the Volcano Islands (Kazan Retto), Parece Vela (Douglas Reef), and marcus Island (Minamitori Shima).

(이하 생략)

15. 샌프란시스코강화조약 제4차 미국 초안

October 13, 1949

TREATY OF PEACE WITH JAPAN

Have therefore agreed to declare the cessation of the state of war, and for this purpose to the present Treaty of Peace, and have accordingly appointed the undersigned plenipotentiaries who, after presentation of their full powers, found in good and due from, have agreed on the following provisions:

CHAPTER I
TERRITORIAL CLAUSES

Article 1

1. The territorial limits of Japan shall comprise the four principal Japanese islands of Honshu, Kyushu, Shikoku and Hokkaido and all adjacent minor islands, including the islands of the Inland Sea (Seto Naikai), Sado, Oki Retto, Tsushima, the Goto Archipelago, the Ryukyu Islands north of 29°N. latitude, and the Izu Island southward to and including Sofu Gan (Lot's Wife).

2. These territorial limits are indicated on the map attached to the present Treaty.

Article 2

Japan hereby cedes to China in full sovereignty the island of Taiwan (Formosa) and adjacent minor islands, including Agincourt (Hoka Sho), Crag (Menka Sho), Pinnacle (Kahei Sho), Samasana (Kasho To), Botel Tobago (Koto Sho), Little Botel Tobago (Shokoto Sho), Vele Reti Rocks (Shichisei Seki), and Lambay (Ryukyu Sho); together with the Pescadores Islands (Hoko Shoto); and all other Islands to which Japan had acquired title within a line beginning at a point in 26°N. latitude, 121°E, longitude, and proceeding due east to 122°30′E. longitude, thence due south to 21°30′N. latitude, thence due west through the Bashi Channel to 119°E. longitude, thence due north to a point in 24°N. latitude, thence northeasterly to the point of beginning. This line is indicated on Map attached to the present Treaty.

Article 3

1. Japan hereby cedes to the Union of Soviet Socialist Republics in full sovereignty that portion of the island of Sakhalin (Karafuto) south of 50°N. latitude, and adjacent islands, including Totamoshiri (Kaiba To, or Moneron), and Robben Island (Tyuleniy Ostrov, or Kaihyo To).
2. Japan hereby cedes to the Union of Soviet Socialist Republics in full sovereignty the Kurile Islands.2)

   1) Note I – If China does not sign the treaty, it would be the U.S position that the treaty should not contain a provision whereby Japan would cede Formosa and the Pescadores to China, but that it should provide that disposition of these islands should be determined subsequently by the states concerned, including the parties to the present Treaty.

2) Note I - If the U.S.S.R does not sign the treaty, it would be the U.S. position that the treaty should not contain a prevision whereby Japan would cede the territories described in Article 3, but that it should provide that the status of these territories should be determined subsequently by the states concerned, including the parties to the present treaty.

Article 4

Japan hereby renounces in favor of the Korean people all rights and titles to Korea (Chosen) and all offshore Korean islands, including Quelpart (Saishu To); the Nan How group (San To, or Komun Do) which forms Port Hamilton (Tonakai); Dagelet Island (Utsuryo To, or MatsuShima); Liancourt Rocks (Takeshima); and all other islands and islets to which Japan had acquired title lying outside the line described in Article 1 and to the east of the meridian 124°15′E. longitude, north of the parallel 33′N. latitude, and west of a line from the seaward terminus of the boundary at the mouth of the Tumen River to a point in 37°30′N. latitude, 132°40′E. longitude. This line is indicated on Map attached to the present Treaty.

Article 5

1. Japan hereby renounces all rights and titles to the Bonin Islands (Ogasawara Gunto) including Rosario Islands (Nishino Shima), the Volcano Islands (Kazan Retto), Parece Vela (Douglas Reef), and marcus Island (Minamitori Shima).

2. The Allied and Associated Powers undertake to support an application by the United States for the placing of these islands under trusteeship,

in accordance with Articles 77, 79, and 83 of the Charter of the United Nations, the trusteeship agreement to designate the islands as a strategic area and to provide that the United States shall be the administering authority.

Article 6

Japan hereby renounce all rights and title to the Ryukyu Island south of 29°N latitude. The Allied and Associated powers undertake to support an application by the United States for the placing of these islands …
(이하 생략)

16. 샌프란시스코강화조약 제5차 미국 초안

TREATY OF PEACE WITH JAPAN

(전략)

CHAPTER II
TERRITORIAL CLAUSES

Article 3

1. The territory of Japan shall comprise the four principal Japanese islands of Honshu, Kyushu, Shikoku, and Hokkaido and all adjacent minor islands, including the islands of the Inland Sea (Seto Naikai), Sado, Oki Retto, Tsushima, the Goto Archipelago, the Ryukyu Islands north of 29° N. latitude, and the Izu Islands southward to and including Sofu Gan (Lot's Wife) and all other islands within a line beginning at a point in 45°45′N. latitude, 140° longitude east of Greenwich, proceeding due east through La Perouse Street (Soya Kaikyo) to 146°E. longitude;

   thence by a rhumb line in a direction to the west of south to a point in 43°45′E. longitude;

   thence by a rhumb line in a southeasterly direction to a point in 43°20′ N. latitude, 146°E. longitude,

   thence due east to a point in 149°E. longitude;

   thence due south to 37°N. longitude;

   thence by a rhumb line in a southwesterly direction to a point in 29°N. latitude, 140°E. longitude;

thence due west to 127°E. longitude;

thence due north to a point in 33°N. latitude;

thence due north to a point in 33°N. latitude;

thence by a rhumb line in a northeasterly direction to a point in 40°N. latitude, 136°E. longitude;

thence by a rhumb line in a direction to the east of north to the point of beginning. All islands within said line, and all islands, islets and rocks traversed by the said line, should there be such, with a three-mile belt of territorial waters, shall belong to Japan.

2. This line of allocation is indicated on the map attached to the present Treaty.

Article 4

1. Japan hereby cedes to China in full sovereignty the island of Taiwan (Formosa) and adjacent minor islands, including Agincourt (Hoka Sho), Crag (Menka Sho), Pinnacle (Kahei Sho), Samasana (Kasho To), Botel Tobago (Koto Sho), Little Botel Tobago (Shokoto Sho), Vele Reti Rocks (Shichisei Seki), and Lambay (Ryukyu Sho); together with the Pescadores Islands (Hoko Shoto); and all other islands to which Japan had acquired title within a line beginning at a point in 26°N. latitude, 121°E. longitude, and proceeding due east to 122°30′E. longitude;

   thence due south to 21°30′N. latitude;

   thence due west through the Bashi Channel to 119°E. longitude;

   thence due north to a point in 24°N. latitude;

   thence northeasterly to the point of beginning.

2. This line is indicated on the map attached to the present Treaty. 2

Article 5

1. Japan hereby cedes to the Union of Soviet Socialist Republics in full sovereignty that portion of the island of Sakhalin (Karafuto) south of 50° N. latitude, and adjacent islands, including Totamoshiri (Kaiba To, or Moneron), and Robben Island (Tyuleniy Ostrov, of Kaihyo To).
2. Japan hereby cedes to the Union of Soviet Socialist Republics in full sovereignty the Kuril Islands.3

Article 6

1. Japan hereby renounces in favor of Korea all rights and titles to the Korean mainland territory and all offshore Korean islands, including Quelpart (Saishu To), the Man How group (San to, or Komun Do) which forms Port Hamilton (Tomaikai), Dagelet Island (Utsuryo To, of Matsu Shima), Liancourt Rocks (Takeshima), and all other islands and islets to which Japan has acquired title lying outside the line described in Article 3 and to the east of the meridian 124°15′E. longitude, north of the parallel 33°N. latitude, and west of a line from the seaward terminus of the boundary approximately three nautical miles from the mouth of the Tumen River to a point in 37°30′N. latitude, 132°40′E. longitude.
2. This line is indicated on the map attached to the present Treaty.

(이하 생략)

> 1) Note I--if China does not sign the treaty, it would be the U.S. position that the treaty should not contain a provision whereby Japan should cede Formosa and the Pescadores to China, but that it should provide that disposition of these islands should be

determined subsequently by the states concerned, including the parties to the present Treaty.

2) Note I--If the USSR does not sign the treaty, it would be the U.S. position that the treaty should not contain a provision whereby Japan would cede the territories described in Article 5 but that it should provide that the status of these territories should be determined Subsequently by the states concerned, including the parties to the present Treaty.

Note II--With reference to paragraph 2 of Article 5, decision whether the U.S. should propose the retention by Japan of Etorofu Kunashiri, and the Lesser Kuriles (the Habomais and Shikotan) das not been finally made Present thinking is that the U.S. should not raise the issue but that if it is raised by Japan we might show a sympathetic attitude. Consideration should also be given to the question whether it might be advisable for the U.S. to propose that USSR place the Kuriles under the trusteeship system.

17. 시볼드의 전문의견서

740.0011PW(Peace) / 11-1449 : Telegram

The Acting Political Adviser in Japan (Sebald) to the Secretary of State

SECRET   TOKYO, November 14, 1949

NO.495.

For Butterworth :

General MacArthur and I have independently given careful study and consideration to the November 2 draft treaty forwarded under cover of your letter November 4, minus chapter 5 reserved for security provisions. General MacArthur submits the following observations:

    a. That the provisions contained in Article 52 should be eliminated as contrary to the concept of a definitive peace enunciated in the preamble, and would be generally construed by both Japanese and the outside world as continuing restriction upon, Japanese sovereignty, becoming a psychological barrier to the prompt, orderly and progressive re-entry of Japan into a dignified place within the community of nations.

    b. That Article 39 and annex 7 should be re-examined in the light of the bitterness which would be aroused if provision is made for the partial recovery from Japan for losses sustained by United Nations nationals resulting from damage to property in Japan, while losses sustained by United Nations nationals in areas occupied by the Japanese or in the areas of formal Japanese empire to be ceded to other nations under terms of the treaty are excepted from claim or recovery.

That such provisions are entirely inconsistent with the intent and effect of Article 31, 32 and 36 of the treaty draft and could not fail to be challenged as a move designed to afford special protection to British and American investments in Japan, providing the Soviet and a Communist China with a major propaganda advantage. That the imposition of such a burden upon Japan would most seriously impair the chance for her economic rehabitation and thereby eventually confront the American

people with the possibility of having to assume this financial burden either directly of in directly.

c. Article 41, paragraph 3 is considered unrealistic for the reasons not only that the Japanese economy most probably could not stand the tremendous drain consequent upon compensation for Japanese assets abroad, but also because it attempts to legislate upon a matter which might better be left for determination between the Japanese Government and its nationals.

I fully concur with General MacArthur's observations set forth in a, b, and c above. Although I propose to submit by airmail mission's comments in greater detail and on an article by article bases[1], I believe it might be helpful to give our tentative reactions : While the mission is agreed that it would be preferable to have a shorter treaty with less emphasis upon technical matters, we feel that to a

---

1 Despatch No. 806, November 19, not printed.

large extinct the problem is one that must be solved in consequence of the needs, desires and recommendations of the many Washington agencies concerned, as well as with a view to presenting an acceptable drag to our Allies.

On the other hand, we are somewhat concerned that the November 2 draft seemingly represents the maximum conditions which the United States seeks to place upon Japan, and that it leaves little room for bargaining purposes should a "harder" treaty be desired by our Allies. We are, of course, fully aware that the security provisions have not yet been formulated and that revisions of fundamental provisions in the draft may be affected thereby. The following are our preliminary comments concerning those provisions which we consider of high importance :

Article 4

Presumably security provisions will effect eventual determination Taiwan and adjacent islands. Suggest consideration question of trusteeship for Taiwan consequent upon plebiscite.

Article 5, paragraph 2

Japan will unquestionably advance strong claim to Etorofu, Kunashiri, Hablmai, and Shikotan. Believe United States should support such claim and due allowance made in draft for peculiarities this situation. Consider problem highly important in view questions permanent boundary and fisheries.

Article 6

Recommend reconsideration Liancourt Rocks (Takeshima). Japan's claim to these islands is old and appears valid. Security considerations might conceivably envisage weather and radar stations thereon.

Article 14

Query : Should Japan be committed to recognize treaties of little or no direct to concern to herself, or treaties which have not yet been concluded?

Article 19

Strongly recommend deletion this entire article.

Article 33 to 37, inclusive

Suggest single article containing general statement referring these matters to annexes.

Article 38

Recommend deletion.

Article 41, Paragraph 2

consider this paragraph gratuitous.

Article 43

We are somewhat skeptical concerning proposed arbitral tribunal by reason of its being an extension into era of peace, presumably for many years, of forced means of adjudication.

Article 48

Recommend deletion or rewording this article to state a principle rather than an enforced administrative measure.

Article 49

Question the necessity for this article.

Sebald

* Foreign Relations of the United States 1949, Vol. VII, pp. 899~900.

18. 시볼드의 서면의견서

THE FOREIGN SERVICE
OF THE
UNITED STATES OF AMERICA
740.0011PW(Peace)/11-1949
United States Political adviser for Japan
Tokyo, November 19, 1949
No. 806
SECRET
Subject : Comment on Draft Treaty of Peace with Japan
The Honorable
Secretary of State, Washington.

Sir :
With reference to this Mission's telegram no.495 of November 14, 1949, giving General MacArthur's and my reactions to the
draft treaty of peace with Japan dated November 2, 1949, I now
have the honor to convey to the Department a more detailed exposition of this Mission's views with respect both to the document as a whole and to its individual articles and annexes.
The November 2 draft is manifestly a moderate and reasonable document, admirably designed to conform to standard treaty forms, to contain all principal desiderata of the United States Government and at the same time to attain acceptance by the other Allied and Associated Powers. The intense

labor, thought and craftsmanship which have obviously been devoted to its formulation have resulted in a praiseworthy draft which the United States can present to its Allies with good pride and conscience.

After long consultation together, however, I and the other concerned officers of the Mission are agreed that careful attention to the psychology and other particularities of the Japanese people and attentive cognizance of Far Eastern political complexities will suggest means whereby the draft treaty might be made more nearly to conform with the underlying requirements which we believe should govern the efforts of the United States in bringing about a Japanese peace settlement.

On the basis of realities as they exist today, we believe that there are three basic objectives which should determine the policy of the United States in formulating this treaty, namely ;

(1) Adequate provision for long-range security of the United States ;
(2) Effectuation of a true and lasting regime of peace on the part of Japan ; and
(3) The alignment of Japan for the indefinite future with the Western democracies and specifically with the United States.

DETAILED COMMENT ON NOVEMBER 2 DRAFT TREATY

Preamble, Before the final clause of the mid-paragraph of the preamble insert : "will re-establish Japan in normal international intercourse, will promote the principles of the United Nations, and …"

Article 1. It s believed that consideration should be given to omitting paragraphs 2 and 3, particularly the latter. It appears unlikely that the

Japanese will endeavor to set aside the major reforms which have been achieved under the Occupation. To commit Japan by a stipulation in the peace treaty to abide by this program would emphasize the extent to which the reforms are of foreign origin, and it would provide the bases for continued domestic affairs, Communist facility in exploiting such openings leaves little doubt but that the Soviet Union would most profit thereby.

Alternatively, it is suggested that consideration be given to modification of the four numbered paragraphs of Article 1 to read substantially as follows :
"1. Japan desires membership in the United Nations, will apply forthwith, and when admitted will accept membership and the obligations contained in the Charter of the United Nations, including the maintenance of international peace and cooperation.
2. Japan desires to participate in, and will apply for admission to, other international agreements to which sovereign states in general are eligible.
3. The Allied and Associated Powers undertake to support Japan's aforementioned applications."

We are of the opinion that it is desirable to give to the signatory Powers of the treaty an interest in Japan's admission to the United Nations and other international bodies.
Article 2. This short statement, and the Preamble, are the only friendly and sympathetic notes in the entire treaty. It is recommended that Article 2 be further developed.
Article 3. It is admitted that this Article offers a practical and convenient manner of describing the territories which Japan gives up and those which Japan retains. It is believed, however, that the method of delineation

employed in this Article has serious psychological disadvantages. If possible, it is recommended that another method of description be employed which avoids circumscribing Japan with a line even if it is necessary to enumerate a large number of territories in an annex. We suggest that the practicability be explored of defining Japan territorially in positive terms, altering Article 3 approximately as follows ; retain the first six lines of the draft of paragraph 1 ; name further islands as necessary off the coasts of Japan ; continue with the words "and all other islands nearer therefrom to the home islands of Japan" ; and conclude Article 3 with the statement that "all islands within the area described, with a three-mile belt of territorial waters, shall belong to Japan."
In any event, the omission of paragraph 2 and of the map is recommended.

Following such a revised Article 3 an article might advisably be inserted stating that Japan hereby cedes and renounces all territory, mandate, concession rights, titles, and claims outside the territorial areas described in Article 3.

(It is noted that in the November 2 draft the principle of renunciation by Japan without direct cession to a new sovereign is recognized in Articles 8 through 12.)

Articles 4 through 12, We suggest that in the treaty Articles 4 through 12 of the November 2 draft be omitted, and that in a document subsidiary to the treaty among the signatories other than Japan the disposition of territories formerly under Japanese jurisdiction be agreed upon. The necessity of direct cession would thereby be removed from the treaty proper and Japan would not rest under the necessity of being a party to it.

In the subsidiary agreement, with regard to Taiwan it is suggested that consideration be given to the question of a plebiscite to determine for or against a United Nations trusteeship, on the ground that disturbed conditions in China intervening since the Cairo Conference invalidate any automatic disposition of the Island. (The discussion in the pertinent footnote of the November 2 draft, which takes into account the contingency of China's possible failure to sign the treaty, seems to us an inadequate treatment of the important political and strategic factors involved in determining the disposition of Taiwan.)

With regard to the disposition of islands east and northeast of Hokkaido to be proposed in such subsidiary agreement, it is suggested that the draft to be supplied to the United Kingdom and British Commonwealths by the United States contain a provision for the "ceding to the Soviet Union in full sovereignty of the Kuril mid-channel line between Etorofu Island and Uruppu Island", and that this be accompanied by a footnote to the effect that "It is the hope of the United States that the Soviet Union will not seek to annex Etorofu, Kunashiri, Shikotan, or Habomai Islands." The claim of their forming a part of the Kuril Islands is historically weak, and they are of far greater navigational and fishing importance to Japan would include specifically Etorofu, Kunashiri, Shikotan, and Habomai Islands.

With regard to the disposition of islands formerly possessed by Japan in the direction of Korea it is suggested that Liancourt Rocks(Takeshima) be specified in our proposed Article 3 as belonging to Japan. Japan's claim to these islands is old and appears valid, and it is difficult to regard them as islands off the shore of Korea.

Security considerations might also conceivably render the provision of weather and radar stations on these islands a matter of interest to the United

States.

Undertakings to support the trusteeships proposed in Articles 7 and 8 of the November 2 draft would properly form a part of the suggested subsidiary agreement among the signatories other than Japan.

Article 13. No comment.

Article 14. It is questioned whether Japan should be compelled to recognize treaties of little or no direct concern to herself or treaties which have not yet been concluded.

Article 15 and 16. It is suggested that consideration be given to deleting these articles. It is believed that Japan will be most eager in any event to revive its appropriate bilateral and multilateral treaties. Revived voluntarily, the status of Japan's participation in the revived treaties would not suffer from the taint of the apparently unequal provisions of Article 15 as drafted.

Article 17. Already covered by the general article proposed for insertion after Article 3.

Article 18. No comment.

Article 19. It is strongly recommended that this entire Article be deleted

(이하 생략)

19. 샌프란시스코강화조약 제6차 미국 초안

DRAFT TREATY OF PEACE WITH JAPAN

(December 29, 1949)

COMMENTARY

DRAFT TREATY

(전략)

CHAPTER II
TERRITORIAL CLAUSES

Article 3

1. the territory of Japan shall comprise the four principal Japanese islands of Honshu, Kyushu, Shikoku and Hokkaide and all adjacent minor islands, including the islands of the Inland Sea(Seto Naikai) ; Tsushima, Takeshima

 (Liancourt Rocks), Oki Retto, Sado, Okujiri, Rebun, Riishiri and all other islands in the Japan Sea(Nippon Kai) within a line connecting the farther shores of Tsushima, Takeshima and Rebun ; the Goto archipelago, the Ryukyu Islands north of 29°N. latitude, and all other islands of the East China Sea east of longitude 127°east of Greenwich and north of 29°N. latitude; the Izu Islands southward to and including Sofu Gan(Lots wife) and all other islands of the Philippine Sea nearer to the four principal islands than the islands named ; and the Habomai group and Shikotan lying to the east and south of a line extending from a point in 43°35′N. latitude, 145°35′E. longitude, and to the south of a line drawn due east on th parallel in 44°N. latitude. All of the islands identified above, with a three-mile belt of territorial waters, shall belong to Japan.

2. All of the islands mentioned above are shown on the map attached to the present Treaty.

Article 4

Japan hereby cedes to China in full sovereignty the inland of Taiwan(Formosa) and adjacent minor islands, including Agincourt(Hoka Sho), Crag(Menka Sho), Pinnacle(Kahei Sho), Samasana(Kasho To), Botel Tobago(Koto Sho), Little Botel Tobago(Shokoto Sho), Vele Reti Rocks(Shichisei Seki), and Lambay(Ryukyu Sho) ; and all other islands to which Japan had acquired title in Bashi Channel which lie to the north of 21° 30′N. latitude.

Article 5

1. Japan hereby cedes to the Union of Soviet Socialist Republics in full sovereignty that portion of the island of Sakhalin (Karafuto) south of 50°N. latitude, and adjacent islands, including Totamoshiri(Kaiba To, or Moneron), and Robben Island(Tyuleniy Ostrov, or Kaihyo To).
2. Japan hereby cedes to the Union of Soviet Socialist Republics in full sovereignty the Kurile Islands.

Article 6

Japan hereby renounces in favor of Korea all rights and titles to the Korean mainland territory all offshore Korean islands, including Quelpart(Saishu

To), the Nan How group(San to, or Komun Do) which forms Port Hamilton(Tonaikai), Dagelet Island(Utsuryo To, or Matsu Shima), and all other offshore Korean islands and islets to which Japan had acquired title.

Article 7

1. Japan hereby renounces all rights and titles to
    (a) The Ryukyu Islands south of 29°N. altitude ;
    (b) The Bonin Islands (Ogasawara Gunto) including Rosario Island(Nishino Shima), the Volcano Islands(Kazan Retto), Parece Vela.

(이하 생략)

20. 샌프란시스코강화조약 제6차 미국 초안에 대한 주석

Commentary on Draft Treaty of Peace with Japan (July, 1950)

I. GENERAL

1. Nature of the Treaty

The underlying concept of the treaty draft is that the settlement should restore Japan to a genuinely sovereign status with a minimum of restrictions and special disabilities. The object is to encourage and inspire the Japanese to continue on a peaceful and democratic course in friendly association with the non-Communist world-not to attempt to legislate through a pattern of treaty requirements matters which the Japanese must in the last analysis decide for themselves on the basis of their own appraisal of their nation's interests.

(중략)

Takeshima (Liancourt Rocks)

The two uninhabited islets of Takeshima, almost equidistant from Japan and Korea in the Japan Sea, were formally claimed by Japan in 1905, apparently without protest by Korea, and placed under the Jurisdiction of the Oki Islands Branch Office of Shimane Prefecture.

They are a breeding ground for sea lions, and records show that for a long

time Japanese fishermen migrated there during certain seasons.
Unlike Dagelet Island a short distance to the west, Takeshima has no Korean name and does not appear ever to have been claimed by Korea. The islands have been used by U.S. forces during the occupation as a bombing range and have possible value as a weather or radar station site.

The Goto Archipelago
Lying southeast of ……

(이하 생략)

21. 샌프란시스코강화조약 제7차 미국 초안

694.001/8-950

Memorandum by the Consultant to the Secretary (Dulles) to the Assistant Secretary of State for Economic Affairs (Thorp)

SECRET [WASHINGTON] AUGUST 9, 1950.

On the theory that circumstances may make it desirable to act expeditiously to bring about peace with Japan on the basis of a simple Treaty, Mr. Allison and I have drawn up the annexed as a possible alternative to the long form previously circulated, and on which we should we should appreciate your comments.

J[OHN] F[OSTER] D[ULLES]

[Attachment]

Draft #2　　　　　　　　　　　　　　　　　　　　AUGUST 7, 1950.

PREAMBLE

The United States, and, hereinafter called the Allied and Associated Powers, and Japan, desire that henceforth their relations shall be those of nations which, as sovereign equals, cooperate in friendly association to promote their common welfare and to maintain international peace and security.

Accordingly they have concluded this treaty.

CHAPTER I
PEACE

1. The parties declare and agree that the state of war between them is ended forthwith.

CHAPTER II
SOVEREIGNTY

2. Subject to the provisions hereof and of any other relevant treaties, the Allied and Associated Powers accept the full sovereignty of the Japanese people, and their freely chosen representatives, over Japan and its territorial waters.

CHAPTER III
UNITED NATIONS

3. Japan, as a peace-loving prepared to accept the obligations contained in the Charter of the United Nations, will promptly apply for membership in that Organization and the Allied and Associated Powers which are Members of the United Nations will support that application.

1) Copies of this draft had been sent to Messrs. Kennan, Rusk, Nitze, Fisher, and Hamilton on August 7.
2) Copies of the long form draft as it had evolved by July 18 and August 3, 1950, together with extensive covering memoranda and commentaries, are filed under 694.001/7-1850. The long form draft was in 44articles and 8 annexes. It included no security provisions.

CHAPTER IV
TERRITORY

4. Japan recognizes the independence of Korea and will base its relation with Korea on the resolutions adopted by the United Nations Assembly on December __ , 1948.

5. Japan accepts whatever decision may hereafter be agreed upon by the united states, the United Kingdom, the Soviet Union and China with reference to the future status of Formosa, the Pescadores, Sakhalin south of $50°$ north latitude and the Kurile Islands. In the event of failure in any case to agree within one year, the parties of this treaty will accept the decision of the United Nations General Assembly.

6. Japan accepts the action of the united Nations Security Council on February, 1947 with reference to the trusteeship of former Japanese mandated islands and will accept any decision of the united Nations which extends the trusteeship system to all or part of Ryukyu and Bonin Islands.

(이하 생략)

*Foreign Relations of the United States 1959, Vol. VI, pp. 1267~1268.

3) Corrected in later drafts to April 2, 1947. For documentation pertinent to the negotiation of the Trusteeship Agreement for former Japanese-mandated islands in the Pacific, concluded on that day between the United States and the U.N. Security Council, see Foreign Relations, 1947, vol. I, pp. 204~219.

22. 샌프란시스코강화조약 제8차 미국 초안

Tokyo Post Files : 320.1 Peace Treaty

Draft of a peace Treaty With Japan

SECRET   [WASHINGTON] September 11, 1950.

PREAMBLE

_____, hereinafter called the Allied and Associated Powers, and Japan, are resolved that henceforth their relations shall be the these of nations which, as sovereign equals, cooperate in friendly association to promote their common welfare and to maintain international peace and security. Accordingly they have concluded this treaty.

CHAPTER I
PEACE

1. The state of war between the Allied an associated powers and Japan is ended.

CHAPTER II
SOVEREIGNTY

2. The Allied and Associated Powers accept the full sovereignty of the Japanese people, and their freely chosen representatives, over Japan and its territorial waters in accordance with and subject to the provisions hereof.

CHAPTER III
UNITED NATIONS

3. Japan will promptly apply for membership in the United Nations and the Allied and Associated Powers which are Members of the United Nations will support that application.

CHAPTER IV
TERRITORY

4. Japan recognizes the independence of Korea and will base its relation with Korea on the resolutions of the United Nations General Assembly and Security Council with respect to Korea.

5. Japan accepts whatever decision may hereafter be agreed upon by the United Kingdom, the Soviet Union, China, and the United States with reference to the future status of Formosa, the Pescadores, Sakhalin south of 50° north latitude and the Kurile Islands.

   In the event of failure in any case to agree within one year from the effective date of this treaty, the parties to this Treaty will seek and accept the recommendation of the United Nations General Assembly.

6. Japan accepts the action of the United Nations Security Council of April 2, 1947 extending the trusteeship system, with the United States as the administering authority, to the Pacific Islands formerly under mandate to Japan.

   The United States will also propose to the United Nations to place under its trusteeship system, with United States as the administering authority, the Ryukyu Islands south of 29° north latitude, the Bonin Islands, including Posario Islands, the Volcano Islands, Parece Vela and Marcus Islands, and pending affirmative action on such proposal the

United States will have full powers of administration, legislation, and jurisdiction over the territory of these islands.

CHAPTER V
SECURITY
7. As a prospective member ……

(이하 생략)

*Foreign Relations of the United States 1950, Vol. VI, pp.1297~1298.

23. 샌프란시스코강화조약 제1차 영국 초안(1951. 2. 28.)

Registry No. Fj 1022/97

I enclose a very rough preliminary draft of a possible Peace Treaty with Japan. The draft contains no articles but is numbered in paragraphs with headings. The substance is taken from policy approved by Ministers and the form is based principally on that of the Italian Peace Treaty.

I expect that you will have seen Foreign Office telegram to Washington NO. 753 of the 24th February saying that we should like to let the Americans have informally a first draft of a Treaty if possible by the middle of March.

We propose to give this draft to the Americans with every sort of reservation with regard to content and drafting, is an illustration of now on official which as you know we hope to convey to them within the next few days, might appear in the detailed context of a Treaty.

I also think that work on a draft text, however tentative, will bring to light a number of points which we may have lost sight of over the last few months. It should also help us to clear our minds on what from the United Kingdom point of view, it is essential to have in the Treaty.

If our formal approach to the United States Government succeeds in eliciting a fairly firm statement of United States policy in reply, we shall need to have our arguments ready on the points on which we wish to be firm, and to have considered very carefully how far, in the light of Mr. Dulles' conversations in Tokyo, we may be able to meet United States views on others.

The Foreign Office Legal Advisers considered ···

(중략)

Territories

6. Japanes sovereignty shall continue over all the islands and adjacent islets and rocks lying within an area bounded by a line ··· the line should include Hokkaido, Honshu, Shikoku, Kyushu, the Suisho, Yuri, Akijiri, Shibotsu, Oki and Taraku islands, the Habomai islands, Kuchinoshima, Utsuryo(Ulling island, Miancourt[sic.] rocks(Take island) Quelpart(Shichi or Chejudo) island and Shikotan. The line above described is plotted on the map attached to the present Treaty(Annex Ⅰ). In the case of a discrepancy between the map and the textual description of the line, the latter shall prevail.

7. Japan hereby renounces any claim to sovereignty over, and all right, title and interest in, Korea, and undertakes to recognize and respect all such arrangements as may be made by or under the auspices of the United Nations regarding the sovereignty and independence of Korea.

8. Japan hereby cedes to the Union of Soviet Socialist Republics in full sovereignty the Kurile islands, that portion of South Sakhlin over which Japan formally exercised sovereignty and the Habomai group of islands, and agrees to the arrangement respecting these territories set in Annex.

9. Japan hereby cedes to China, in full sovereignty, the island of Formosa and the Pescadores island, and agrees to the arrangements respecting

property in these territories set out in Annex.

10. Japan renounces sovereignty over, and all right, title to and interest in the Ryukyu Bonin and Volcano islands, and Marcus island.

11. Japan takes note of the intentions of the United States Government to negotiate a United Nations trusteeship agreement in respect of the Ryukyu and Bonin islands, once this present Treaty has come into force.

(이하 생략)

24. 샌프란시스코강화조약 제2차 영국 초안(1951. 3.)

2nd DRAFT OF JAPANESE PEACE TREATY

Preamble

1. The United Kingdom of Great Britain and Northern Ireland, the United States of America, Australia, Canada, the Netherlands, New Zealand, and …, hereinafter referred to as "the Allied and Associated Powers", of the one part, and Japan, of the other;

2. Whereas Japan under the militarist regime became a party to the Tripartite Pact with Germany and Italy, undertook a war of aggression and thereby provoked a state of war with all the Allied and Associated Powers and with other United Nations, and bears her share of responsibility for the war; and

3. Whereas in consequence of the victories of the Allied Forces, the militarist regime in Japan was overthrown and Japan, having surrendered unconditionally, in accordance with the Potsdam Proclamation, signed an Instrument of Surrender on the 2nd September, 1945; and

4. Whereas the Allied and Associated Powers and Japan are desirous of concluding a Treaty of Peace which, in conformity with the principles of justice, will settle questions still outstanding as a result of the events hereinbefore recited, will enable Japan freely to accept and apply the principles of the Universal Declaration of Human and will form the basis of friendly relations between them;

5. Have therefore agreed to declare the cessation of the state of war and

for this purpose to conclude the present Treaty of Peace, and have accordingly appointed the undersigned Plenipotentiaries, who, after presentation of their full powers, found in good and due form, have agreed on the following provisions:

(중략)

PART Ⅰ - TERRITORIAL CLAUSES
Section Ⅰ. Japan.

Article 1

(6) Japanese sovereignty shall continue over all the islands and adjacent islets and rocks lying within an area bounded by a line from Latitude 30° N in a North-Easterly direction to approximately Latitude 33°N 128°E. then northward between the islands of Quelpart, Fukue-Shima bearing North-Easterly between Korea and the islands of Tsushima, continuing in this direction with the islands of Oki-Retto to the South-East and Take Shima to the North-West curving with the coast of Honshu, then Northerly skirting Rebun Shima passing Easterly through Soya Kaikyo approximately 145°40′N, then in a South-Easterly direction paralled to the coast of Hokkaido to 145°30′E. Entering Numero Kaikyo to the South-West passing the Western end of Kumashiri bearing South-Easterly and passing through the Goyomai Channel
between Suisho Shima and Hokkaido at 43°25′ N, then in a South-Westerly direction with the coastline towards the Nanpo Group of Island curving South to include Sofu-Gan(Lot's Wife) at 29°50′ N., veering to the North-West towards the coast of Honshu, then at approximately 33°N. turning South-Westerly past Shikoku to 30°N. to include Yaku

Shima and excluding Kuchina Shima and the Ryukyu Islands South of Latitude 30°North. The line above described is plotted on the map attached to the present Treaty(Annex I). In the case of a discrepancy between the map and the textual description of the line, the latter shall prevail.

Section II. Ceded Territories
Article 2
(7) Japan hereby renounce any claim to sovereignty over, and all right, title and interest in Korea, and undertakes to recognize and respect all such arrangement as may be made by or under the auspices of the United Nations regarding the sovereignty and independence of Korea.

Article 3
(8) Japan hereby cedes to the Union of Soviet Socialist Republics in full sovereignty the Kurile islands, that portion of South Sakhalin over which Japan formerly exercised sovereignty, and the Habomai group of islands, and agrees to the arrangements respecting these territories set out in Annex.

Article 4
(9) Japan hereby cedes to China, in full sovereignty, the island of Formosa and the Pescadores, and agrees to the arrangements respecting property in these territories set out in Annex.

Article 5
(10) Japan renounces sovereignty over, and all right, title to and interest in

the Ryukyu Bonin and Volcano islands, and Marcus island.

(11) Japan takes note of the intentions of the United States Government to negotiate a United Nations trusteeship agreement in respect of the Ryukyu and Bonin Volcano islands, when this present Treaty has come into force.

Article 6

(12) Japan renounces all rights, titles, interests and claims to territories or islands formerly administered by her under League of Nations Mandate, and all other rights, titles, interests and claims deriving from the League of Nations Mandates System or from any undertaking given in connexion therewith, together with all special rights of the Japanese State in respect of any territory now or formerly under Mandate.

Article 7

(13) Japan renounces all political and territorial claims in or relative to the Antarctic Continent and the islands adjacent thereto, and undertakes to ferego and not to assert any such claims in the future.

(이하 생략)

25. 샌프란시스코강화조약 제3차 영국 초안(1951. 4. 7.)

PROVISIONAL DRAFT OF JAPANESE PEACE TREATY
(UNITED KINGDOM)

PREAMBLE

1. The Union of Soviet Socialist Republics, the United Kingdom of Great Britain and Northern Ireland, the United States of America, China, France, Australia, Burma, Canada, Ceylon, India, Indonesia, the Netherlands, New Zealand, Pakistan, the Republic of the Philippines ; hereinafter referred to as "the Allied and Associated Powers", of the one part, and Japan, of the other ;

2. Whereas Japan under the militarist regime became a party to the Tripartite Pact with Germany and Italy, undertook a war of aggression and thereby provoked a state of war with all the Allied and Associated Powers and with other United Nations, and bears her share of responsibility for the war; and

3. Whereas in consequence of the victories of the Allied Forces, the militarist regime in Japan was overthrown and Japan, having surrendered unconditionally, in accordance with the Potsdam Proclamation, signed an Instrument of Surrender on the 2nd September, 1945; and

4. Whereas the Allied and Associated Powers and Japan are desirous of concluding a Treaty of Peace which, in conformity with the principles of justice, will settle questions still outstanding as a result of the events hereinbefore recited, will enable Japan freely to accept and apply the

principles of the Universal Declaration of Human Rights and will form the basis of friendly relations between them;

5. Have therefore agreed to declare the cessation of the state of war and for this purpose to conclude the present Treaty of Peace, and have accordingly appointed the undersigned plenipotentiaries, who, after presentation of their full powers, found in good and due form, have agreed on the following provisions:

PREAMBLE ARTICLE

As from the date of the coming into force of the present treaty, the state of war between Japan and each of the Allied and Associated Powers which ratify of accede to the Treaty is hereby terminated.

PART I - TERRITORIAL CLAUSES

Article 1.

Japanese sovereignty shall continue over all the islands and adjacent islets and rocks lying within an area bounded by a line from latitude 30°N in a north-westerly direction to approximately latitude 33°N. 128°E. then northward between the islands of Quelpart, Fukue-Shima bearing north-easterly between Korea and the islands of Tsushima, continuing in this direction with the islands of Oki-Retto to the south-east and Take Shima to the north-west curving with the coast of Honshu, then northerly skirting Rebun Shima passing easterly through Soya Kaikyo approximately 142° E., then in a south-easterly direction paralled to the coast of Hokkaido to 145°30′E. entering Numero Kaikyo at approximately 44°30′ N. in a south-westerly direction to approximately 43°45′ N. and 145°15′ E., then in south-easterly direction to approximately 43°35′ N. 145°35′ E., then bearing north-easterly to approximately 44°N., so excluding Kunashiri, and curving to the east and then bearing south-westerly to include Shikotan at 147°5′ E., being the most easterly point, then in a south-westerly direction with the coastline towards the Nanpo Group of Islands curving south to include Sofu-Gan(Lot's Wife) at 29°50′ N., veering to the northwest towards the coast of Honshu, then at approximately 33°N. turning south-westerly past Shikoku to 30°N. to include Yaku Shima and excluding Kuchino Shima and the Ryuku Islands south of latitude 30°North.

The line above described is plotted on the map attached to the present Treaty(Annex Ⅰ).² In the case of a discrepancy between the map and the textual description of the line, the latter shall prevail.

Article 2.

Japan hereby renounce any claim to sovereignty over, and all right, title and interest in Korea, and undertakes to recognize and respect all such arrangement as may be made by or under the auspices of the United Nations regarding the sovereignty and independence of Korea.

Article 3.

Japan hereby cedes to the Union of Soviet Socialist Republics in full sovereignty the Kurile islands, that portion of South Sakhalin over which Japan formerly exercised sovereignty.

---

2 Not printed.

Article 4.

Japan hereby cedes to China, in full sovereignty, the island of Formosa and the Pescadores.

Article 5.

1. Japan renounces sovereignty over, and all right, title to and interest in the Ryukyu Bonin and Volcano islands, and Marcus island.

2. Japan takes note of the intentions of the United States Government to negotiate a United Nations trusteeship agreement in respect of the Ryukyu and Bonin Volcano Islands when this present Treaty has come into force.

Article 6.

Japan renounces all rights, titles, interests and claims to territories or islands formerly administered by her under League of Nations mandate, and all other rights, titles, interests and claims deriving from the League of Nations mandates system or from any undertaking given in connexion therewith, together with all special rights of the Japanese State in respect of any territory now or formerly under mandate.

26. 샌프란시스코강화조약 제1차 미·영 합동 초안 (1951. 5. 3.)

Toyko Post Files : 320.1 Peace Treaty
[SECRET] WASHINGTON, [May 3], 1951.
U.K. contributions U.S. contributions

JOINT UNTIED STATES - UNITED KINGDOM DRAFT PREPARED DURING THE DISCUSSIONS IN WASHINGTON, APRIL-MAY 1951

PREAMBLE

··· hereinafter referred to as "the Allied Powers", of the one part, and Japan, of the other part ;
whereas the Allied Powers and Japan are resolved that henceforth their relations shall be those of nations which, as sovereign equals, co-operate in friendly association to promote their common welfare and to maintain international peace and security, and are therefore desirous of concluding a Treaty of Peace which will settle questions still outstanding as a result of the existence of a state of war between them and will enable Japan to carry out her declared intentions to apply for membership in the United Nations Organization and in all circumstances to confirm to the principles of the Charter of the United Nations ; to strive to realize the objectives of the Universal Declaration of Human Rights ; to seek to create within Japan conditions of stability and well-being as defined in Articles 55 and

56 of the Charter of the United Nations and already initiated by post-war Japanese legislation ; and in public and private trade and commerce to conform to internationally accepted fair practices ;

Whereas the Allied Powers welcome the intentions of Japan set out in the foregoing paragraph ;

Have therefore agreed to conclude the present Treaty of Peace and have accordingly appointed the undersigned Plenipotentiaries, who, after presentation of their full powers, found in good and due form, have agreed on the following provisions. CHAPTER I

PEACE

Article 1

The state of war between Japan and each of the Allied Power is hereby terminated as from the date on which the present Treaty comes into force between Japan and the Allied Power concerned.

CHAPTER II
TERRITORY

Article 2

Japan renounces all rights, titles and claims to Korea (including Quelpart, Port Hamilton and Dagelet), [Formosa and the Pescadores] ; and also all rights, titles and claims in connection with the mandate system [or based on any past activity of Japanese nationals in the Anarctic area.

Japan accepts the action of the United Nations Security Council of April 2, 1947, in relation to extending the trusteeship system to Pacific Islands formerly under mandate to Japan. (U.K. reserves position on passages between square brackets.)

Article 3

Japan will concur in any proposal …

(이하 생략)

* Foreign Relations of the United States 1951, Vol. VI, pp. 1024~1025.

27. 샌프란시스코강화조약 제2차 미·영 합동 초안
(1951. 6. 14.)

694.001/6-1451

Revised United States - United Kingdom Draft of a Japanese Peace Treaty

SECRET   [LONDON] June 14, 1951.

PREAMBLE

Whereas the Allied Powers and Japan are resolved that henceforth their relations shall be those of nations which, as sovereign equals, cooperate in friendly association to promote their common welfare and to maintain international peace and security, and are therefore desirous of concluding a Treaty of Peace which will settle questions still outstanding as a result of the existence of a state of war between them and will enable Japan to carry out its intention to apply for membership in the United Nations Organization and in all circumstances to conform to the principles of the Charter of the United Nations; to strive to realize the objectives of the Universal Declaration of Human Right; to seek to create within Japan conditions of stability and well-being as defined in Articles 55 and 56 of the Charter of the United Nations and already initiated by post-surrender Japanese legislation; and in public and private trade and commerce to conform to internationally accepted fair practices;

Whereas the Allied Powers welcome the intentions of Japan set out in the foregoing paragraph; The Allied Powers and Japan have therefore agreed to conclude the present Treaty of Peace, and have accordingly appointed the undersigned Plenipotentiaries, who, after presentation of their full powers, found in good and due form, have agreed on the following provisions.

CHAPTER I
PEACE

Article 1

The state of war between Japan and each of the Allied Power is hereby terminated as from the date on which the present Treaty comes into force between Japan and the Allied Power concerned.

CHAPTER II
TERRITORY

Article 2

(a) Japan, recognizing the independence of Korea, renounces all right, title and claim to Korea, including the islands of Quelpart, Port Hamilton and Dagelet.

(b) Japan renounces all right, title and claims to Formosa and the Pescadores.

(c) Japan renounces all right, title and claims to the Kurile Islands, and to that portion of Sakhalin and the islands adjacent to it over which Japan acquired sovereignty as a consequence of the Treaty of Portsmouth of September 5, 1905.

(d) Japan renounces all right, title and claim in connection with the League of Nations Mandate System, and accepts the action of the United Nations Security Council of April 2, 1947, extending the trusteeship system to the Pacific Islands formerly under mandate to Japan.

(e) Japan renounces all claim to any right or title to or interest in connection with any part of the Antarctic area, whether deriving from the activities of Japanese nationals or otherwise.

(f) Japan renounces all right, title and claim to Spratly Island and the Paracel Islands.

Article 3

Japan will concur in any proposal of the United States to the United Nations to place under its trusteeship system, with the United States as the administering authority, the Ryukyu Islands south of 29° north latitude, the Bonin Islands, including Rosario Island, the Volcano Islands, Parece Vela and Marcus Island.

Pending the making of such a proposal and affirmative action thereon, the United States will have the right to exercise all and powers of administration, legislation, and jurisdiction over the territory and inhabitants of these islands, including their territorial waters.

Article 4

(a) The disposition of property and claims, including debts, of Japan and its nationals in or against the authorities presently administering the areas referred to in Articles 2 and 3 the residents (including juridical persons) thereof, and of such authorities and residents against Japan and its nationals, shall be the subject of special arrangements between Japan and such authorities.

The property of any the Allied Powers of its nationals in the areas referred to in Articles 2 and 3 shall, insofar as this has not already been done, be returned in the condition in which it now exists. (The term nationals whenever used in the present Treaty includes juridical persons.)

(b) Japanese owned submarine cables connecting Japan with territory removed from Japanese control pursuant to the present Treaty shall be equally divided, Japan retaining the Japanese terminal and adjoining half of the cable, and the detached territory the remainder of the cable connecting terminal facilities.

CHAPTER II
SECURITY

Article 5

(a) Japan accepts the obligation ……

(이하 생략)

* Foreign Relations of the United States 1951, Vol. VI, pp. 1119~1121.

28. 양유찬 대사의 덜레스에 대한 공한(1951. 7. 19.)

July 19, 1951

Your Excellency,

I have the honor to present to Your Excellency, at the instruction of my Government, the following requests for the consideration of the Department of State with regard to the recent revised draft of the Japanese Peace Treaty.

1. My Government requests that the world "renounces" in Paragraph A, Article Number 2, should be replaced by "confirms that it renounced on August 9, 1945, all right, title and claim to Korea and the islands which were part of Korea prior to its annexation by Japan, including the islands Quelpart, Port Hamilton, Dagelet, Dokdo and Parangdo."

2. As to Paragraph A, Article Number 4, in the proposed Japanese Peace Treaty, my Government wishes to point out that the provision in paragraph A, Article 4, does not affect the legal transfer of vested properties in Korea to the Republic of Korea through decision by the Supreme Commander of the Allied Forces in the Pacific following the defeat of Japan confirmed three years later in the Economic and Financial Agreement between the Republic of Korea and United States Military Government in Korea, of September 11, 1948.

3. With reference to Article 9, my Government wishes to interest the

following at the end of Article 9 of the proposed Peace Treaty, "Pending the conclusion of such agreements existing realities such as the MacArthur Line will remain in effect."

Please accept, Excellency, the renewed assurances of my highest consideration.

You Chan Yang

His Excellency
Lean G. Acheson
Secretary of State
Washington D.C.

* Foreign Relations of the United States 1951, Vol. VI, p. 1206.

29. 양유찬 대사의 애치슨 미 국무부 장관에 대한 공한
(1951. 8. 2.)

KOREAN EMBASSY
WASHINGTON, D.C.

August 2, 1951

Your Excellency,

I have the honor to present to Your Excellency to my communication to you for July 19, 1951 with reference to requests by the Korean Government for the consideration of the Department of State of certain suggestions in connection with the revised draft of the Japanese Peace Treaty. Further instructions from my Government enable me to convey to Your Excellency the following suggestions with respect to the revised Treaty, looking towards their incorporation in the document :

1. Article 4 : Japan renounces property of Japan and its nationals in Korea and the claims of Japan and its nationals against Korea and its nationals on or before August nine, Nineteen hundred Forty-One.
   Article 9 : The MacArthur Line shall remain until such agreement be concluded.
   Article 21 : And Korea to the benefits of Articles 2, 9, 12 and 15-a of the present Treaty.
   please accept, Excellency, the renewed assurances of my highest

consideration.

                                        You Chan Yang

His Excellency
Lean G. Acheson
Secretary of State
Washington D.C.

30. 양유찬 대사의 공한에 대한 미국 정부의 검토서
(1951. 8. 3.)

STANDARD FORM NO. 64
Office Memorandum-UNITED STATES GOVERNMENT

TO : S- Mr. Allison   DATE : August 3, 1951
FROM : NA - Mr. Fearey
SUBJECT : Islands

In his attached memorandum, Mr. Bogg's States that although he has "tried all resources in Washington" he has been unable to identify Dokdo and Parangdo, mentioned in the Korean Embassy's note. On receiving Bogg's memo I asked the Korean desk to find out whether anyone in the Korean Embassy knew where they were.

Frelinghuysen later reported that an Embassy officer had told him they believed Dokdo was near Ullungdo, or Takeshima Rock, and suspected that Parangdo was too. Apparently that is all we can learn short of a cable to Muccio.

As regards the French desire to change "Spratly Island" to "the Spratly Islands", Bogg's now says that the plural is probably better though he has always previously supported the singular. Spratly is definitely a group of islands, not just one islan.

Dean Rusk

FE:NA:RAFearey:re

31. 러스크 서한(1951. 8. 9.)

Excellency:

I have the honor to acknowledge the receipt of your notes of July 19 and August 2, 1951 presenting certain requests for the consideration of the Government of the United States with regard to the draft treaty of peace with Japan.

With respect to the request of the Korean Government that Article 2(a) of the draft be revised to provide that Japan "confirms that it renounced on August 9, 1945, all right, title and claim to Korea and the islands which were part of Korea prior to its annexation by Japan, including the islands Quelpart, Port Hamilton, Dagelet, Dokdo and Parangdo," the United States Government regrets that it is unable to concur in this proposed amendment. The United States Government does not feel that the Treaty should adopt the theory that Japan's acceptance of the Potsdam Declaration on August 9, 1945 constituted a formal or final renunciation of sovereignty by Japan over the areas dealt with in the declaration. As regards the islands of Dokdo, otherwise known as Takeshima or Liancourt Rocks, this normally uninhabited rock formation was according to our information never treated as part of Korea and, since about 1905, has been under the jurisdiction of the Oki Islands Branch Office of Shimane Prefecture of Japan. The island does not appear ever before to have been claimed by Korea. It is understood that the Korean Government's request that "Parangdo" be included among the islands named in the treaty as having been renounced by Japan has been withdrawn.

The United States Government agrees that the terms of paragraph (a) of Article 4 of the draft treaty are subject to misunderstanding and accordingly proposes, in order to meet the view of the Korean Government, to insert at the beginning of paragraph (a) the phrase, "Subject to the provisions of paragraph (b) of this Article", and then to add a new paragraph (b) reading as follows:

(b) "Japan recognizes the validity of dispositions of property of Japan and Japanese nationals made by or pursuant to directives of United States Military Government in any of the areas referred to in Article 2 and 3."

The government of the United States regrets that it is unable to accept the Korean Government's amendment to Article 9 of the draft treaty. In view of the many national interests involved, any attempt to include in the treaty provisions governing fishing in high seas areas would indefinitely delay the treaty's conclusion. It is desired to point out, however, that the so-called MacArthur line will stand until the treaty comes into force, and that Korea, which obtains the benefits of Article 9, will have the opportunity of negotiating a fishing agreement with Japan prior to that date.

With respect to the Korean Government's desire to obtain the benefits of Article 15(a) of the treaty, there would seem to be no necessity to oblige Japan to return the property of persons in Japan of Korean origin since such property was not sequestered or otherwise interfered with by the Japanese Government during the war.

In view of the fact that such persons had the status of Japanese nationals it would not seem appropriate that they obtain compensation for demage to their property as result of the war.

Accept, Excellency, the renewed assurances of my highest consideration.

for the Secretary of State :

Dean Rusk

FE:NA:RFEAREY:SB

August 9, 1951

32. Treaty of Peace with Japan

Treaty of Peace with Japan

Signed at San Francisco, 8 September 1951
Initial entry into force : 28 April 1952

WHEREAS the Allied Powers and Japan are resolved that henceforth their relations shall be those of nations which, as sovereign equals, cooperate in friendly association to promote their common welfare and to maintain international peace and security, and are therefore desirous of concluding a Treaty of Peace which will settle questions still outstanding as a result of the existence of a state of war between them;

WHEREAS Japan for its part declares its intention to apply for membership in the United Nations and in all circumstances to conform to the principles of the Charter of the United Nations; to strive to realize the objectives of the Universal Declaration of Human Rights; to seek to create within Japan conditions of stability and well-being as defined in Articles 55 and 56 of the Charter of the United Nations and already initiated by post-surrender Japanese legislation; and in public and private trade and commerce to conform to internationally accepted fair practices;

WHEREAS the Allied Powers welcome the intentions of Japan set out in the foregoing paragraph;

THE ALLIED POWERSAND JAPAN have therefore determined to conclude the present Treaty of Peace, and have accordingly appointed the undersigned Plenipotentiaries, who, after presentation of their full powers, found in good and due form, have agreed on the following provisions:

CHAPTER I
PEACE

Article 1

(a) The state of war between Japan and each of the Allied Powers is terminated as from the date on which the present Treaty comes into force between Japan and the Allied Power concerned as provided for in Article 23.

(b) The Allied Powers recognize the full sovereignty of the Japanese people over Japan and its territorial waters.

CHAPTER II
TERRITORY

Article 2

(a) Japan recognizing the independence of Korea, renounces all right, title and claim to Korea, including the islands of Quelpart, Port Hamilton and Dagelet.

(b) Japan renounces all right, title and claim to Formosa and the Pescadores.

(c) Japan renounces all right, title and claim to the Kurile Islands, and to that portion of Sakhalin and the islands adjacent to it over which Japan acquired sovereignty as a consequence of the Treaty of Portsmouth of 5 September 1905.

(d) Japan renounces all right, title and claim in connection with the League of Nations Mandate System, and accepts the action of the United Nations Security Council of 2 April 1947, extending the trusteeship system to the Pacific Islands formerly under mandate to Japan.

(e) Japan renounces all claim to any right or title to or interest in connection with any part of the Antarctic area, whether deriving from the activities of Japanese nationals or otherwise.

(f) Japan renounces all right, title and claim to the Spratly Islands and to the Paracel Islands.

Article 3

Japan will concur in any proposal of the United States to the United Nations to place under its trusteeship system, with the United States as the sole administering authority, Nansei Shoto south of 29deg. north latitude (including the Ryukyu Islands and the Daito Islands), Nanpo Shoto south of Sofu Gan (including the Bonin Islands, Rosario Island and the Volcano Islands) and Parece Vela and Marcus Island. Pending the making of such a proposal and affirmative action thereon, the United States will have the right to exercise all and any powers of administration, legislation and jurisdiction over the territory and inhabitants of these islands, including their territorial waters.

Article 4

(a) Subject to the provisions of paragraph (b) of this Article, the disposition of property of Japan and of its nationals in the areas referred to in Article 2, and their claims, including debts, against the authorities presently administering such areas and the residents (including juridical persons) thereof, and the disposition in Japan of property of such authorities and residents, and of claims, including debts, of such authorities and residents against Japan and its nationals, shall be the subject of special arrangements between Japan and such authorities. The property of any of the Allied Powers or its nationals in the areas referred to in Article 2 shall, insofar as this has not already been done, be returned by the administering authority in the condition in which it now exists. (The term nationals whenever used in the present Treaty includes juridical persons.)

(b) Japan recognizes the validity of dispositions of property of Japan and Japanese nationals made by or pursuant to directives of the United States Military Government in any of the areas referred to in Articles 2 and 3.

(c) Japanese owned submarine cables connection Japan with territory removed from Japanese control pursuant to the present Treaty shall be equally divided, Japan retaining the Japanese terminal and adjoining half of the cable, and the detached territory the remainder of the cable and connecting terminal facilities.

CHAPTER III
SECURITY

Article 5

(a) Japan accepts the obligations set forth in Article 2 of the Charter of the United Nations, and in particular the obligations

  (i) to settle its international disputes by peaceful means in such a manner that international peace and security, and justice, are not endangered;

  (ii) to refrain in its international relations from the threat or use of force against the territorial integrity or political independence of any State or in any other manner inconsistent with the Purposes of the United Nations;

(iii) to give the United Nations every assistance in any action it takes in accordance with the Charter and to refrain from giving assistance to any State against which the United Nations may take preventive or enforcement action.

(b) The Allied Powers confirm that they will be guided by the principles of Article 2 of the Charter of the United Nations in their relations with Japan.

(c) The Allied Powers for their part recognize that Japan as a sovereign nation possesses the inherent right of individual or collective self-defense referred to in Article 51 of the Charter of the United Nations and that Japan may voluntarily enter into collective security arrangements.

Article 6

(a) All occupation forces of the Allied Powers shall be withdrawn from Japan as soon as possible after the coming into force of the present Treaty, and in any case not later than 90 days thereafter. Nothing in this provision shall, however, prevent the stationing or retention of foreign armed forces in Japanese territory under or in consequence of any bilateral or multilateral agreements which have been or may be made between one or more of the Allied Powers, on the one hand, and Japan on the other.

(b) The provisions of Article 9 of the Potsdam Proclamation of 26 July 1945, dealing with the return of Japanese military forces to their homes, to the extent not already completed, will be carried out.

(c) All Japanese property for which compensation has not already been paid, which was supplied for the use of the occupation forces and which remains in the possession of those forces at the time of the coming into force of the present Treaty, shall be returned to the Japanese Government within the same 90 days unless other arrangements are made by mutual agreement.

CHAPTER IV
POLITICAL AND ECONOMIC CLAUSES

Article 7

(a) Each of the Allied Powers, within one year after the present Treaty has come into force between it and Japan, will notify Japan which of its prewar bilateral treaties or conventions with Japan it wishes to continue in force or revive, and any treaties or conventions so notified shall continue in force or by revived subject only to such amendments as may be necessary to ensure conformity with the present Treaty. The treaties and conventions so notified shall be considered as having been continued in force or revived three months after the date of notification and shall be registered with the Secretariat of the United Nations. All such treaties and conventions as to which Japan is not so notified shall be regarded as abrogated.

(b) Any notification made under paragraph (a) of this Article may except from the operation or revival of a treaty or convention any territory for the international relations of which the notifying Power is responsible, until three months after the date on which notice is given to Japan that such exception shall cease to apply.

Article 8

(a) Japan will recognize the full force of all treaties now or hereafter concluded by the Allied Powers for terminating the state of war initiated on 1 September 1939, as well as any other arrangements by the Allied Powers for or in connection with the restoration of peace. Japan also accepts the arrangements made for terminating the former League of Nations and Permanent Court of International Justice.

(b) Japan renounces all such rights and interests as it may derive from being a signatory power of the Conventions of St. Germain-en-Laye of 10 September 1919, and the Straits Agreement of Montreux of 20 July 1936, and from Article 16 of the Treaty of Peace with Turkey signed at Lausanne on 24 July 1923.

(c) Japan renounces all rights, title and interests acquired under, and is discharged from all obligations resulting from, the Agreement between Germany and the Creditor Powers of 20 January 1930 and its Annexes, including the Trust Agreement, dated 17 May 1930, the Convention of 20 January 1930, respecting the Bank for International Settlements; and the Statutes of the Bank for International Settlements. Japan will notify to the Ministry of Foreign Affairs in Paris within six months of the first coming into force of the present Treaty its renunciation of the rights, title and interests referred to in this paragraph.

Article 9

Japan will enter promptly into negotiations with the Allied Powers so desiring for the conclusion of bilateral and multilateral agreements providing for the regulation or limitation of fishing and the conservation and development of fisheries on the high seas.

Article 10

Japan renounces all special rights and interests in China, including all benefits and privileges resulting from the provisions of the final Protocol signed at Peking on 7 September 1901, and all annexes, notes and documents supplementary thereto, and agrees to the abrogation in respect to Japan of the said protocol, annexes, notes and documents.

Article 11

Japan accepts the judgments of the International Military Tribunal for the Far East and of other Allied War Crimes Courts both within and outside Japan, and will carry out the sentences imposed thereby upon Japanese nationals imprisoned in Japan. The power to grant clemency, to reduce sentences and to parole with respect to such prisoners may not be exercised except on the decision of the Government or Governments which imposed the sentence in each instance, and on recommendation of Japan. In the case of persons sentenced by the International Military Tribunal for the Far East, such power may not be exercised except on the decision of a majority of the Governments represented on the Tribunal, and on the recommendation of Japan.

Article 12

(a) Japan declares its readiness promptly to enter into negotiations for the conclusion with each of the Allied Powers of treaties or agreements to place their trading, maritime and other commercial relations on a stable and friendly basis.

(b) Pending the conclusion of the relevant treaty or agreement, Japan will, during a period of four years from the first coming into force of the present Treaty

(1) accord to each of the Allied Powers, its nationals, products and vessels

  (i) most-favoured-nation treatment with respect to customs duties, charges, restrictions and other regulations on or in connection with the importation and exportation of goods;

  (ii) national treatment with respect to shipping, navigation and imported goods, and with respect to natural and juridical persons and their interests - such treatment to include all matters pertaining to the levying and collection of taxes, access to the courts, the making and performance of contracts, rights to property (tangible and intangible), participating in juridical entities constituted under Japanese law, and generally the conduct of all kinds of business and professional activities;

(2) ensure that external purchases and sales of Japanese state trading enterprises shall be based solely on commercial considerations.

(c) In respect to any matter, however, Japan shall be obliged to accord to an Allied Power national treatment, or most-favored-nation treatment, only to the extent that the Allied Power concerned accords Japan national treatment or most-favored-nation treatment, as the case may be, in respect of the same matter. The reciprocity envisaged in the foregoing sentence shall be determined, in the case of products, vessels and juridical entities of, and persons domiciled in, any non-metropolitan territory of an Allied Power, and in the case of juridical entities of, and persons domiciled in, any state or province of an Allied Power having a federal government, by reference to the treatment accorded to Japan in such territory, state or province.

(d) In the application of this Article, a discriminatory measure shall not be considered to derogate from the grant of national or most-favored-nation treatment, as the case may be, if such measure is based on an exception customarily provided for in the commercial treaties of the party applying it, or on the need to safeguard that party's external financial position or balance of payments (except in respect to shiping and navigation), or on the need to maintain its essential security interests, and provided such measure is proportionate to the circumstances and not applied in an arbitrary or unreasonable manner.

(e) Japan's obligations under this Article shall not be affected by the exercise of any Allied rights under Article 14 of the present Treaty; nor shall the provisions of this Article be understood as limiting the undertakings assumed by Japan by virtue of Article 15 of the Treaty.

Article 13

(a) Japan will enter into negotiations with any of the Allied Powers, promptly upon the request of such Power or Powers, for the conclusion of bilateral or multilateral agreements relating to international civil air transport.

(b) Pending the conclusion of such agreement or agreements, Japan will, during a period of four years from the first coming into force of the present Treaty, extend to such Power treatment not less favorable with respect to air-traffic rights and privileges than those exercised by any such Powers at the date of such coming into force, and will accord complete equality of opportunity in respect to the operation and development of air services.

(c) Pending its becoming a party to the Convention on International Civil

Aviation in accordance with Article 93 thereof, Japan will give effect to the provisions of that Convention applicable to the international navigation of aircraft, and will give effect to the standards, practices and procedures adopted as annexes to the Convention in accordance with the terms of the Convention.

CHAPTER V
CLAIMS AND PROPERTY

Article 14

(a) It is recognized that Japan should pay reparations to the Allied Powers for the damage and suffering caused by it during the war. Nevertheless it is also recognized that the resources of Japan are not presently sufficient, if it is to maintain a viable economy, to make complete reparation for all such damage and suffering and at the same time meet its other obligations.

Therefore,

1. Japan will promptly enter into negotiations with Allied Powers so desiring, whose present territories were occupied by Japanese forces and damaged by Japan, with a view to assisting to compensate those countries for the cost of repairing the damage done, by making available the services of the Japanese people in production, salvaging and other work for the Allied Powers in question. Such arrangements shall avoid the imposition of additional liabilities on other Allied Powers, and, where the manufacturing of raw materials is called for, they shall be supplied by the Allied Powers in question, so as not to throw any foreign exchange burden upon Japan.

2. (I) Subject to the provisions of subparagraph (II) below, each of the Allied Powers shall have the right to seize, retain, liquidate or otherwise dispose of all property, rights and interests of

(a) Japan and Japanese nationals,

(b) persons acting for or on behalf of Japan or Japanese nationals, and

(c) entities owned or controlled by Japan or Japanese nationals,

which on the first coming into force of the present Treaty were subject to its jurisdiction. The property, rights and interests specified in this subparagraph shall include those now blocked, vested or in the possession or under the control of enemy property authorities of Allied Powers, which belong to, or were held or managed on behalf of, any of the persons or entities mentioned in (a), (b) or (c) above at the time such assets came under the controls of such authorities.

(II) The following shall be excepted from the right specified in subparagraph (I) above:

(i) property of Japanese natural persons who during the war resided with the permission of the Government concerned in the territory of one of the Allied Powers, other than territory occupied by Japan, except property subjected to restrictions during the war and not released from such restrictions as of the date of the first coming into force of the present Treaty;

(ii) all real property, furniture and fixtures owned by the Government of Japan and used for diplomatic or consular purposes, and all personal furniture and furnishings and other private property not of an investment nature which was normally necessary for the carrying out of diplomatic and consular functions, owned by Japanese diplomatic and consular personnel;

(iii) property belonging to religious bodies or private charitable institutions and used exclusively for religious or charitable purposes;

(iv) property, rights and interests which have come within its jurisdiction in consequence of the resumption of trade and financial relations subsequent to 2 September 1945, between the country concerned and Japan, except such as have resulted from transactions contrary to the laws of the Allied Power concerned;

(v) obligations of Japan or Japanese nationals, any right, title or interest in tangible property located in Japan, interests in enterprises organized under the laws of Japan, or any paper evidence thereof; provided that this exception shall only apply to obligations of Japan and its nationals expressed in Japanese currency.

(III) Property referred to in exceptions (i) through (v) above shall be returned subject to reasonable expenses for its preservation and administration. If any such property has been liquidated the proceeds shall be returned instead.

(IV) The right to seize, retain, liquidate or otherwise dispose of property as provided in subparagraph (I) above shall be exercised in accordance with the laws of the Allied Power concerned, and the owner shall have only such rights as may be given him by those laws.

(V) The Allied Powers agree to deal with Japanese trademarks and literary and artistic property rights on a basis as favorable to Japan as circumstances ruling in each country will permit.

(b) Except as otherwise provided in the present Treaty, the Allied Powers waive all reparations claims of the Allied Powers, other claims of the Allied Powers and their nationals arising out of any actions taken by Japan and its nationals in the course of the prosecution of the war, and claims of the Allied Powers for direct military costs of occupation.

Article 15

(a) Upon application made within nine months of the coming into force of the present Treaty between Japan and the Allied Power concerned, Japan will, within six months of the date of such application, return the property, tangible and intangible, and all rights or interests of any kind in Japan of each Allied Power and its nationals which was within Japan at any time between 7 December 1941 and 2 September 1945, unless the owner has freely disposed thereof without duress or fraud. Such property shall be returned free of all encumbrances and charges to which it may have become subject because of the war, and without any charges for its return. Property whose return is not applied for by or on behalf of the owner or by his Government within the prescribed period may be disposed of by the Japanese Government as it may determine. In cases where such property was within Japan on 7 December 1941, and cannot be returned or has suffered injury or damage as a result of the war, compensation will be made on terms not less favorable than the terms provided in the draft Allied Powers Property Compensation Law approved by the Japanese Cabinet on 13 July 1951.

(b) With respect to industrial property rights impaired during the war, Japan will continue to accord to the Allied Powers and their nationals benefits no less than those heretofore accorded by Cabinet Orders No. 309 effective 1 September 1949, No. 12 effective 28 January 1950, and No. 9 effective 1 February 1950, all as now amended, provided such nationals have applied for such benefits within the time limits prescribed therein.

(c) (i) Japan acknowledges that the literary and artistic property rights which existed in Japan on 6 December 1941, in respect to the published and unpublished works of the Allied Powers and their nationals have continued in force since that date, and recognizes those rights which have arisen, or but for the war would have arisen, in Japan since that date, by the operation of any conventions and agreements to which Japan was a party on that date, irrespective of whether or not such conventions or agreements were abrogated or suspended upon or since the outbreak of war by the domestic law of Japan or of the Allied Power concerned.

(ii) Without the need for application by the proprietor of the right and without the payment of any fee or compliance with any other formality, the period from 7 December 1941 until the coming into force of the present Treaty between Japan and the Allied Power concerned shall be excluded from the running of the normal term of such rights; and such period, with an additional period of six months, shall be excluded from the time within which a literary work must be translated into Japanese in order to obtain translating rights in Japan.

Article 16

As an expression of its desire to indemnify those members of the armed forces of the Allied Powers who suffered undue hardships while prisoners of war of Japan, Japan will transfer its assets and those of its nationals in countries which were neutral during the war, or which were at war with any of the Allied Powers, or, at its option, the equivalent of such assets, to the International Committee of the Red Cross which shall liquidate such assets and distribute the resultant fund to appropriate national agencies, for the benefit of former prisoners of war and their families on such basis as it may determine to be equitable. The categories of assets described in Article 14(a)2(II)(ii) through (v) of the present Treaty shall be excepted from transfer, as well as assets of Japanese natural persons not residents of Japan on the first coming into force of the Treaty. It is equally understood that the transfer provision of this Article has no application to the 19,770 shares in the Bank for International Settlements presently owned by Japanese financial institutions.

Article 17

(a) Upon the request of any of the Allied Powers, the Japanese Government shall review and revise in conformity with international law any decision or order of the Japanese Prize Courts in cases involving ownership rights of nationals of that Allied Power and shall supply copies of all documents comprising the records of these cases, including the decisions taken and orders issued. In any case in which such review or revision shows that restoration is due, the provisions of Article 15 shall apply to the property concerned.

(b) The Japanese Government shall take the necessary measures to enable nationals of any of the Allied Powers at any time within one year from the coming into force of the present Treaty between Japan and the Allied Power concerned to submit to the appropriate Japanese authorities for review any judgment given by a Japanese court between 7 December 1941 and such coming into force, in any proceedings in which any such national was unable to make adequate presentation of his case either as plaintiff or defendant. The Japanese Government shall provide that, where the national has suffered injury by reason of any such judgment, he shall be restored in the position in which he was before the judgment was given or shall be afforded such relief as may be just and equitable in the circumstances.

Article 18

(a) It is recognized that the intervention of the state of war has not affected the obligation to pay pecuniary debts arising out of obligations and contracts (including those in respect of bonds) which existed and rights which were acquired before the existence of a state of war, and which are due by the Government or nationals of Japan to the Government or nationals of one of the Allied Powers, or are due by the Government or nationals of one of the Allied Powers to the Government or nationals of Japan. The intervention of a state of war shall equally not be regarded as affecting the obligation to consider on their merits claims for loss or damage to property or for personal injury or death which arose before the existence of a state of war, and which may be presented or re-presented by the Government of one of the Allied Powers to the Government of Japan, or by the Government of Japan to any of the Governments of the Allied Powers. The provisions of this paragraph are without prejudice to the rights conferred by Article 14.

(b) Japan affirms its liability for the prewar external debt of the Japanese State and for debts of corporate bodies subsequently declared to be liabilities of the Japanese State, and expresses its intention to enter into negotiations at an early date with its creditors with respect to the resumption of payments on those debts; to encourage negotiations in respect to other prewar claims and obligations; and to facilitate the transfer of sums accordingly.

Article 19

(a) Japan waives all claims of Japan and its nationals against the Allied Powers and their nationals arising out of the war or out of actions taken because of the existence of a state of war, and waives all claims arising from the presence, operations or actions of forces or authorities of any of the Allied Powers in Japanese territory prior to the coming into force of the present Treaty.

(b) The foregoing waiver includes any claims arising out of actions taken by any of the Allied Powers with respect to Japanese ships between 1 September 1939 and the coming into force of the present Treaty, as well as any claims and debts arising in respect to Japanese prisoners of war and civilian internees in the hands of the Allied Powers, but does not include Japanese claims specifically recognized in the laws of any Allied Power enacted since 2 September 1945.

(c) Subject to reciprocal renunciation, the Japanese Government also renounces all claims (including debts) against Germany and German nationals on behalf of the Japanese Government and Japanese nationals, including intergovernmental claims and claims for loss or damage sustained during the war, but excepting (a) claims in respect of contracts entered into and rights acquired before 1 September 1939, and (b) claims arising out of trade and financial relations between Japan and

Germany after 2 September 1945. Such renunciation shall not prejudice actions taken in accordance with Articles 16 and 20 of the present Treaty.

(d) Japan recognizes the validity of all acts and omissions done during the period of occupation under or in consequence of directives of the occupation authorities or authorized by Japanese law at that time, and will take no action subjecting Allied nationals to civil or criminal liability arising out of such acts or omissions.

Article 20

Japan will take all necessary measures to ensure such disposition of German assets in Japan as has been or may be determined by those powers entitled under the Protocol of the proceedings of the Berlin Conference of 1945 to dispose of those assets, and pending the final disposition of such assets will be responsible for the conservation and administration thereof.

Article 21

Notwithstanding the provisions of Article 25 of the present Treaty, China shall be entitled to the benefits of Articles 10 and 14(a)2; and Korea to the benefits of Articles 2, 4, 9 and 12 of the present Treaty.

CHAPTER VI
SETTLEMENT OF DISPUTES

Article 22

If in the opinion of any Party to the present Treaty there has arisen a dispute concerning the interpretation or execution of the Treaty, which is not settled by reference to a special claims tribunal or by other agreed means, the dispute shall, at the request of any party thereto, be referred for decision to the International Court of Justice. Japan and those Allied Powers which are not already parties to the Statute of the International Court of Justice will deposit with the Registrar of the Court, at the time of their respective ratifications of the present Treaty, and in conformity with the resolution of the United Nations Security Council, dated 15 October 1946, a general declaration accepting the jurisdiction, without special agreement, of the Court generally in respect to all disputes of the character referred to in this Article.

CHAPTER VII
FINAL CLAUSES

Article 23

(a) The present Treaty shall be ratified by the States which sign it, including Japan, and will come into force for all the States which have then ratified it, when instruments of ratification have been deposited by Japan and by a majority, including the United States of America as the principal occupying Power, of the following States, namely Australia, Canada, Ceylon, France, Indonesia, the Kingdom of the Netherlands, New Zealand, Pakistan, the Republic of the Philippines, the United Kingdom of Great Britain and Northern Ireland, and the United States of America. The present Treaty shall come into force of each State which subsequently ratifies it, on the date of the deposit of its instrument of ratification.

(b) If the Treaty has not come into force within nine months after the date of the deposit of Japan's ratification, any State which has ratified it may bring the Treaty into force between itself and Japan by a notification to that effect given to the Governments of Japan and the United States of America not later than three years after the date of deposit of Japan's ratification.

Article 24

All instruments of ratification shall be deposited with the Government of the United States of America which will notify all the signatory States of each such deposit, of the date of the coming into force of the Treaty under paragraph (a) of Article 23, and of any notifications made under paragraph (b) of Article 23.

Article 25

For the purposes of the present Treaty the Allied Powers shall be the States at war with Japan, or any State which previously formed a part of the territory of a State named in Article 23, provided that in each case the State concerned has signed and ratified the Treaty. Subject to the provisions of Article 21, the present Treaty shall not confer any rights, titles or benefits on any State which is not an Allied Power as herein defined; nor shall any right, title or interest of Japan be deemed to be diminished or prejudiced by any provision of the Treaty in favour of a State which is not an Allied Power as so defined.

Article 26

Japan will be prepared to conclude with any State which signed or adhered to the United Nations Declaration of 1 January 1942, and which is at war with Japan, or with any State which previously formed a part of the territory of a State named in Article 23, which is not a signatory of the present Treaty, a bilateral Treaty of Peace on the same or substantially the same terms as are provided for in the present Treaty, but this obligation on the part of Japan will expire three years after the first coming into force of the present Treaty. Should Japan make a peace settlement or war claims settlement with any State granting that State greater advantages than those provided by the present Treaty, those same advantages shall be extended to the parties to the present Treaty.

Article 27

The present Treaty shall be deposited in the archives of the Government of the United States of America which shall furnish each signatory State with a certified copy thereof.

IN FAITH WHEREOF the undersigned Plenipotentiaries have signed the present Treaty.

DONE at the city of San Francisco this eighth day of September 1951, in the English, French, and Spanish languages, all being equally authentic, and in the Japanese language.

For Argentina:
Hipólito J. PAZ

For Australia:
Percy C. SPENDER

For Belgium:
Paul VAN ZEELAND SILVERCRUYS

For Bolivia:
Luis GUACHALLA

For Brazil:
Carlos MARTINS
A. DE MELLO-FRANCO

For Cambodia:
PHLENG

For Canada:
Lester B. PEARSON
R.W. MAYHEW

For Ceylon:
J.R. JAYEWARDENE
G.C.S. COREA
R.G. SENANAYAKE

For Chile:
F. NIETODEL RÍO

For Colombia:
Cipriano RESTREPO JARAMILLO

Sebastián OSPINA

For Costa Rica:
J. Rafael OREAMUNO
V. VARGAS
Luis DOBLES SÁNCHEZ

For Cuba:
O. GANS
L. MACHADO
Joaquín MEYER

For the Dominican Republic:
V. ORDÓÑEZ
Luis F. THOMEN

For Ecuador:
A. QUEVEDO
R.G. VALENZUELA

For Egypt:
Kamil A. RAHIM

For El Salvador:
Héctor DAVID CASTRO
Luis RIVAS PALACIOS

For Ethiopia:

Men YAYEJIJRAD

For France:

SCHUMANN

H. BONNET

Paul-Émile NAGGIAR

For Greece:

A.G. POLITIS

For Guatemala:

E. CASTILLO A.

A.M. ORELLANA

J. MENDOZA

For Haiti:

Jacques N. LÉGER

Gust. LARAQUE

For Honduras:

J.E. VALENZUELA

Roberto GÁLVEZ B.

Raúl ALVARADO T.

For Indonesia:

Ahmad SUBARDJO

For Iran:
A.G. ARDALAN

For Iraq:
A.I. BAKR

For Laos:
SAVANG

For Lebanon:
Charles MALIK

For Liberia:
Gabriel L. DENNIS
James ANDERSON
Raymond HORACE
J. Rudolf GRIMES

For the Grand Duchy of Luxembourg:
Hugues LE GALLAIS

For Mexico:
RafaelDELA COLINA
Gustavo DÍAZ ORDAZ
A.P. GASGA

For the Netherlands:
D.U. STIKKER

J.H. VAN ROIJEN

For New Zealand:
C. BERENDSEN

For Nicaragua:
G. SEVILLA SACASA
Gustavo MANZANARES

For Norway:
Wilhelm Munthe MORGENSTERNE

For Pakistan:
ZAFRULLAH KHAN

For Panama:
Ignacio MOLINO
José A. REMON
Alfredo ALEMÁN
J. CORDOVEZ

For Peru:
Luis Oscar BOETTNER

For the Republic of the Philippines:
Carlos P. RÓMULO
J.M. ELIZALDE

Vicente FRANCISCO

Diosdado MACAPAGAL

Emiliano T. TIRONA

V.G. SINCO

For Saudi Arabia:

Asad AL-FAQIH

For Syria:

F. EL-KHOURI

For Turkey:

Feridun C. ERKIN

For the Union of South Africa:

G.P. JOOSTE

For the United Kingdom of Great Britain and Northern Ireland:

Herbert MORRISON

Kenneth YOUNGER

Oliver FRANKS

For the United States of America:

Dean ACHESON

John Foster DULLES

Alexander WILEY

John J. SPARKMAN

For Uruguay:

José A. MORA

For Venezuela:

Antonio M. ARAUJO

R. GALLEGOS M.

For Viet-Nam:

T.V. HUU

T. VINH

D. THANH

BUU KINH

For Japan:

Shigeru YOSHIDA

Hayato IKEDA

Gizo TOMABECHI

Niro HOSHIJIMA

Muneyoshi TOKUGAWA

Hisato ICHIMADA

33. 샌프란시스코강화조약

샌프란시스코강화조약

1951. 9. 8. 체결
1952. 4. 28. 발효

연합국과 일본은 앞으로의 관계는 동등한 주권 국가로서 그들의 공동 복지를 증진시키고, 국제 평화 및 안보를 유지하기 위해 우호적으로 협력하는 관계가 될 것이라고 결의하며, 그들 간에 전쟁 상태가 지속됨으로써 여전히 미해결 중인 여러 문제들을 해결할 평화조약을 체결하기를 희망한다.

일본은 유엔에 가입하여, 어떤 상황에서도 유엔헌장의 원칙들을 준수하고, 세계인권선언의 취지를 실현하기 위해 노력하고, 일본 내에서 유엔헌장 제55조 및 제56조에 규정된, 그리고 일본이 항복한 이후 이미 일본의 입법에 의해 시작된 안정과 복지에 관한 조건들을 조성하기 위해 모색하며, 공적 및 사적 무역과 통상에서 국제적으로 인정된 공정한 관행들을 준수하고자 한다. 연합국이 위에서 언급된 일본의 의도를 환영하므로, 연합국과 일본은 현재의 평화조약을 체결하기로 결정하며, 그에 따라 서명자인 전권대사들을 임명했다. 그들은 자신들의 전권위임장을 제시하여, 그것이 적절하고 타당하다는 것이 확인된 후 다음 조항들에 동의했다.

제1장 평화

제1조

(a) 일본과 각 연합국과의 전쟁 상태는 제23조에 규정된 바와 같이, 일본과 관련된 연합국 사이에서 현 조약이 시행되는 날부터 중지된다.

(b) 연합국들은 일본과 그 영해에 대한 일본 국민들의 완전한 주권을 인정한다.

제2장 영토

제2조

(a) 일본은 한국의 독립을 인정하고, 제주도, 거문도 및 울릉도를 포함한 한국에 대한 모든 권리와 권원 및 청구권을 포기한다.

(b) 일본은 타이완과 펑후제도에 대한 일체의 권리와 권원 및 청구권을 포기한다.

(c) 일본은 쿠릴열도에 대한 그리고 일본이 1905년 9월 5일의 포츠머스조약에 의해 주권을 획득한 사할린의 일부와 그것에 인접한 도서에 대한 일체의 권리와 권원 및 청구권을 포기한다.

(d) 일본은 국제연맹의 위임통치제도와 관련된 일체의 권리와 권원 및 청구권을 포기하고, 신탁통치를 이전에 일본의 위임통치권하에 있었던 태평양제도에 이르기까지 확대하는 1947년 4월 2일의 유엔 안전보장이사회의 조치를 수용한다.

(e) 일본은 일본 국민의 활동으로부터 비롯된 것이건, 아니면 그 밖의 활동으로부터 비롯된 것이건 간에, 남극 지역의 어떤 부분과 관련된 어떠한 권리나 권원 또는 이익에 대한 모든 청구권을 포기한다.

(f) 일본은 남사군도와 서사군도에 대한 일체의 권리와 권원 및 청구권을 포기한다.

제3조

일본은 남서제도와 대동제도를 비롯한 북위 29도 남쪽의 남서제도와 (보닌제도, 로사리오섬 및 화산열도를 비롯한) 소후칸 남쪽의 남방제도, 그리고 오키노토리섬과 미나미토리섬을 유일한 통치 당국인 미국의 신탁통치하에 두려는 미국이 유엔에 제시한 어떤 제안도 동의한다. 그러한 제안과 그에 대한 긍정적인 조치가 있을 때까지 미국은 그 영해를 포함한 그 섬들의 영토와 주민들에 대한 일체의 행정, 입법, 사법권을 행사할 권리를 가진다.

제4조

(a) 본 조 (b)항의 규정에 따라, 제2조에 언급된 지역에서의 일본과 그 국민의 재산과 현재 이들 지역의 시정을 행하고 있는 당국 및 그 주민(법인 포함)에 대한 채무를 포함한 청구권의 처분과, 일본에서의 이들 당국 및 주민의 재산과 일본국 및 그 국민에 대한 이들 당국 및 주민의 채무를 포함한 청구권의 처분은 일본과 이들 당국 사이의 특별 협정의 대상이 된다. 그리고 일본에 있는 그 당국이나 주민의 재산 처분과 일본과 일본 국민을 상대로 하는 그 당국과 주민의 채무를 포함한 청구권의 처분은 일본과 그 당국 간의 별도 협정의 주제가 될 것이다. 제2조에 언급된 지역에서의 어떤 연합국이나 그 국민의 재산은 현재까지 반환되지 않았다면 현존하는 그 상태로 행정당국에 의해 반환될 것이다.

(b) 일본은 제2조와 제3조에 언급된 지역에 있는 일본과 일본 국민 자산에 대해 미군정의 지침이나 이에 준해서 제정된 처분권의 적법성을 인정한다.

(c) 일본의 지배에서 벗어난 지역과 일본을 연결하는 일본이 소유한 해저 케이블은 균등하게 분할될 것이다. 일본은 일본 측 터미널과 그에 접하는 절반의 케이블을 갖고, 분리된 지역은 나머지 케이블과 터미널 시설을 갖는다.

제3장 안전

제5조

(a) 일본은 유엔헌장 제2조에서 설명한 의무를 수용한다. 특히 다음과 같은 의무이다.

　(i) 국제 분쟁을 평화적 수단에 의해 국제 평화와 안전 및 정의를 위태롭게 하지 않도록 해결한다.

　(ii) 국제관계에서 무력에 의한 위협 또는 무력의 행사는 어떠한 국가의 영토 보전 또는 정치적 독립에 대한 것도 또한 국제연합의 목적과 양립하지 않는 다른 어떠한 수단으로도 자제한다.

　(iii) 국제연합이 헌장에 따라 제출 잡는 어떠한 행동에 대해서도 국제연합에 어떤 도움을 주고 한편, 국제연합이 방지 행동 또는 강제 조치를 취할 어느 나라에 대해서도 원조 공여를 자제한다.

(b) 연합국은 일본과의 관계에서 유엔헌장 제2조 원칙을 지침으로 해야 할 일을 확인한다.

(c) 연합 국가로는 일본이 주권국가로서 국제연합 헌장 제51조에서 내거는 개별적 또는 집단적 자위의 고유한 권리가 있음과 일본이 집단적 안보 협정을 자발적으로 체결할 수 있음을 승인한다.

제6조

(a) 연합국의 모든 점령군은 이 협약의 발효 후 가능한 한 신속하게, 한편 어떠한 경우에도 이후 90일 이내에 일본에서 철수해야 한다. 그러나 이 규정은 하나 또는 그 이상의 연합군을 한편으로 하고, 일본 또는 기타 쌍방 간에 체결된 또는 체결되는 양자 또는 다자 협정 결과로 외국 군대의 일본 지역에 주재 또는 주둔을 막는 것은 아니다.

(b) 일본 육군은 각자의 집으로 돌아가며, 1945년 7월 26일 포츠담선언 9항의 규정이 아직 실시 완료가 되지 않았다면 실행하는 것으로 한다.

(c) 아직 대가가 지불되지 않은 모든 일본 재산은 점령군의 사용에 제공되고, 한편, 이 협약 발효 시에 점령군이 점유하고 있는 것은 상호 합의에 의해 달리 약정을 하지 않는 한 상기 90일 이내에 일본 정부에 반환하여야 한다.

제4장 정치 및 경제 조항

제7조

(a) 각 연합국은 자국과 일본 사이에 이 협약이 발효한 후 1년 이내에 일본과의 전쟁 중 두 국가 간 조약 또는 협약을 이어 가는 것이 유효한지 또는 부활시키는 것을 원하는지 일본에 통보하여야 한다. 이렇게 통보된 조약 또는 협약은 이 협약에 적합함을 보장하기 위해 필요한 수정을 하는 것만으로도, 연속적으로 활성화되거나 또는 부활된다. 이렇게 통보된 조약과 협약은 통보일로부터 3개월 후에, 계속해서 유효한 것으로 간주되거나 또는 부활되며, 한편 국제연합 사무국에 등록되어야 한다. 일본에 이렇게 통보되지 않는 모든 조약 및 협약은 폐기된 것으로 본다.

(b) 이 조의 (a)에 근거해 시행되는 통보에 있어서 조약 또는 협약의 실시 또는 부활에 관하여 국제관계에 대해 통보하는 국가가 책임지는 지역을 제외시킬 수 있다. 이 제외는 제외 신청을 일본에 통보한 날로부터 3개월 이내에 이루어져야 한다.

제8조

(a) 일본은 연합국이 1939년 9월 1일에 시작된 전쟁 상태를 종료하기 위해 체결된 또는 앞으로 체결하는 모든 조약 및 연합국이 평화 회복을 위해, 또는 이와 관련하여 수행하는 다른 협정의 완전한 효력을 승인한다. 일본은 또한 이전의 국제연맹과 상설 국제사법재판소를 종결하기 위해 수행된 협정을 수락한다.

(b) 일본은 1919년 9월 10일 생제르망 앙레우의 협약 및 1936년 7월 20일 몽트뢰 해협 조약의 서명국인 것에 유래하는 그리고 1923년 7월 24일에 로잔에서 서명된 '터키와의 평화조약'의 제16조에서 유래하는 일체의 권리와 이익을 포기한다.

(c) 일본은 1930년 1월 20일 독일과 채권국 간의 협정 및 1930년 5월 17일 신탁 협정을 포함한 그 부속서 및 1930년 1월 20일 국제 결제 은행 협약 및 국제 결제 은행의 정관에 근거하여 얻은 일체의 권리, 소유권 및 이익을 포기하고 또한 그들로부터 발생하는 모든 의무를 면제한다. 일본은 이 조약 최초 발효 후 6개월 이내에 이 항에 규정된 권리, 소유권 및 이익의 포기를 파리 외무부에 통보하여야 한다.

제9조
일본은 공해상의 어업 규제나 제한, 그리고 어업의 보존 및 발전을 규정하는 양자 간 및 다자간 협정을 체결하기를 바라는 연합국들과 즉각 협상을 시작한다.

제10조
일본은 1901년 9월 7일에 베이징에서 서명한 최종 의정서의 규정들로부터 발생하는 모든 이익과 특권을 비롯하여, 중국에 대한 모든 특별한 권리와 이익을 포기한다. 그리고 모든 조항들과 문안 그리고 보충 서류들은 이로써 이른바 요령, 조항, 문구, 서류들을 폐기하기로 일본과 합의한다.

제11조
일본은 일본 안팎의 극동 및 기타 국가 연합의 전범 재판소의 국제군사재판 판결을 수용하고 이로써 일본 내 일본인에게 선고된 형량을 수행한다. 형량 감경이나 가석방 같은 관용은 정부로부터 사인별로 형량을 선고한 연합정부의 결정이 있을 경우 또한 일본 심사 결과가 있을 경우 이외에는 적용하지 않는다. 극동 지역에 대한 국제군사재판에서 선고받은 피고인의 경우 재판소를 대표하는 정부 구성원이나 일본 심사 결과상 과반수의 투표가 있을 경우 이외에는 적용하지 않는다.

제12조

(a) 일본은 안정적이고 호혜적인 관계를 바탕으로 한 거래와 해상무역을 위하여 연합국과 조약을 맺거나 협상 결과를 이끌어 내기 위하여 신속한 협정에 임할 준비가 되어 있음을 선언한다.

(b) 관련 조약이나 협정상 합의사항 보류 시 현행 협정사항이 효력을 얻는 초년도부터 4년 기간 동안 일본은

  (1) 각 연합국의 국민, 생산물자와 선박에 대해 다음과 같이 대우한다.

    (i) 관세율 적용과 부과, 제한사항 그리고 기타 상품 수출입 관련 최혜국대우;

    (ii) 해운, 항해 및 수입 상품, 자연인과 법인 및 그들의 이익에 대한 내국민대우, 다시 말해 그러한 대우는 세금의 부과 및 징수, 재판을 받는 것, 계약의 체결 및 이행, (유·무형) 재산권, 일본법에 따라 구성된 자치단체에서의 참여 및 일반적으로 모든 종류의 사업 활동 및 작업 활동의 수행에 관한 모든 사항을 포함한다.

  (2) 일본 국영기업들의 대외적인 매매는 오로지 상업적 고려만을 기준으로 하고 있다는 것을 보장한다.

(c) 그러나 어떤 문제에 대해 일본은 관련된 연합국이 동일 문제에 대해 일본에 내국민대우나 최혜국대우를 부여하는 범위 내에서만 그 연합국에 내국민대우나 최혜국대우를 부여할 의무가 있다. 앞에서 말한 상호주의는 연합국의 어떤 비수도권 지역의 생산품, 선박 및 자치단체, 그리고 그 지역에 거주하는 사람들의 경우에, 그리고 연방정부를 가지고 있는 어떤 연합국의 주나 지방의 자치단체와 거주하는 사람들의 경우에, 그러한 지역이나 주 또는 지방에서 일본에 제공하는 대우를 참조하여 결정된다.

(d) 이 조를 적용함에 있어서, 차별적 조치는 그것을 적용하는 당사국의 통상 조약에서 통상적으로 규정하고 있는 예외에 근거를 둔 것이라면, 또한 그 당사국의 대외적 재정 상태나, (해운 및 항해에 관한 부분을 제외한) 국제수지를 보호해야 할 필요에 근거를 둔 것이라면, 또는 긴요한 안보상의 이익을 유지해야 할 필요성에 근거를 둔 것이라면, 그리고 그러한 조치가 주변 상황과 조화를 이루면서 자의적이거나 비합리적으로 적용되지 않는다면, 경우에 따라 내국민대우나 최혜국대우를 허용하는 것과 상충하는 것으로 간주하지 않는다.

(e) 이 조에 의한 일본의 의무는 본 조약의 제14조에 의한 연합국의 어떤 권리 행사에 의해서도 영향을 받지 않는다. 아울러 이 조의 규정들은 본 조약의 제15조에 따라 일본이 감수해야 할 약속들을 제한하는 것으로 해석되어서는 안 된다.

제13조

(a) 일본은 국제 민간 항공운송에 관한 양자 간 또는 다자간 협정을 체결하자는 어떤 연합국의 요구가 있을 때는 즉시 해당 연합국들과 협상을 시작한다.

(b) 일본은 그러한 협정들이 체결될 때까지, 본 조약이 최초로 발효된 때로부터 4년간, 항공 교통권에 대해 그 효력이 발생하는 날에 어떤 해당 연합국이 행사하는 것에 못지않은 대우를 해당 연합국에 제공하는 한편, 항공업무의 운영 및 개발에 관한 완전한 기회균등을 제공한다.

(c) 일본은 국제민간항공조약 제93조에 따라 조약의 당사국이 될 때까지, 항공기의 국제운항에 적용할 수 있는 동 조약의 규정들을 준수하는 동시에, 동 조약의 규정에 따라 동 조약의 부속서로 채택된 표준과 관행 및 절차들을 준수한다.

제5장 청구권 및 재산

제14조

(a) 일본이 전쟁 중 일본에 의해 발생한 피해와 고통에 대해 연합국에 배상해야 한다는 것은 주지의 사실이다. 그럼에도 불구하고 일본이 생존 가능한 경제를 유지하면서 그러한 모든 피해와 고통에 대한 완전한 배상을 하는 동시에 다른 의무들을 이행하기에는 일본의 자원이 현재 충분하지 않다는 것 또한 익히 알고 있는 사실이다.

따라서

1. 일본은 즉각 현재의 영토가 일본군에 의해 점령당한 그리고 일본에 의해 피해를 본 연합국에 그들의 생산, 복구 및 다른 작업에 일본의 역무를 제공하는 등, 피해 복구 비용의 보상을 지원하기 위한 협상을 시작한다. 그러한 협상은 다른 연합국에 추가적인 부담을 부과하지 않아야 한다. 그리고 원자재의 제조가 필요하게 되는 경우, 일본에 어떤 외환 부담이 돌아가지 않도록 원자재는 해당 연합국이 공급한다.

2. (Ⅰ), 아래 (Ⅱ)호의 규정에 따라, 각 연합국은 본 조약의 최초의 효력 발생 시에 각 연합국의 관할하에 있는 다음의 모든 재산과 권리 및 이익을 압수하거나, 보유하거나, 처분할 권리를 가진다.

    (a) 일본 및 일본 국민,

    (b) 일본 또는 일본 국민의 대리자 또는 대행자,

    (c) 일본 또는 일본 국민이 소유하거나 지배하는 단체,

    이 (Ⅰ)호에서 명시하는 재산, 권리 및 이익은 현재 동결되었거나, 귀속되었거나, 연합국 적산관리 당국이 소유하거나, 관리하는 것들을 포함하는데, 그것들은 앞의 (a), (b) 또는 (c)에 언급된 사람이나 단체에 속하거나 그들을 대신하여 보유했거나, 관리했던 것들인 동시에 그러한 당국의 관리하에 있던 것들이었다.

    (Ⅱ) 다음은 위의 (Ⅰ)호에 명기된 권리로부터 제외된다.

(ⅰ) 전쟁 중, 일본이 점령한 영토가 아닌 어떤 연합국의 영토에 해당 정부의 허가를 얻어 거주한 일본의 자연인 재산, 다만 전쟁 중에 제한 조치를 받고서, 본 조약이 최초로 효력이 발생하는 날에 그러한 제한 조치로부터 해체되지 않은 재산은 제외한다.

(ⅱ) 일본 정부 소유로 외교 및 영사 목적으로 사용한 모든 부동산과 가구 및 비품, 그리고 일본의 대사관 및 영사관 직원들이 소유한 것으로 통상적으로 대사관 및 영사관의 업무를 수행하는 데 필요한 모든 개인용 가구와 용구 및 투자 목적이 아닌 다른 개인 재산

(ⅲ) 종교단체나 민간 자선단체에 속하는 재산으로 종교적 또는 자선적 목적으로만 사용한 재산

(ⅳ) 관련 국가와 일본 간에 1945년 9월 2일 이후에 재개된 무역 및 금융 관계에 의해 일본이 관할하게 된 재산과 권리 및 이익, 다만 관련 연합국의 법에 위반하는 거래로부터 발생한 것은 제외한다.

(ⅴ) 일본 또는 일본 국민의 채무, 일본에 소재하는 유형재산에 관한 권리나, 소유권 또는 이익, 일본의 법률에 따라 조직된 기업의 이익 또는 그것들에 대한 증서, 다만 이 예외는 일본의 통화로 표시된 일본 및 일본 국민의 채무에만 적용한다.

(Ⅲ) 앞에 언급된 예외 (ⅰ)부터 (ⅴ)까지의 재산은 그 보존 및 관리를 위한 합리적인 비용의 지불을 조건으로 반환된다. 그러한 재산이 청산되었다면, 그 재산을 반환하는 대신 그 매각 대금을 반환한다.

(Ⅳ) 앞에 나온 (Ⅰ)호에 규정된 일본 재산을 압류하고, 유치하고 청산하거나, 그 외 어떠한 방법으로 처분할 권리는 해당 연합국의 법률에 따라 행사되며 그 소유자는 그러한 법률에 의해 본인에게 주어질 권리를 가진다.

(V) 연합국은 일본의 상표권과 문학 및 예술 재산권을 각국의 일반적 사정이 허용하는 한, 일본에 유리하게 취급하는 것에 동의한다.
(b) 연합국은 본 조약의 특별한 규정이 있는 경우를 제외하고, 연합국의 모든 배상청구권과 전쟁 수행 과정에서 일본 및 그 국민이 자행한 어떤 행동으로부터 발생한 연합국 및 그 국민의 다른 청구권, 그리고 점령에 따른 직접적인 군사적 비용에 관한 연합국의 청구권을 포기한다.

제15조
(a) 본 조약이 일본과 해당 연합국 간에 효력이 발생한 지 9개월 이내에 신청이 있을 경우, 일본은 그 신청일로부터 6개월 이내에, 1941년 12월 7일부터 1945년 9월 2일까지 일본에 있던 각 연합국과 그 국민의 유형 및 무형 재산과 종류 여하를 불문한 모든 권리 또는 이익을 반환한다. 다만, 그 소유주가 강박이거나, 사기를 당하지 않고 자유로이 처분한 것은 제외한다. 그러한 재산은 전쟁으로 말미암아 부과될 수 있는 모든 부담금 및 과금을 지불하지 않는 동시에, 그 반환을 위한 어떤 과금도 지불하지 않고서 반환된다. 소유자나 그 소유자를 대신하여, 또는 그 소유자의 정부가 소정 기간 내에 반환을 신청하지 않는 재산은 일본 정부가 임의로 처분할 수 있다. 그러한 재산이 1941년 12월 7일에 일본 내에 존재하고 있었으나, 반환될 수 없거나 전쟁의 결과로 손상이나 피해를 입은 경우, 1951년 7월 13일에 일본 내각에서 승인된 연합국 재산보상법안이 정하는 조건보다 불리하지 않은 조건으로 보상된다.
(b) 전쟁 중에 침해된 공업 재산권에 대해서, 일본은 현재 모두 수정되었지만, 1949년 9월 1일 시행 각령 제309호, 1950년 1월 28일 시행 각령 제12조 및 1950년 2월 1일 시행 각령 제9호에 의해 지금까지 주어진 것보다 불리하지 않은 이익을 계속해서 연합국 및 그 국민에게 제공한다. 다만, 그 연합국의 국민들이 각령에 정해진 기한까지 그러한 이익을 제공해 주도록 신청한 경우에만 그러하다.

(c) (i) 1941년 12월 6일에 일본에 존재했던, 출판 여부를 불문하고, 연합국과 그 국민들의 작품에 대해서, 문학과 예술의 지적재산권이 그 날짜 이후로 계속해서 유효했음을 인정하고, 전쟁의 발발로 인해서 일본 국내법이나 관련 연합국의 법률에 의해서 어떤 회의나 협정이 폐기 혹은 중지되었거나 상관없이, 그 날짜에 일본이 한쪽 당사자였던 그런 회의나 협정의 시행으로, 그 날짜 이후로 일본에서 발생했거나, 전쟁이 없었다면 발생했을 권리를 승인한다.

(ii) 그 권리의 소유자가 신청할 필요도 없이, 또 어떤 수수료의 지불이나 다른 어떤 형식에 구애됨이 없이, 1941년 12월 7일부터 일본과 관련 연합국 간의 본 협정이 시행되는 날까지의 기간은 그런 권리의 정상적인 사용 기간에서 제외될 것이다. 그리고 그 기간은 추가 6개월의 기간을 더해서, 일본에서 번역판권을 얻기 위해서 일본어로 번역되어야 한다고 정해진 시간에서 제외될 것이다.

제16조

일본의 전쟁 포로로서 부당하게 고통을 겪은 연합국 군인들을 배상하는 한 가지 방식으로 일본은 전쟁 기간 동안 중립국이었던 국가나 연합국과 같이 참전했던 국가에 있는 연합국과 그 국민의 재산, 혹은 선택사항으로 그것과 동등한 가치를 국제적십자위원회에 이전해 줄 것이고, 국제적십자위원회는 그 재산을 청산해서 적절한 국내 기관에 협력기금을 분배하게 될 것이다. 공정하다고 판단될 수 있는 논리로, 과거 전쟁 포로와 그 가족들의 권익을 위해서 (앞 문장의 일부분) 본 협정의 제14조(a) 2(Ⅱ)(ⅱ)부터 (v)까지에 규정된 범위의 재산은 본 협정이 시행되는 첫날, 일본에 거주하지 않는 일본 국민들의 재산과 마찬가지로 이전 대상에서 제외될 것이다. 이 항의 이전 조항은 현재 일본 재정기관이 보유한 국제결제은행의 주식 19,770주에 대해서는 적용되지 않는다는 것도 동시에 양해한다.

제17조

(a) 어떤 연합국이든지 요청하면, 연합국 국민의 소유권과 관련된 사건에서 일본 정부는 국제법에 따라 일본 상벌위원회의 결정이나 명령을 재검토하거나 수정해야 하고, 결정이나 명령을 포함해서 이런 사건들의 기록을 포함한 모든 문서의 사본을 제공해야 한다. 원상 복구가 옳다는 재검토나 수정에 나온 사건에서는 제15조의 조항에 관련된 소유권이 적용될 것이다.

(b) 일본 정부는 필요한 조치를 취해서 일본과 관련된 연합국 간의 본 협정이 시행되는 첫날로부터 일 년 이내에 언제라도 어떤 연합국 국민이든지 1941년 12월 7일과 시행되는 날 사이에 일본 법정으로부터 받은 어떤 판결에 대해서도 일본 관계 당국에 재심을 신청할 수 있도록 해야 하며, 이것은 그 국민이 원고나 피고로서 제정을 할 수 없는 어떤 소추에서라도 적용되어야 한다. 일본 정부는 해당 국민이 그러한 어떤 재판에 의해 손해를 입었을 경우에는 그 사람을 재판하기 전의 상태로 원상 복구시켜 주도록 하거나, 그 사람이 공정하고 정당한 구제를 받을 수 있도록 조치해야 한다.

제18조

(a) 전쟁 상태의 개입은, (채권에 관한 것을 포함한) 기존의 의무 및 계약으로부터 발생하는 금전상의 채무를 상환할 의무, 그리고 전쟁 상태 이전에 취득된 권리로서, 일본의 정부나, 그 국민들이 연합국의 한 국가의 정부나, 그 국민들에게, 또는 연합국의 한 국가의 정부나, 그 국민들이 일본의 정부나, 그 국민들에게 주어야 하는 권리에 영향을 미치지 않는다는 것을 인정한다. 그와 마찬가지로 전쟁 상태의 개입은 전쟁 상태 이전에 발생한 것으로, 연합국의 한 국가의 정부가 일본 정부에 대해, 또는 일본 정부가 연합국의 한 국가의 정부에 대해 제기하거나, 재제기할 수 있는 재산의 멸실이나, 손해 또는 개인적 상해나, 사망으로 인한 청구권을 검토할 의무에

영향을 미치는 것으로 간주되지 않는다. 이 항의 규정은 제14조에 의해 부여되는 권리를 침해하지 않는다.

(b) 일본은 전쟁 전의 대외채무에 관한 책임과 뒤에 일본의 책임이라고 선언된 단체들의 채무에 관한 책임을 질 것을 천명하면서, 빠른 시일 내에 그러한 채무의 지불 재개에 대해 채권자들과 협상을 시작하고, 전쟁 전의 다른 청구권들과 의무들에 대한 협상을 촉진하며, 그에 따라 상환을 용이하게 하겠다는 의향을 표명한다.

제19조

(a) 일본은 전쟁으로부터 발생했거나, 전쟁 상태의 존재로 말미암아 취해진 조치들로부터 발생한 연합국과 그 국민들에 대한 일본 국민들의 모든 청구권을 포기하는 한편, 본 조약이 발효되기 전에 일본 영토 내에서 연합국 군대나 당국의 존재나 직무 수행 또는 행동들로부터 생긴 모든 청구권을 포기한다.

(b) 앞에서 언급한 포기에는 1939년 9월 1일부터 본 조약 효력 발생 시까지의 사이에 일본의 선박에 관해서 연합국이 취한 조치로부터 생긴 청구권은 물론 연합국의 수중에 있는 일본 전쟁 포로와 민간인 피억류자에 관해서 생긴 모든 청구권 및 채권이 포함된다. 다만 1945년 9월 2일 이후 어떤 연합국이 제정한 법률로 특별히 인정된 일본인의 청구권은 포함되지 않는다.

(c) 일본 정부는 또한 상호 포기를 조건으로, 정부 간의 청구권 및 전쟁 중에 입은 멸실 또는 손해에 관한 청구권을 포함한 독일과 독일 국민에 대한 (채권을 포함한) 모든 청구권을 일본 정부와 일본 국민을 위해서 포기한다. 다만, (a) 1939년 9월 1일 이전에 체결된 계약 및 취득한 권리에 관한 청구권과, (b) 1945년 9월 2일에 일본과 독일 간의 무역 및 금융의 관계로부터 생긴 청구권은 제외한다. 그러한 포기는 본 조약 제16조 및 제20조에 따라 취해진 조치에 저촉되지 않는다.

(d) 일본은 점령 기간 동안, 점령 당국의 지령에 따라 또는 그 지령의 결과로 행해졌거나, 당시 일본법에 의해 인정된 모든 조치 또는 생략 행위의 효력을 인정하며, 연합국 국민들에게 그러한 조치 또는 생략 행위로부터 발생하는 민사 또는 형사 책임을 묻는 어떤 조치도 취하지 않는다.

제20조
일본은 1945년 베를린 회의의 협약 의정서에 따라 일본 내의 독일 재산을 처분할 권리를 가지게 되는 제국이 그러한 재산의 처분을 결정하거나, 결정할 수 있도록 보장하기 위해 필요한 모든 조치를 취한다. 그리고 그러한 재산이 최종적으로 처분될 때까지 그 보존 및 관리에 대한 책임을 진다.

제21조
본 조약 제25조의 규정과 관계없이, 중국은 본 조약 제10조 및 제14조 (a) 2에 관한 이익을 가질 권리를 취득하고, 한국은 제2조, 제4조, 제9조 및 제12조의 이익을 가질 권리를 취득한다.

제6장 분쟁 해결

제22조
본 조약의 어떤 당사국이 볼 때 특별 청구권 재판소나 다른 합의된 방법으로 해결되지 않는 본 조약의 해석 또는 실행에 관한 분쟁이 발생한 경우, 그러한 분쟁은 어떤 분쟁 당사국의 요청에 의해 그러한 분쟁에 대한 결정을 얻기 위해 국제사법재판소로 회부된다. 일본과 아직 국제사법재판소 규정상의 당사국이 아닌 연합국은 각각 본 조약을 비준할 때에, 그리고 1946년 10월 15일의 국제연합 안전보장이사회의 결의에 따라 특별한 합의 없이, 이 조항에서 말하는 모든 분쟁에 대한 국제사법재판소의 전반적인 관할권을 수락하는 일반 선언서를 동 재판소 서기에게 기탁한다.

제7장 최종 조항

제23조

(a) 본 조약은 일본을 포함하여 본 조약에 서명하는 국가에 의해 비준된다. 본 조약은 비준서가 일본에 의해 그리고 호주, 캐나다, 실론, 프랑스, 인도네시아, 네덜란드, 뉴질랜드, 필리핀, 영국과 북아일랜드 그리고 미국 중 가장 중요한 점령국인 미국을 포함한 과반수에 의해 기탁되었을 때, 그것을 비준한 모든 국가들에 효력을 발한다.

(b) 일본이 비준서를 기탁한 후 9개월 이내에 본 조약이 발효되지 않는다면, 본 조약을 비준한 국가는 모두 일본이 비준서를 기탁한 후 3년 이내에 일본 정부 및 미국 정부에 그러한 취지를 통고함으로써 자국과 일본과의 사이에 본 조약을 발효시키게 할 수 있다.

제24조

모든 비준서는 미국 정부에 기탁해야 한다. 미국 정부는 제23조 (a)에 의거한 본 조약의 효력 발생일과 제23조 (b)에 따라 행해지는 어떤 통고를 모든 서명국에 통지한다.

제25조

본 조약의 적용상 연합국이란 일본과 전쟁하고 있던 국가들이나, 이전에 제23조에 명명된 국가의 영토 일부를 이루고 있었던 어떤 국가를 말한다. 다만, 각 경우 관련된 국가가 본 조약에 서명하여 본 조약을 비준하는 것을 조건으로 한다. 본 조약은 제21조의 규정에 따라 여기에 정의된 연합국이 아닌 국가에 대해서는 어떠한 권리나 소유권 또는 이익도 주지 않는다. 아울러 본 조약의 어떠한 규정에 의해 앞에서 정의된 연합국이 아닌 국가를 위해 일본의 어떠한 권리나 소유권 또는 이익이 제한되거나 훼손되지 않는다.

제26조

일본은 1942년 1월 1일의 국제연합 선언문에 서명하거나 동의하는 어떤 국가와 일본과 전쟁 상태에 있는 어떤 국가, 또는 이전에 본 조약의 서명국이 아닌 제23조에 의해 명명된 어떤 국가의 영토 일부를 이루고 있던 어떤 국가와 본 조약에 규정된 것과 동일하거나, 다만 이러한 일본의 의무는 본 조약이 최초로 발효된 지 3년 뒤에 소멸된다. 일본이 본 조약이 제공하는 것보다 더 많은 이익을 주는 어떤 국가와 평화적인 해결을 하거나, 전쟁 청구권을 처리할 경우, 그러한 이익은 본 조약의 당사국들에도 적용되어야 한다.

제27조

이 조약은 미국 정부의 기록에 기탁된다. 동 정부는 그 인증 등본을 각 서명국에 교부한다.

이상의 증거로, 아래 서명자의 전권 위원은 본 조약에 서명했다.

1951년 9월 8일 샌프란시스코시에서 동등하게 정본인 영어, 프랑스어 및 스페인어 및 일본어로 작성했다.

아르헨티나 대표:
    Hipólito J. PAZ
오스트레일리아 대표:
    Percy C. SPENDER
벨기에 대표:
    Paul VAN ZEELAND SILVERCRUYS
볼리비아 대표:
    Luis GUACHALLA
브라질 대표:

Carlos MARTINS

A. DE MELLO-FRANCO

캄보디아 대표:

PHLENG

캐나다 대표:

Lester B. PEARSON

R.W. MAYHEW

실론 대표:

J.R. JAYEWARDENE

G.C.S. COREA

R.G. SENANAYAKE

칠레 대표:

F. NIETO DEL RÍO

콜롬비아 대표:

Cipriano RESTREPO JARAMILLO

Sebastián OSPINA

코스타리카 대표:

J. Rafael OREAMUNO

V. VARGAS

Luis DOBLES SÁNCHEZ

쿠바 대표:

O. GANS

L. MACHADO

Joaquín MEYER

도미니카공화국 대표:

V. ORDÓÑEZ

Luis F. THOMEN

에콰도르 대표:

    A. QUEVEDO

    R.G. VALENZUELA

이집트 대표:

    Kamil A. RAHIM

엘살바도르 대표:

    Héctor DAVID CASTRO

    Luis RIVAS PALACIOS

에티오피아 대표:

    Men YAYEJIJRAD

프랑스 대표:

    SCHUMANN

    H. BONNET

    Paul-Émile NAGGIAR

그리스 대표:

    A.G. POLITIS

과테말라 대표:

    E. CASTILLO A.

    A.M. ORELLANA

    J. MENDOZA

아이티 대표:

    Jacques N. LÉGER

    Gust. LARAQUE

온두라스 대표:

    J.E. VALENZUELA

    Roberto GÁLVEZ B.

    Raúl ALVARADO T.

인도네시아 대표:

    Ahmad SUBARDJO

이란 대표:

    A.G. ARDALAN

이라크 대표:

    A.I. BAKR

라오스 대표:

    SAVANG

레바논 대표:

    Charles MALIK

라이베리아 대표:

    Gabriel L. DENNIS

    James ANDERSON

    Raymond HORACE

    J. Rudolf GRIMES

룩셈부르크 대표:

    Hugues LE GALLAIS

멕시코 대표:

    Rafael DE LA COLINA

    Gustavo DÍAZ ORDAZ

    A.P. GASGA

네덜란드 대표:

    D.U. STIKKER

    J.H. VAN ROIJEN

뉴질랜드 대표:

    C. BERENDSEN

니카라과 대표:

G. SEVILLA SACASA

Gustavo MANZANARES

노르웨이 대표:

Wilhelm Munthe MORGENSTERNE

파키스탄 대표:

ZAFRULLAH KHAN

파나마 대표:

Ignacio MOLINO

José A. REMON

Alfredo ALEMÁN

J. CORDOVEZ

페루 대표:

Luis Oscar BOETTNER

필리핀 대표:

Carlos P. RÓMULO

J.M. ELIZALDE

Vicente FRANCISCO

Diosdado MACAPAGAL

Emiliano T. TIRONA

V.G. SINCO

사우디아라비아 대표:

Asad AL-FAQIH

시리아 대표:

F. EL-KHOURI

터키 대표:

Feridun C. ERKIN

남아프리카 연맹대표:

G.P. JOOSTE

영국과 아일랜드 대표:

    Herbert MORRISON

    Kenneth YOUNGER

    Oliver FRANKS

미국 대표:

    Dean ACHESON

    John Foster DULLES

    Alexander WILEY

    John J. SPARKMAN

우루과이 대표:

    José A. MORA

베네수엘라 대표:

    Antonio M. ARAUJO

    R. GALLEGOS M.

베트남 대표:

    T.V. HUU

    T. VINH

    D. THANH

    BUU KINH

일본 대표:

    요시다 시게루(吉田茂)

    이케다 하야토(池田勇人)

    토마베치 기조(苫米地義三)

    호시지마 니로(星島二郎)

    토쿠가와 무네요시(德川宗敬)

    이사토 이치마다(一万田尚登)

34. 덜레스 국무장관이 주한 주일 미국대사에게 보낸 전보문(1953. 12. 9.)

TELEGRAM INCOMING

Foreign Service of the United States of America

SECRET SECURITY INFORMATION
Classification

Control

Recd: December 10, 2:20 pm

PREC: Routine

FROM: SecState WASHINGTON

NR: 497

DATE: December 9, 1953, 7 pm

SENT TOKYO 1387 RPTD INFO SEOUL 497 FROM DEPT. Tokyo's 1306 repeated Seoul 129.

Department aware of peace treaty determinations and US administrative decisions which would lead Japanese expect US act in their favor on dispute with ROK over sovereignty Takeshima. However to best our knowledge formal statement US position to ROK in Rusk Note August 10, 1951 has not been communicated Japanese. Department believes may be advisable or necessary at same time inform Japanese Government US position on Takeshima. Difficulty this point is question of timing as we do not wish add another issue to already difficult ROK-Japan negotiations or involve ourselves further than necessary in their controversies, especially in light many current issues pending with ROK.

Despite US view peace treaty a determination under terms Potsdam Declaration and that treaty leaves Takeshima to Japan, and despite our participation in Potsdam and treaty and action under administrative agreement, it does not necessarily follow US automatically responsible for settling or intervening in Japan's international disputes, territorial or otherwise, arising from peace treaty. US view regarding Takeshima simply that of 1 of many signatories to treaty. Article 22 was framed for purpose settling treaty disputes. New element mentioned paragraph 3 your 1275 of Japanese feeling United States should protest Japan from ROK pretensions to Takeshima can not be considered as legitimate claim for US action under security treaty. Far more serious threat to both US and Japan in Soviet occupation Habomais does not impel US take military action against USSR nor would Japanese seriously contend such was our obligation despite our public declaration Habomais are Japanese territory. While not desirable impress on Japanese Government security treaty represents no legal commitment of part US, Japanese should understand benefits security treaty should not be dissipated on issues susceptible judicial settlement. Therefore as stated Department telegram to Pusan 365 repeated information Tokyo 1360 November 26, 2952 and restated Department telegram 1198 US should not become involved in territorial dispute arising from Korean claim to Takeshima.

Issue seems less acute at moment so perhaps no action on our part required. However in case issue revived believe our general line should be that this issue, if it can not be settled by Japanese and Koreans themselves, in kind of issue appropriate for presentation international court of justice. [Dulles]

35. 한일기본관계조약

대한민국과 일본국 간의 기본관계에 관한 조약

Treaty on Basic Relations between the Republic of Korea and Japan

1965. 6. 22. 체결
1965. 12. 18. 발효

대한민국과 일본국은 양국 국민 관계의 역사적 배경과 선린 관계와 주권 상호 존중의 원칙에 입각한 양국 관계 정상화에 대한 상호 희망을 고려하며, 양국의 상호 복지와 공통 이익을 증진하고 국제 평화와 안전을 유지하는 데 있어서 양국이 국제연합 헌장의 원칙에 합당하게 긴밀히 협력함이 중요하다는 것을 인정하며, 또한 1951년 9월 8일 샌프란시스코우시에서 서명된 일본국과의 평화조약의 관계 규정과 1948년 12월 12일 국제연합총회에서 채택된 결의 제195호(II)를 상기하며, 본 기본관계에 관한 조약을 체결하기로 결정하여, 이에 다음과 같이 양국의 전권위원을 임명하였다.

대한민국   일본국
대한민국 외무부 장관 이동원   일본국 외무대신 시이나 에쓰사부로오
대한민국 특명전권대사 김동조   다까스기 싱이찌

이들 전권위원은 그들의 전권위원장을 상호 제시하고, 그것이 양호 타당하다고 인정한 후, 다음의 제 조항에 합의하였다.

제1조
양 체약 당사국 간에 외교 및 영사 관계를 수립한다. 양 체약 당사국은 대사급 외교사절을 지체 없이 교환한다. 양 체약 당사국은 또한 양국 정부에 의하여 합의되는 장소에 영사관을 설치한다.

제2조
1910년 8월 22일 및 그 이전에 대한제국과 대일본제국 간에 체결된 모든 조약 및 협정이 이미 무효임을 확인한다.

제3조
대한민국 정부가 국제연합총회의 결의 제195(I)호에 명시된 바와 같이, 한반도에 있어서의 유일한 합법 정부임을 확인한다.

제4조
(가) 양 체약 당사국은 양국 상호 간의 관계에 있어서 국제연합 헌장의 원칙을 지침으로 한다.
(나) 양 체약 당사국은 양국의 상호 복지와 공통의 이익을 증진함에 있어서 국제연합 헌장의 원칙에 합당하게 협력한다.

제5조
양 체약 당사국은 양국의 무역, 해운 및 기타 통상상의 관계를 안정되고 우호적인 기초 위에 두기 위하여 조약 또는 협정을 체결하기 위한 교섭을 실행 가능한 한 조속히 시작한다.

제6조
양 체약 당사국은 민간 항공 운수에 관한 협정을 체결하기 위하여 실행 가능한 한 조속히 교섭을 시작한다.

제7조

본 조약은 비준되어야 한다. 비준서는 가능한 한 조속히 서울에서 교환한다. 본 조약은 비준서가 교환된 날로부터 효력을 발생한다. 이상의 증거로서 각 전권위원은 본 조약에 서명 날인하였다. 1965년 6월 22일 토오쿄오에서 동등히 정본인 한국어, 일본어 및 영어로 본서 2통을 작성하였다. 해석에 상위가 있을 경우에는 영어본에 따른다.

대한민국을 위하여	일본국을 위하여
이동원	시이나 에쓰사부로오
김동조	다까스기 싱이찌

36. 한일청구권협정

대한민국과 일본국 간의 재산 및 청구권에 관한 문제의 해결과 경제협력에 관한 협정

Agreement on the Settlement of Problem concerning Property and Claims and the Economic Cooperation between the Republic of Korea and Japan

1965. 6. 22. 체결
1965. 12. 18. 발효

대한민국과 일본국은 양국 및 양국 국민의 재산과 양국 및 양국 국민 간의 청구권에 관한 문제를 해결할 것을 희망하고, 양국 간의 경제협력을 증진할 것을 희망하여 다음과 같이 합의하였다.

제1조

1. 일본국은 대한민국에 대하여

    (a) 현재에 있어서 1천8십억 일본 원(108,000,000,000원)으로 환산되는 3억 아메리카합중국 불($300,000,000)과 동등한 일본 원의 가치를 가지는 일본국의 생산물 및 일본인의 용역을 본 협정의 효력 발생일로부터 10년 기간에 걸쳐 무상으로 제공한다. 매년의 생산물 및 용역의 제공은 현재에 있어서 1백8억 일본 원(10,800,000,000원)으로 환산되는 3천만 아메리카합중국 불($30,000,000)과 동등한 일본 원의 액수를 한도로 하고 매년의 제공이 본 액수에 미달되었을 때에는 그 잔액

은 차년 이후의 제공액에 가산된다. 단, 매년의 제공 한도액은 양 체약국 정부의 합의에 의하여 증액될 수 있다.

  (b) 현재에 있어서 7백20억 일본 원(72,000,000,000원)으로 환산되는 2억 아메리카합중국 불($200,000,000)과 동등한 일본 원의 액수에 달하기까지의 장기 저리의 차관으로서, 대한민국 정부가 요청하고 또한 3의 규정에 근거하여 체결될 약정에 의하여 결정되는 사업의 실시에 필요한 일본국의 생산물 및 일본인의 용역을 대한민국이 조달하는 데 있어 충당될 차관을 본 협정의 효력 발생일로부터 10년 기간에 걸쳐 행한다. 본 차관은 일본국의 해외경제협력기금에 의하여 행하여지는 것으로 하고, 일본국 정부는 동 기금이 본 차관을 매년 균등하게 이행할 수 있는 데 필요한 자금을 확보할 수 있도록 필요한 조치를 취한다. 전기 제공 및 차관은 대한민국의 경제발전에 유익한 것이 아니면 아니 된다.

2. 양 체약국 정부는 본 조의 규정의 실시에 관한 사항에 대하여 권고를 행할 권한을 가지는 양 정부 간의 협의기관으로서 양 정부의 대표자로 구성될 합동위원회를 설치한다.

3. 양 체약국 정부는 본 조의 규정의 실시를 위하여 필요한 약정을 체결한다.

제2조

1. 양 체약국은 양 체약국 및 그 국민(법인을 포함함)의 재산, 권리 및 이익과 양 체약국 및 그 국민 간의 청구권에 관한 문제가 1951년 9월 8일에 샌프런시스코우시에서 서명된 일본국과의 강화조약 제4조 (a)에 규정된 것을 포함하여 완전히 그리고 최종적으로 해결된 것이 된다는 것을 확인한다.

2. 본 조의 규정은 다음의 것(본 협정의 서명일까지 각기 체약국이 취한 특별조치의 대상이 된 것을 제외한다)에 영향을 미치는 것이 아니다.

  (a) 일방체약국의 국민으로서 1947년 8월 15일부터 본 협정의 서명일까지 사이에 타방체약국에 거주한 일이 있는 사람의 재산, 권리 및 이익

(b) 일방체약국 및 그 국민의 재산, 권리 및 이익으로서 1945년 8월 15일 이후에 있어서의 통상의 접촉 과정에 있어 취득되었고 또는 타방체약국의 관할하에 들어오게 된 것

3. 2의 규정에 따르는 것을 조건으로 하여 일방체약국 및 그 국민의 재산, 권리 및 이익으로서 본 협정의 서명일에 타방체약국의 관할하에 있는 것에 대한 조치와 일방체약국 및 그 국민의 타방체약국 및 그 국민에 대한 모든 청구권으로서 동일자 이전에 발생한 사유에 기인하는 것에 관하여는 어떠한 주장도 할 수 없는 것으로 한다.

제3조

1. 본 협정의 해석 및 실시에 관한 양 체약국 간의 분쟁은 우선 외교상의 경로를 통하여 해결한다.
2. 1의 규정에 의하여 해결할 수 없었던 분쟁은 어느 일방체약국의 정부가 타방체약국의 정부로부터 분쟁의 중재를 요청하는 공한을 접수한 날로부터 30일의 기간 내에 각 체약국 정부가 임명하는 1인의 중재위원과 이와 같이 선정된 2인의 중재위원이 당해 기간 후의 30일의 기간 내에 합의하는 제3의 중재위원 또는 당해 기간 내에 이들 2인의 중재위원이 합의하는 제3국의 정부가 지명하는 제3의 중재위원과의 3인의 중재위원으로 구성되는 중재위원회에 결정을 위하여 회부한다. 단, 제3의 중재위원은 양 체약국 중의 어느 편의 국민이어서는 아니 된다.
3. 어느 일방체약국의 정부가 당해 기간 내에 중재위원을 임명하지 아니하였을 때, 또는 제3의 중재위원 또는 제3국에 대하여 당해 기간 내에 합의하지 못하였을 때에는 중재위원회는 양 체약국 정부가 각각 30일의 기간 내에 선정하는 국가의 정부가 지명하는 각 1인의 중재위원과 이들 정부가 협의에 의하여 결정하는 제3국의 정부가 지명하는 제3의 중재위원으로 구성한다.
4. 양 체약국 정부는 본 조의 규정에 의거한 중재위원회의 결정에 복한다.

제4조

본 협정은 비준되어야 한다. 비준서는 가능한 한 조속히 서울에서 교환한다. 본 협정은 비준서가 교환된 날로부터 효력을 발생한다.

이상의 증거로서, 하기 대표는 각자의 정부로부터 정당한 위임을 받아 본 협정에 서명하였다.

1965년 6월 22일 토오쿄오에서 동등히 정본인 한국어 및 일본어로 본서 2통을 작성하였다.

대한민국을 위하여	일본국을 위하여
이동원	시이나 에쓰사부로오
김동조	다까스기 싱이찌

찾아보기

"1910년 한일병합조약의 원천무효" 7
'10·30 판결' 75, 86
'1905년 독도영유론' 7, 8, 62
'1910년 식민지배합법론' 7, 8, 22, 62
'1965년 체제' 8, 9, 13, 75, 76, 86, 88, 90, 91
'1965년 한일협정완결론' 7, 8, 22, 62
'2010년 한일 지식인 공동성명' 7, 41, 42, 67
2도 반환론 169, 170
4포 반환론 145~147, 183
GATT 제10조 3항 44
GATT 제11조 1항 45
GATT 제1조 1항 44
SCAPIN 677호(외곽 지역의 일본으로부터 정부, 행정적 분리) 29, 51, 157~159, 161, 162, 164, 165, 172, 177, 183, 206, 210

ㄱ

간 나오토(菅直人) 84
갈등 해결 방안 150
강제동원 피해 노동자 11, 37
강화조약과의 관련성 187
개인청구권 34, 35, 63
객관적 체제(objective regime) 28, 30, 54, 55, 176

"경제협력자금" 33
경제적인 예속 문제 30
경제협력방식 31
경제협력협정 27
'고유영토성' 9, 129
고노 다로(河野太郎) 63, 75
고노 담화 84, 87, 90
고노 요헤이(河野洋平) 83
고유영토론 10, 56, 58, 117, 118, 122, 168
고전적인 평화관 99
'고전적인 평화' 108
'공범관계' 78
공산권 봉쇄 6, 24
공산주의 148, 156
'관대한 평화조약' 5, 22, 25, 62
'관세 및 무역에 관한 일반협정'(이하 'GATT') 제21조 44
관대한 강화(the leniency of the Peace Treaty with Japan) 155
교전 관계 85
교착상태의 지속 10
'구 종주국과의 강화' 78
구보타 간이치로(久保田貫一郎) 79
구조적 구속력 10, 150
구조적 지속성 10, 149
구조적 폭력 9, 23, 103, 108
구조화된 폭력 8, 63, 37
'국가주의' 22, 39~41, 60, 65, 66

'국제법사관(國際法史觀)' 59, 66
국가대표 개인에 대한 강박으로 60, 61, 66
국가무답책(國家無答責) 39
국가중심주의 9, 100, 102, 103, 107
국제공동연구 프로젝트 150
국제관습법 53, 61
국제법 권원 강화정책 55, 65
국제법 권원 법리 59, 61
국제법상 합법화 22, 60
국제법의 일반 원칙 11, 180, 187
국제법적 권원 58, 61
국제법적 책무 22, 60
국제사법재판소 11, 180, 187
국제사회의 변화 22
국제연맹 60, 66, 150, 317, 320
국제연합군 184
국제인권법 7, 12, 36, 40, 42, 64, 65, 67, 102, 103
국제인권조약 104
국제인도법 36, 104
국제적 정통성 107
국제적 합의 185
국제정치 환경 150
국제통상법 44, 64
국토교통성 129
군사적 위상 10, 139
군사적 지배력 61, 66
'굴욕의 날' 101
극단적인 국가주의 22, 60, 66
극동국제군사재판 8, 76, 90
'근린궁핍화정책' 65
근대 국제법 체제 57
근대 동아시아 131
글로벌 가치사슬(global value chain) 64
'기억·책임·미래(Erinnerung, Verantwortung und Zukunft) 재단' 11

ㄴ

'나치 피해 포괄배상협정' 11, 37
나카이 요자부로(中井養三郞) 125
남중국해 제도 144
남쿠릴열도 126, 166, 167
'내적인 식민지' 101
냉전 국면 21, 27
냉전 논리 8, 88, 91
냉전 전략 144
냉전의 격화 142
냉전의 산물 83
냉전체제 5, 24~26, 30, 58, 62, 139
냉전체제 구축 24
니시마쓰건설(西松建設) 사건 95
니시무라 쿠마오(西村熊雄) 169

ㄷ

다국간 합의 75, 138
당사국 지위 6, 21, 58
'대독일 유대인 청구권 회의(The Conference on Jewish Material Claims Against Germany, JCC)' 37
'대한제국 칙령 제41호' 23, 55, 65
「대소(련)시책의견서」 166
대세적 효력(erga omnes effect) 30, 51, 54, 174, 176, 180
대세적(erga omnes) 6
대세적 의무 54, 55
대세적(erga omnes) 권리·의무 29
대일강화조약 48~50, 138
대일청구요강 82
댜오위다오(釣魚島) 118, 120~122, 137,

찾아보기 349

140, 155
더반선언(Durban Declaration) 7, 21, 22, 40, 63, 37
델레스의 7원칙 49
도쿄올림픽 조직위원회 22, 55, 62
도해금지령 56
'독도 영유권' 22, 23, 28~30, 55~28, 60, 61, 65, 66
'독립축하금' 33, 82, 89
'독일-프랑스 이해증진재단 출연 조약' 11, 37
독도 침탈 22, 55, 60
독도 편입 11, 56, 61, 66, 184~186, 188
독도주권 6, 23, 55, 53, 61, 65, 66
독립선언 76
독립운동 76
동북아역사재단 137
동서 데탕트 시기 10, 150
동아시아 버전 7, 21
동아시아 지역 9, 10, 140, 149, 150
동아시아 평화공동체 7, 9, 11, 12, 40
딘 러스크(David Dean Rusk) 58, 164

ㄹ

'라와게데 사건' 40 '룩셈부르크협약' 12
러스크(Dean Rusk) 서한 11, 58, 164, 165, 175, 177, 183~186, 188, 284
러일전쟁 124, 163, 166~168, 175
루마니아강화조약 48
류큐(琉球)제도 118, 120, 124, 140, 157, 172, 173
'리앙쿠르암(Liancourt Rocks)' 123, 162, 163

ㅁ

'마우마우 사건' 40
마이너리티 104
마잉주(馬英九) 118
맥아더 라인 158
메이지유신 56
'무배상 방침' 77
'무주지 선점론' 55~58, 60, 186
'무주지(無主地, terra nullius)' 120, 124
무라야마 담화 63, 84, 87, 90
무라야마 도미이치(村山富市) 내각 83
무주지 선점 22, 57, 59, 60
무효조약 60, 61, 66
물리적 점유 66
미쓰비시(三菱廣島)중공업 39, 75
'미일안전보장조약' 6, 10, 24, 138, 169
미·중 대립 149
미국 지명위원회(United States Board on Geographic Names) 123
미일안전보장조약 6, 24, 169
미카미 마사히로(三上正裕) 34
미크로네시아 139, 142, 143
미해결 상태 34, 155, 156, 165, 174, 183

ㅂ

'반인도적 범죄' 42
반인도적 불법행위 942, 43, 63, 86, 90
'반일'민족주의 91
반공조약 5, 8, 22, 26, 46, 49, 58, 62
'반일'행위 131
방위협력 관계 149
'배상주의' 25

배상금 26, 37, 48, 49
배상청구권 26, 38, 42, 63, 77, 82, 86, 90, 155, 326
배타적 경제수역 147
법리적 왜곡 11
베르사유강화조약 48
'보상적 청구권' 30
보편적 국제규범 23, 60, 66
보편주의 131
볼프강 쇼이블레(Wolfgang Schäuble) 12, 37
봉쇄라인 143
부작위 위헌 결정 40, 42
북방영토 126, 137, 139, 140, 143, 145, 147, 148
북일 국교 정상화 교섭 90
북일 국교 정상화 협상 84, 89
북일 평양선언 85, 90
불법적인 식민지배 31, 38
불법조약 63
비(非)전략물자 43
비식민지화론(non-colonization) 59

ㅅ

"사법(=정의)에 접근할 권리(right of access to justice)" 105
사할린섬 50, 83, 117, 126, 167, 175, 317
사회적 부정의(social injustice) 23
사회적 점유 66
상대적인 권력관계 61
상품시장 5, 25
샌프란시스코 체제 10, 75, 86, 88, 95, 139, 138, 148~150
샌프란시스코강화회의 90, 137, 143, 147, 168, 169, 179

세계사적 관점 7
세계인권선언 7, 104, 316
세계인권선언의 실현 의무 7, 8, 11, 23, 67
센카쿠(센카쿠열도) 문제 11, 147, 146
센카쿠(尖閣) 118~124, 137, 139, 140, 143, 145, 148, 155, 156, 158, 160, 161, 171~175, 177~179, 181, 182, 187
수출 우호 조치 44
수출규제 43~45, 64
'시민적 및 정치적 권리에 관한 국제규약' 105
시제법적 한계 55, 57, 65
시계열적 오류 55, 57, 65
시대적 조류 22
시모노세키조약 120, 178, 181
시이나 에쓰사부로(椎名悅三郎) 34, 341, 343, 347
'식민주의의 역사적 종식' 7, 21, 63, 67
'식민지 범죄' 42
식민제국주의 62, 65
식민주의 8, 9, 21, 23, 27, 40, 61, 65, 67, 89~91, 100~104, 107, 108
식민주의 체제 8, 88, 91
식민지책임 5, 6, 8, 22, 28, 30, 33, 34, 38, 40, 43, 62, 83, 88, 89
식민통치 9, 27, 41
신냉전 149
신일본제철 39

ㅇ

아다치 슈이치(足立修一) 40
아마미오시마(奄美大島) 170
아베 신조(安倍晋三) 87
아시아·태평양전쟁 5, 10, 58, 75, 76, 155
아시아여성기금 84, 87, 90

안드레이 그로미코(Andrei Andreevich Gromyko) 170
안용복 56
안전 수호의 보장 10
안전보장 체제 149
암묵적 합의 183, 187
압도적 영향력 10, 139
애치슨 라인(Acheson line) 142, 144, 148
야나이 순지(柳井俊二) 34, 63
야에야마제도(八重山諸島) 119
얄타 체제 148
양유찬 163, 164, 279, 281, 283
양의적(兩義的) 해석 165
양자조약 5, 25, 155
여성국제전범법정 100, 105
'역사 정의' 7, 21, 23, 43, 67
'역사수정주의' 8, 22, 23, 62
역무배상 96, 25
역사 문제 150, 155, 182
역사 왜곡 프레임 7, 8, 22, 23, 62~64, 67
역사 정의의 과제 7, 67
역사 정의의 구현 21
역사적 과오 21, 40, 65
역사적 범죄 11, 12, 37
역사적 성찰 7, 67
역사적 유산 9
역사적 과제 21, 40
「연안 광물자원 조사 보고서」 171
연합국사령관지령(SCAPIN) 677호 29, 51, 157, 161~165, 172, 177, 183, 206, 209
연합국 최고사령관 (Supreme Commander for the Allied Powers, SCAP) 46, 47, 126, 157, 206, 210, 212, 215
영유권 문제 126, 158, 160, 171, 179, 180
영토갈등 5, 6, 8~11, 21, 24, 51, 117, 118, 123, 129~131, 137, 138, 174

영토 불확대 방침 165
영토 불확대 원칙 141
영토처분권 30, 54, 168
영토갈등 구조 24
영토정책의 산물 10
영토주권의 존중 7
영토할양 26, 48, 49, 168
오사카선언 43
오키나와 101, 118, 119, 124, 125, 137, 139, 140, 142, 143~149, 166, 167, 170~173, 175, 181, 183
오키나와(琉球, 류큐) 열도 167
오키노토리시마(沖ノ鳥島) 132
오호츠크해 131
오히라 마사요시(大平正芳) 81
올랜도 중재판정 150
올림픽 정신 23
완성된 권원 23, 56
외교적 보호권 34, 35
요한 갈퉁(Johan Galtung) 102, 103
울릉도쟁계 56, 57, 185
울릉도쟁계합의 11, 188
원천무효 사유 63
'위험 유포 지수(Peddling Peril Index, PPI)' 44
위자료 청구권 43, 75
윌리엄 시볼드(William J. Sebald) 29, 48, 49, 163, 164, 239, 244
유엔 국제법위원회(ILC) 60, 66
유엔 신탁통치 143, 172, 173
유엔헌장 원칙 준수 7, 8, 11, 12, 23, 67
을사늑약 22, 60, 66
의도적인 미해결 전략 10
이미 원천무효(already null and void) 42
이오시프 스탈린(Iosif Vissarionovich Stalin) 127

이탈리아강화조약 48
'인종주의, 인종 차별, 배외주의 및 관련되는 불관용에 반대하는 세계회의'(더반회의) 89
인간의 존엄성 9, 65, 102, 103, 105
인권 회복 76, 88, 89
인권의 힘 107
인류의 보편적 가치 43
인종주의 89, 102, 103
'일괄보상협정(lump-sum agreement)' 11, 35, 36
'일본해 내 죽도 외 1도 지적편찬방사(日本海內竹島外一島地籍編纂方伺)' 57
『일본의 부속도서 제Ⅳ부: 태평양 소도서, 일본해 소도서』 163
일괄 처리(lumpsum settlement) 98~100, 105
일괄보상협정(lump-sum agreement) 11, 35, 36
일러공동선언 155
일본 군국주의 147
일본 역사학연구회 22, 43
일본 영토 22, 29, 47, 50, 58, 117, 122, 124~126, 130, 131, 157, 159~162, 166~168, 173, 185, 187, 188
일본 영토주권전시관 22, 55, 59, 65
일본 해양기본법 129
일본국제문제연구소 95
일본군 성노예제 100, 105
일본군'위안부' 피해 6, 39
일본에 대한 정의 157, 159
일본으로부터의 방위 147
일본의 정의(definition) 158, 172
일본의 침략주의 11, 187
일본형 법실증주의 60, 66, 22
일소강화조약 143, 145

일소공동선언 11, 168, 182, 187
일제 강제동원 피해 6, 38, 42, 62, 64, 67
일제 식민 피해국 30
일제 식민주의 21, 23, 61, 65, 67
일제 식민지배 21, 22, 23, 26, 42, 43, 60, 63, 65, 66
일제 침략주의 42
일제강점기 42, 79, 107

ㅈ

자원 공동개발 182
자원 문제 182, 187
자원 배분 182
잔존 주권(residual sovereignty) 143, 173, 174
잠재적 위험성 10
장제스(藏介石) 143, 195
재산청구권 27, 77, 78, 85
재일 동포 102
저우언라이(周恩來) 177
적극적 평화 43, 64
'전후 70년 담화' 22
'전후 레짐으로부터의 탈각(戰後レジームからの脱却)' 7, 8, 22, 23, 43, 62
'전후 보상 문제' 84
'전후 보상 재판' 39
전략물자 무역관리 제도 44
전범국 11, 24, 36
전쟁 희생자 보호를 위한 제네바협약 36
전쟁책임 5, 7, 8, 22, 24, 46, 48, 49, 62, 83, 88, 144, 155
전통 국제법 9
전통적 국제법관 97, 100, 102
전후 미해결 문제들 139

찾아보기 353

정의의 소명 21
정치 프로파간다 147
제2차 세계대전 5, 11, 24, 36, 37, 48, 65, 107, 117, 124, 126, 137~139, 148, 155, 171, 189
제국식민지주의 150
제국의 논리 27
제국주의 정책 5
제로섬(zero-sum)의 성격 182
제척기간 39
'조약법에 관한 비엔나협약' 60, 103
「조선국교제시말내탐서(朝鮮國交際始末內探書)」 56
조약법협약 52, 54, 60, 66
조약의 제3자적 효력 6, 27, 30, 51~53, 62
존 포스터 덜레스(John Foster Dulles) 19, 125, 128
'주권을 회복한 날' 101
주권평등의 원칙 57
죽도일건(竹島一件) 185
중대한 인권 침해 피해자 30
중일평화조약 155
증거능력 문제 184
지역 냉전구조 10
지역갈등 10, 145, 149, 150
지역갈등 해결 모델 10
지역협력체제 6, 24, 31
징벌조약 22, 26, 46, 49, 58, 62
'징벌적 조약' 48, 49

ㅊ

처분적 조약(dispositive treaty) 98
청일전쟁 120~122, 166~168, 171, 181, 182, 187

총체적인 왜곡 61
최혜국대우 원칙 44
침략적 국가실행 22
침략적인 국가실행 60

ㅋ

카이로 선언 29, 46, 47, 51, 66, 79, 141, 157, 159, 160, 165, 171, 195, 201
캐치올(catch all) 제도 43, 44
쿠릴열도 125, 127, 129, 155, 158~161, 165~171, 174, 175, 177, 179, 182, 184, 187, 188, 317
쿠릴열도 문제 11, 156, 161, 164, 179, 183, 182, 187
크리스토퍼 위라만트리(Christopher G. Weeramantry) 104

ㅌ

타케우치 유키오(竹內行夫) 34
탈군국주의화 49
탈냉전 프로세스 9, 88
탈식민지화 88, 91
태정관지령 11, 56, 57, 185, 186, 188
투키디데스의 함정 149
특별 협정 26, 36, 318

ㅍ

「팩트 시트(Fact Sheet)」 75
펑후제도(澎湖諸島) 46, 50, 157, 160, 178, 181, 317

'편면 강화' 77, 78, 88
평화헌법 7, 8, 62
포기하는 한국 183
포스트 냉전 10, 148
포츠담선언 29, 46, 47, 138, 141, 157, 159, 160, 200, 319
포츠머스조약 50, 317
'폭력과 탐욕' 46, 62, 66, 141
'폭력의 부재(absence of violence)' 103
프랭클린 루스벨트(Franklin Delano Roosevelt) 127, 165, 195
피해자 권리 기본원칙 22, 41, 64
피해자 중심주의 7, 8, 22, 41, 64, 67

ㅎ

하마시타 다케시(濱下武志) 121
하치에몬 56
하타노 스미오(波多野澄雄) 95, 98
'한일 간 재산 및 청구권 협정 요강' 27, 78
한국 헌법재판소 40~42, 86
한국전쟁 24, 49, 88, 125, 142, 143, 184
한반도 평화체제 구축 9, 89, 91
한일 국교 정상화 교섭 9, 90
한일 파트너십 선언 90
한일 '위안부' 합의 87
한일강제병합 21, 22, 41, 60, 63, 66, 107

한일관계 8, 31, 75, 90, 99
한일군사정보보호협정(GSOMIA · 지소미아) 44
한일기본관계조약 42, 341
한일기본조약 8, 75, 81, 88, 90, 98, 99, 155
한일재산청구권 교섭 27
한일청구권협정 9, 25, 28, 30~35, 38, 40, 43, 63, 75, 82, 84~86, 98~101, 106, 108, 344
한일협정 7, 6, 8, 21~23, 25, 31, 40, 41, 62, 63
한일회담 6, 24, 28, 75, 77~79, 81, 82, 86
'합법 · 부당'론 84, 87, 90, 91
합의의사록 82
해상자위대(일본 해군) 129
해양경비대 129
'행정권' 119, 122, 131
헌법 수정안 130, 131
헌법상의 의무 42
험프리 월독(Humphrey Waldock) 54
헬싱키선언 10, 150
현대 국제법 9, 57
현재적 '평화' 108
홀로코스트 11, 12, 37
화이트 리스트 43
후쿠시마 방사능 수산물 64
히로세 요시오(広瀬善男) 59, 91, 99

동북아역사재단 연구총서 136

샌프란시스코강화조약 70년의 역사와 과제

초판 1쇄 인쇄　2022년 12월 10일
초판 1쇄 발행　2022년 12월 20일

지은이　도시환, 요시자와 후미토시, 아베 코키,
　　　　알렉시스 더든, 하라 키미에, 이성환
펴낸이　이영호
펴낸곳　동북아역사재단

등　록　제312-2004-050호(2004년 10월 18일)
주　소　서울시 서대문구 통일로 81 NH농협생명빌딩
전　화　02-2012-6065
팩　스　02-2012-6186
홈페이지　www.nahf.or.kr
제작·인쇄　청아출판사

ISBN　978-89-6187-763-3　93910

- 이 책은 저작권법에 의해 보호를 받는 저작물이므로 어떤 형태나 어떤 방법으로도 무단전재와 무단복제를 금합니다.
- 책값은 뒤표지에 있습니다. 잘못된 책은 바꾸어 드립니다.